名企员工培训
最佳管理实践

BEST
PRACTICE
ON EMPLOYEE TRAINING
OF FAMOUS ENTERPRISE

名企HR
最佳管理
实践系列丛书

王俊杰 著

中国法制出版社
CHINA LEGAL PUBLISHING HOUSE

图书在版编目（CIP）数据

名企员工培训最佳管理实践 / 王俊杰著 . —北京：中国法制出版社，2016.12
（名企 HR 最佳管理实践系列丛书）
ISBN 978-7-5093-8172-4

Ⅰ. ①名⋯　Ⅱ. ①王⋯　Ⅲ. ①企业管理－职工培训－研究
Ⅳ. ① F272.921

中国版本图书馆 CIP 数据核字（2017）第 005494 号

策划编辑：潘孝莉（editorwendy@126.com）
责任编辑：吕静云（lvjingyun0328@sina.com）　　　　　　　　　　封面设计：古涧文化

名企员工培训最佳管理实践
MINGQI YUANGONG PEIXUN ZUIJIA GUANLI SHIJIAN

著者 / 王俊杰
经销 / 新华书店
印刷 / 三河市紫恒印装有限公司

开本 / 787 毫米 ×1092 毫米　16 开	印张 / 22　字数 / 336 千
版次 / 2017 年 3 月第 1 版	2017 年 3 月第 1 次印刷

中国法制出版社出版
书号 ISBN 978-7-5093-8172-4　　　　　　　　　　　　　　　　　定价：66.00 元

　　　　　　　　　　　　　　　　　　　　　　　　值班电话：010-66026508
北京西单横二条 2 号　邮政编码 100031　　　　　　传真：010-66031119
网址：http://www.zgfzs.com　　　　　　　　　　编辑部电话：010-66054911
市场营销部电话：010-66033393　　　　　　　　　邮购部电话：010-66033288

（如有印装质量问题，请与本社编务印务管理部联系调换。电话：010-66032926）

序一
实践的力量

管理就是实践，实践是我们最伟大的老师。1954年著名的管理学大师彼得·德鲁克出版了《管理的实践》一书，在书中他强调了"管理是一种实践"，以及人的重要性。管理的本质在于实践，而人力资源管理因为"人"的自我意识驱动，以及日益成为企业价值创造的主导要素，区别于企业成长所需要的任何其他资源，更加需要实践的力量。

1993年，我主持编写了近一千多万字的管理实践应用丛书《现代管理制度·程序·方法范例全集》，以书为媒，有幸认识了不少像华为的任正非、美的的何享健、六和的张唐之这样极具开拓创新精神，渴望企业快速、持续成长的中国企业家，也深切感受到了中国企业成长中的管理需求，于是我与包政等六位中国人民大学的教授开始投身管理咨询行业，为华为、美的、TCL、六和等一批优秀企业提供咨询服务，弹指间二十多年过去了，我们这些当时的作者成为了所谓的管理咨询专家，而当年的这些小企业如今也有不少已发展成为千亿量级的企业。我们或陪伴着，或注视着这些企业的成长，更加深感到管理实践对管理理论研究的重要性。管理理论来源于实践需求，又回归于实践价值，管理要创造价值，不是专家学者自娱自乐的工具。未来中国管理学人的使命：是要帮助中国企业提升全球竞争力，原创中国管理理论与方法，将中国企业的最优实践推向世界，使中国企业对世界的贡献，不仅仅是GDP，还有最优管理实践及原创中国管理理论与方法。

"名企HR最佳管理实践系列丛书"的问世，我认为也正是出于这样的目的，出于对实践的尊重，充分体现了管理学人的使命与价值，这正是我推荐这套丛书的主要原因。这些仍然服务于企业人力资源管理一线的专业实战派人士，能够将亲身实战的企业人力资源管理成功经验拿出来进行系统总结、提炼、升华，立足中国本土招聘管理、绩效考核、薪酬管理、培训管理、员工劳动关系管理等人力资源管理经典模块的扎根实践，以全球视野与互联网时代新思维，全面而立体地剖析、萃取人力资源管理实践的精华，对于快速提升企业人力资源管理水平，具有极大的参考价值。

在国内浩瀚如海的人力资源管理类书籍中，针对人力资源入门者、主管和经理以及高级管理人员，围绕职业生涯路线，提供业务知识系统化指导与帮助的书籍相对较少，本套丛书区别于其他人力资源管理类书籍，有以下几个方面的特点：

其一，能够站在企业管理者的高度上看问题。将人力资源管理理念提升到企业战略与人力资源战略的高度，从企业发展的整体性视角来审视人力资源各个模块的管理问题，对各个模块的内在联系，以及每个模块的体系化设计进行了深入的解读和相关管理知识的延展，能够引导读者建立全局性思维模式，形成人力资源管理支撑企业发展的系统逻辑，同时又能够对各个模块内容进行深入阅读和思考，让读者"既见树木又见森林"。因此，本套丛书对于企业中高级管理者、职能与业务部门管理者的管理思路方法都具有参考价值。

其二，在内容上充分结合实战经验。在实践基础上提炼理论与方法，摒弃复杂难懂、高深莫测的枯燥学术性词汇，注重生动性和接地气；将人力资源前沿理论与应用实战经验高度融合而形成的管理工具与方法具有较高的可操作性。本套丛书将理论与实践有机结合，内容新颖，题材丰富，既包含体系化的流程设计理念与知识，又收集了丰富的管理落地实战工具。

体系化的管理理论。本套丛书中提炼出的管理理念，但并非基于某一个单点的成功实践或个例，而是将近些年解决实际管理问题的方法进行了科学和系统的分析与整理，形成了与时俱进的系统性管理理念。

针对性的实践内容。本套丛书中涵盖了人力资源管理领域中最具价值和挑战的模块，并针对各模块，详细地介绍了实践案例、利弊分析与实践心得，对于人力资源从业者而言，能够在解决针对性问题上给予帮助与启发。

序一 实践的力量

其三，兼具研究与实用价值。本套丛书定位企业人力资源管理实践的标杆，能够将企业的各种管理实践进行直观呈现，启发读者去思考这些实践成果背后的内在规律；同时又提供了实战方法工具的解读和分析，读者可以参考研究之后应用到自己的实践工作中去。企业的管理实践者应该能够带着自己的企业实际、自己的思考和问题来学习和借鉴外部的成功经验，既不能生搬硬套，也不能固步自封。通过本套丛书的学习，读者能够更加深入地理解人力资源管理，理解如何去实践。

实践的力量是伟大的，源于实践、尊重实践、最终应用于实践的情怀与理念是值得推崇的，本套丛书的作者们充分发挥实践的力量，为解决管理实际问题提供理论方法与参考工具，为广大人力资源从业人员的职业发展与实战能力提升指引方向、提供动力，这是令人敬佩和值得赞许的。

相信本套丛书必将成为人力资源从业者以及企业各级管理者的良师益友与必备的人力资源管理应用指南！

中国人民大学教授、博导，
华夏基石管理咨询集团董事长
彭剑锋

序二
从实践中来，到实践中去

清君总组织了许多知名企业的人力资源高管编写了一套"名企 HR 最佳管理实践系列丛书"，嘱我写几句话，以做推荐。

一套丛书要在主题选择。这套丛书关注中国企业人力资源管理最佳实践，这是我个人近年来一直极力主张的。改革开放近四十年，我们中国企业人力资源界一直在学习、在引进、在模仿、在实践，也一直在思考、在创新。时至今日，我们至少可以总结提炼一下我们的成果。这既是我们进一步思考的前提，也是我们继续创新的基础。唯有如此，才会形成我们自己的人力资源管理最佳实践！

一套丛书重在研究对象选择。在激烈的市场竞争中，一线公司脱颖而出。这套丛书正是基于这些优秀企业而展开人力资源管理最佳实践的总结提炼与研究探索。它们既有外企，又有民企，也有国企，还有上市公司，在"优秀"的共同特征上又展现出多元化的特点。它们的人力资源管理实践不仅是助力这些企业取得成功的关键，更是我们中国人力资源管理实践探索中的宝贵财富，更为我国人力资源管理理论探索提供了丰富的素材，甚至于直接构成了这些理论探索的一部分。

一套丛书全在作者选择。这套丛书的作者既不是专门的人力资源管理研究人员，也不是从事人力资源领域的咨询专家，而是奋战在人力资源管理一线的人力资源高管们。这样的一群作者可以为我们展现身在其中的独特视角，更能为我们挖掘躬行其中的独特体会。更重要的是，他们本身有着极为丰富的人力资源管理经验，拥有一手的管理素材，能够提炼出我们管理实践中最精华的部分；而把这些内容以系列丛书方式呈现给读者也能切身地感受到他们的社会责任感！

总括起来，这套丛书有以下几个特点：一是实践性。所有的内容都是基于原汁原味的管理实践而展开的系统的最佳实践提炼。二是实效性。丛书实际上是经过这些优秀企业的长期检验而证明为行之有效的实践总结，基于深入学习而富有极强的借鉴价值。三是实战性。丛书涵盖人力资源管理的各个模块，以及各个模块中详尽的管理制度、精细化的管理流程和管理表单，消化后可直接应用于日程管理的细节之中。

伴随着我国社会经济的发展，社会各界对人力资源管理专业人才的需求大幅增长，同时也对人力资源管理解决方案的需求大幅增长，因此，无论从人才培养方面还是从管理实践需求方面，都急需"从实践中来，到实践中去"，这正是这套丛书的价值所在。

特此推荐。

中国人民大学劳动人事学院院长、博士生导师

杨伟国

目录

第一章　员工培训——如何才能发挥作用 // 001

　　1.1　员工培训——想说爱你不容易 // 002

　　1.2　员工培训——就是要解决问题 // 006

　　1.3　员工培训——要以战略为导向 // 014

　　1.4　员工培训——要以绩效为目标 // 020

　　1.5　员工培训——要与业务相结合 // 025

第二章　培训需求分析——探究企业问题 // 027

　　2.1　企业问题与培训需求分析 // 028

　　2.2　培训需求分析的六种模型 // 032

　　2.3　培训需求分析的七个方法 // 040

　　2.4　培训需求分析的一般流程 // 044

第三章　培训设计实施——细节决定成败 // 055

　　3.1　ADDIE 模型 // 056

　　3.2　课程设计步骤 // 058

　　3.3　课程开发过程 // 063

　　3.4　培训实施环节 // 076

　　3.5　常用培训技术 // 080

第四章 培训效果评估——以终为始见成效 // 089

- 4.1 培训评估三问 // 090
- 4.2 常用评估模型 // 093
- 4.3 柯氏模型新解 // 100
- 4.4 KBPM^{SM} // 108

第五章 新员工入职培训——以企业文化为核心 // 117

- 5.1 从局外人到企业人 // 118
- 5.2 以企业文化为核心 // 121
- 5.3 入职培训管理实操 // 125

第六章 管理人员培训——以胜任素质为基础 // 145

- 6.1 管理培训构建学习型组织 // 146
- 6.2 基于胜任素质的管理培训 // 150
- 6.3 管理人员领导力模型构建 // 152
- 6.4 搭建领导力管理培训体系 // 160

第七章 销售人员培训——以职业生涯为导向 // 171

- 7.1 无培训不销售 // 172
- 7.2 激励式销售培训体系 // 173
- 7.3 销售人员的职业生涯 // 176
- 7.4 销售培训的管理实操 // 183

第八章 研发人员培训——以创新发展为驱动 // 193

- 8.1 研发人员四大工作特征 // 194
- 8.2 研发培训驱动企业创新 // 196
- 8.3 研发人员培养"五力模型" // 199

第九章 内训师的修炼——从新手到高手 // 211

- 9.1 内训师八大能力模型 // 212
- 9.2 内训师的选拔与评估 // 215
- 9.3 内训师从新手到高手 // 223
- 9.4 让领导者成为内训师 // 234

第十章 建构主义——点燃学员的培训热情 // 239
    10.1 建构主义——拨云见日 // 240
    10.2 建构主义——培训之魂 // 245
    10.3 建构主义培训体系设计 // 249
    10.4 建构主义培训师的修炼 // 253

第十一章 行动学习——培训落地的知行合一 // 261
    11.1 世界 500 强的共同选择 // 262
    11.2 行动学习实现知行合一 // 264
    11.3 行动学习六个实施步骤 // 267
    11.4 行动学习九大促动技术 // 275
    11.5 行动学习的常用工具箱 // 284

第十二章 移动互联时代的"微"培训 // 295
    12.1 移动互联来敲门 // 296
    12.2 移动互联 + 培训 // 299
    12.3 微课实践的研究 // 306
    12.4 微信培训的兴起 // 312

第十三章 变革转型时期的企业大学 // 321
    13.1 变革时期的企业大学 // 322
    13.2 企业大学的五大职能 // 328
    13.3 企业大学的运营体系 // 332

后记 // 341

第一章
员工培训——如何才能发挥作用

培训很贵，不培训更贵。

——松下幸之助

华为总裁任正非早在《华为公司基本法》中就已经明确提出："人力资本增值的目标优先于财务资本增值的目标。"如何增值人力资本？必须通过教育、培训和学习的途径来实现。

企业的成功与否，并不取决于企业拥有多少高学历的人才，而在于培养了多少能力与岗位相匹配的人才，实现了多大的人力资本增值。

◆ 员工培训——想说爱你不容易
◆ 员工培训——就是要解决问题
◆ 员工培训——要以战略为导向
◆ 员工培训——要以绩效为目标
◆ 员工培训——要与业务相结合

1.1 员工培训——想说爱你不容易

IBM 的一项面向全球 CEO（首席执行官）的调查显示，80% 的 CEO 认为人员能力问题是制约企业发展的"瓶颈"；但同时，有 65% 的 CEO 认为企业当前的员工培训是无效的，或者至少是针对性不强的。这是为什么呢？

1.1.1 员工培训几成"鸡肋"

我们去看看在公司中经常会出现的情景吧。

1. 业务部门

某公司季度销售业绩不佳，CEO 询问销售总监是怎么回事。

销售总监解释说是因为业务人员的能力有待提升，而培训部门的业务培训没有跟上。

于是 CEO 找来培训部门负责人，下达命令：近期务必狠抓培训，提升业务人员能力！

培训部门赶紧制订培训计划，并马上询问销售总监需要培训哪些课程。

销售总监本来就是拿培训当借口的，随口敷衍了几个比较熟悉的课程名称，什么电话销售技巧、商务谈判技巧、销售心态等。

培训部门开始认真负责地组织实施销售培训，寻找市面上最好的培训机构、知名的培训大师、最贵的培训课程，制订了看似完美的培训计划，销售人员报名似乎也很踊跃。可是到了培训那天，只有不到一半销售人员到场。

培训部门负责人很生气，质询销售总监，而销售总监毫不客气：现在正是销售旺季，关键时期，没看销售人员都在忙业务吗，哪里顾得上什么培训！

对很多公司的业务部门来说，他们并没有从心里真正认可培训的价值，不相信参加几次培训就真的能提高业务水平，完成销售任务。

2. 参训人员

你一定参加过公司或其他机构组织的培训，作为参训人员，回想你曾经参加过的各种培训，你有什么样的感受？

也许你也像很多人一样，经历过这样的失败：

怀抱满腔热情和殷切期望，积极参加某大师的知名培训课程，当时听得热血沸腾、如雷贯耳，培训体验非常之深刻。

但是，培训结束后的一天，热情消退了一半；又过了一周，内容忘掉了一半；再过一个月，重新变回原来的那个自己。

最后的结果是，什么都没学到，没有应用，没有既定目标的跟进，没有惊奇，当然也没有任何结果。在参训者之中，这种负面情绪不断蔓延和扩散，培训没有带来应有的价值，制订的行动计划及美好愿望如海市蜃楼一般渐渐地消失了。

这样挫败的经历使人心灰意冷，最后得出一个结论：培训纯粹是浪费时间和金钱的行为，参训人员产生"培训没有太大实际用处"的观点。

3. 培训部门

如果你是一名培训部门的员工，你是不是也常会感觉有一点儿委屈？

国内大多数公司的培训部门还是以培训计划、培训组织、培训实施、课程采购等事务性工作为主，被大家戏称为"课程贩子"。

我们来看在公司中经常会出现的另一幕：

又到一年财年末，又到制订年度培训计划时，培训部门摩拳擦掌，跃跃欲试。

培训部门提前一个月制作了一系列专业又漂亮的培训需求分析表、培训计划收集表，发给了业务部门负责人，恳求他们认真填写下一年度的培训计划表，两周后提交，以便培训部门收集、汇总，形成公司切实可行的年度培训计划，希望能全面提升公司人员的业务能力，助力公司业绩增长。

业务部门年底工作非常紧张，一方面在做最终的业绩冲刺，另一方面也在紧张地制订下一年的业务计划、业绩目标，收到培训部门的漂亮又繁复的培训计划需求收集表，基本没心情认真看，就扔在一边。两周的时间一晃而过，在培训部门的一再催促下，业务部门实在推脱不过，凭着想象，草草填写，提交了事。

培训部门拿到如此这般提交的培训计划需求表，汇总成公司年度培训计划表，按照年度培训计划表的内容，历经千挑万选，筛选市面上相关的培训机构、培训课程、培训师，"贩卖"给公司的业务部门，结果自然不言而喻。业务部门从根儿上就不认可培训，老板随意地削减培训开支，参训人员也认为培训没有太大实际用处，培训部门简直就是"姥姥不疼，舅舅不爱"，既不能解决问题，也不招人待见。

于是乎，培训部门越来越边缘化，培训部门人员越来越找不到工作的价值所在，有的干脆做一天和尚撞一天钟，得过且过，造成企业内部培训工作的恶性循环。

1.1.2 员工培训到底怎么了

很多公司的培训部门和培训工作几乎成为"鸡肋"，在老板眼里是个花钱部门，在业务部门眼里是个边缘部门，在员工眼里是个可有可无的部门。员工培训到底怎么了？问题出在哪里呢？

其实，认真分析一下，员工培训工作一定是在以下几方面出了问题：

1. 员工培训没有与公司战略搭界

多数公司的培训部门在公司的地位较低，基本被看作一个职能部门，培训部门负责人基本是一个执行者，只是被动地执行老板的指令。

公司的长远规划是什么？公司的三年规划是什么？公司的战略目标是什么？公司的人力资源战略目标是什么？近期随着行业、政策、市场的变化公司战略发生了哪些调整？如果公司管理者从心里不重视员工培训工作，没有把员工培训工作放在一个战略高度，那么，培训部门对以上这些问题也一定是模糊的、不够清晰。自然，公司的员工培训工作一定是与公司的战略脱节的。

与公司战略相脱节的员工培训工作，注定无法成为企业变革的推进器和企业战略的催化剂，不能为企业带来实质性的转变。

2. 员工培训没有与公司绩效挂钩

企业作为一个经济组织，它的存在价值就是创造经济效益，所以从个人的绩效到组织的绩效，都是一个企业的首要目标也是终极目标。

但是，公司的培训部门是否清楚每个员工的绩效目标？是否清楚每个部门的绩效目标？是否清楚作为公司整体的组织绩效目标？

培训部门的培训工作往往浮于表面形式化的内容，没有做到"以终为始"，如果没有深入透彻地分析培训对绩效的推动效应，没有真正与员工个人的绩效紧密相关，就不能为部门的绩效起到应有的作用，自然也就不能为企业的整体绩效提升发挥应有的作用。

3. 员工培训没有与公司业务结合

在很多公司里，员工培训与公司业务脱节的现象同样比比皆是。

培训部门是否认真地去研究过公司的业务流程、业务规则、业务关键点？是否正确地把握了各部门、各岗位业务人员的关键能力？

培训部门开展的培训工作是不是服从于公司的业务流程？是不是针对业务关键点设置培训课程？培训工作是不是能够切实提高业务人员的业务能力？从业务人员的角度，业务人员需要明确知道：参加培训对我有什么好处。

如果员工培训工作与业务脱节，与业务人员的关键业务能力脱节，自然无法提升业务效率，提升企业绩效，业务人员怎么会主动积极地参加呢？

4. 员工培训没能展现为商业结果

投资就要有回报，对企业这样的经济组织如此，对企业的运营行为如此，对培训工作同样如此。

培训工作需要投入大量的人力、物力、财力，那么，作为培训部门，就要时刻追问自己，这些投入有回报吗？这些投入值得吗？投入产出比能达到企业、老板、部门、员工的期望吗？

如果培训工作不能清晰地证明可以直接或间接地产生商业结果，那这样的培训就可以不用搞了；如果培训工作产生了商业结果，但这个结果与投入不符，不能满足组织的要求，那这样的培训要不要搞就要画一个问号了。

1.2 员工培训——就是要解决问题

1.2.1 培训即管理

培训可以说是人力资源开发的主要手段，而人力资源开发是人力资源管理的唯一目标。

人力资源管理的核心问题就是为实现企业的战略目标提供人力方面的有效支撑，我们要树立"培训即管理"的理念，充分认识到员工培训的重要性，掌握正确的培训技术与策略，通过卓有成效的培训，提升人员的素质与技能，进而提升企业竞争力，最终实现企业战略目标。

1. 培训能增强员工对企业的归属感和主人翁责任感

就企业而言，对员工培训得越充分，对员工越具有吸引力，越能发挥人力资源的高增值性，从而为企业创造更多的效益。培训不仅提高了员工的技能，而且提高了员工对自身价值的认识，使其对工作目标有了更好的理解。

2. 培训能促进企业与员工、管理层与员工层的双向沟通

通过员工培训可以使企业管理人员和一线员工更加认同企业文化，不仅会自觉学习掌握科技知识和技能，而且会增强主人翁意识、质量意识、创新意识，培养大家的敬业精神、革新精神和社会责任感。

3. 培训能提高员工综合素质，提高生产效率和服务水平

美国权威机构监测，培训的投资回报率一般在33%左右。在对美国大型制造业公司的分析中，公司从培训中得到的回报率可达20%~30%。素质良好的公司雇员们通过技术革新和节约操作将为公司创造更多的财富。

4. 培训能培养企业的后备力量，保持企业生命力

培训是企业发展不可忽视的"人本投资"，是提高企业"造血功能"的根本途径。美国的一项研究资料表明，企业技术创新的最佳投资比例是 5∶5，即人本投资和硬件投资各占 50%。人本为主的软技术投资，作用于机械设备的硬技术投资后，产出的效益成倍增加。在同样的设备条件下，增加人本投资可达到投 1 产 8 的投入产出比。事实证明，人才是企业的第一资源，有了一流的人才，就可以开发一流的产品，创造一流的业绩，企业就可以在市场竞争中立于不败之地。

名企案例 1-1：麦当劳——全职业生涯培训[①]

成立于 1955 年的麦当劳已是当今快餐业的巨无霸。麦当劳简直成了快餐或汉堡包的代名词，受到世界各地人民的欢迎。目前，麦当劳在全球拥有超过 36000 家餐厅，每天为约 120 个国家和地区的 6900 万名顾客提供高品质的食品与服务，以每三小时就增加一个店面的惊人速度，持续地扩张。

您一定会惊讶，一个麦当劳餐厅经理的诞生，需花费数十万元的投资和接受超过 450 小时的训练。

在麦当劳，无论职位高低，对员工的训练永远是现在进行时；员工的成长也因而持续不断！在迈向个人成功的路上，员工将亲身参与麦当劳独特而完整的训练课程，体验成为麦当劳经理人的特殊荣耀！

在麦当劳，培训就是要让员工得到尽快发展。很多企业的人才结构就像金字塔，越往上去越小；而麦当劳的人才体系则像棵圣诞树——如果员工能力足够大，就会让他升一层，成为一个分枝，再上去又成为一个分枝，员工永远有升迁的机会，因为麦当劳是连锁经营。

针对员工的全职业培训使麦当劳公司的人才流失率很低，部门经理以上层次的人才基本上没有流失。麦当劳认为要想留住人才，薪酬福利很重要，但发展机会更加重要。企业在对员工进行培训时，一定要与他的发展相结合，

---

① 本案例摘编自《麦当劳：全职业生涯培训》，文章来源：中华硕博网，更新时间：2008 年 4 月 28 日。

应当计划一下他未来的一年、两年内可能到达什么位置，让员工看到发展的前景是很重要的。

对于如何看待员工的培训和发展，麦当劳创始人雷·克罗克先生说了两句话，第一句是：不管我们走到哪里，我们都应该带上我们的智慧，并且不断地进行智慧投资。所以，早在1976年，麦当劳的创始人就已经决心要在人员的发展上做出很大的投资。另一句话是：钱，你可以赚到；但是，对于智慧，必须花心思去培养。

在麦当劳，已经认定了员工培训带来的利益和价值。

名企案例1-2：西门子——多级培训制度[①]

德国西门子股份公司，创立于1847年，至今已有近170年的历史，是世界500强企业之一，拥有职工40多万名，业务遍布世界五大洲190多个国家，涉及能源、通信、工业、交通、信息、医疗、电子元器件、工业自动化、家用电器等领域，成为当今全球电子电器行业中最大的综合型跨国公司之一。

西门子自1872年进入中国，以出众的品质、令人信赖的可靠性、领先的技术成就及不懈的创新追求，确立了在中国市场的领先地位。2014年，西门子在中国的总营收达到64.4亿欧元，拥有超过32000名员工。

西门子能发展成为世界电气界的一颗璀璨明星，与其对人才的重视有很大的关系。一整套对人才的选拔、培养、造就办法，成为公司整体发展战略的重要组成部分。

西门子一贯奉行"人的能力是可以通过教育和不断的培训而提高的"理念，因而它坚持由公司自己来培养和造就人才。

西门子早在1910年就为其内部人员开设了正式的培训课程。早期的培训是在车间进行的，后来建立了各类专门的培训学校，并有了专业的培训老师。

目前，整个公司拥有11个综合培训中心，700名专业教师和近3000名兼职教师，在18个国家设有39个培训中心，形成了庞大的企业教育系统。

---

① 本案例摘编自《西门子的多级培训制度》，许宁，来源：《中国职业技术教育》2006（3）：63-63。

在中国，西门子与北京市国际技术合作中心合作，共同建立了北京技术培训中心。合同规定，中心负责为西门子在华建立的合资企业提供人员培训，目前该中心每年可以对800人进行培训。

在西门子的全体员工中，每年参加各种定期和不定期培训学习的多达15万人。为此，公司每年投资6亿~7亿马克用于培训及购置最先进的培训实验设备。

西门子的培训内容包罗万象，课题针对各个部门和员工的实际需要。为适应技术进步和管理方式的变化，课程内容每年都有20%以上的调整，大部分培训项目都是根据公司当前生产、经营和应用技术的需要设置的，很大一部分是在工作岗位上完成的。

西门子的人才培训计划从新员工培训、大学精英培训到员工在职培训，涵盖了业务技能、交流能力和管理能力的培训。通过一系列的培训，帮助公司新员工具备较高的业务能力，提高员工知识、技能、管理能力，并储备了大量的生产、技术和管理人才。因此西门子长年保持着公司员工的高素质，这是西门子强大竞争力的来源之一。

名企案例1-3：三星公司——人才第一[①]

"在企业，不培养人才是一种罪恶，不能灵活运用人才而拒之门外是经营的一种损失。"这个理念一直伴随着三星的发展，培养人才成了三星经营活动中重要的组成部分。

1988年，三星宣布"二次创业"，并提出了"以人为本"的思想。1993年，三星重新制订经营理念时，又确立了"以人才和技术为基础"的信条，始终把人才放在第一位。

"这个人出身于三星，必定能力非凡！"

这个话听起来似乎有些夸张，但至少在韩国，这是事实。有一家韩国猎头公司的老板就这样说："评价一个人的能力，重点要看他的经历，这样评价是最为客观的方法。至少可以认为，如果他出身三星，那水平一定没问题。"

---

① 本案例摘编自《卓越体系铸金牌员工：解密三星培训之道》，张正顺，机械工业出版社。

夸张一点说,"三星出身"这几个字足以使任何学历都黯然失色!"三星出来的员工不用面试",这样的事例在深圳、天津、苏州等地都曾有过,现在也有。

在韩国国内,三星拥有世界一流的培训设施,设有12个培训中心,可同时容纳9300多人。其中的三星人力开发院是三星集团培养人才的摇篮,三星把它称为价值共享中心、知识创造中心和成果创造中心。在这里统一实施三星集团新员工入职培训、国际化培训、中高层管理培训等。三星电子尖端技术研究所是专门进行员工技术培训的基地,无论是新员工还是公司老总,都要来这里接受最新的技术培训。仅仅为培训研发技术而专门设立研究机构,这在韩国国内尚属首例。

三星还十分重视吸收社会各方面的人才。目前在三星公司,除了包括诸多经济界、学术界精英外,还包括其他各类人才,以至于社会舆论称三星为"人才汇集中心"。

三星认为,无论在过去、现在还是将来,重视人才都是三星重要的价值观之一,也是三星不断取得竞争优势的重要源泉。几乎没有哪家企业是不重视人才的,但往往言行不一,三星的厉害之处就是它能说到做到。比方说很多企业都说员工培训如何重要,可一遇到经营状况不好的时候,培训就得靠边站,甚至放弃不做。但在三星,员工培训早已纳入高层的议事日程,作为公司的重要战略,不论什么样的状况,都要坚持对员工进行训练和培养,并把它视为一个系统工程,从没有间断。

1.2.2 员工培训,就是要解决问题

1. 培训是解决问题的管理工具

所谓问题,就是现实与目标的差距。

当前的人力资源水平不能满足战略目标要求的人力资源水平,这就是差距。当前的人力资源水平甚至不能很好地满足当前的工作需要,这也是差距。所有这些"差距",都是管理者要解决的问题。正因为有这些差距、问题的存在,管理才有意义。从本质上来讲,管理就是解决问题,而非满足需求。

找到差距,发现问题,用培训的手段解决问题,这是培训管理工作的基本原理。

我们都知道，培训的第一个步骤是"培训需求的评估"，但实际上，不论是管理人员还是普通员工，很多时候并不清楚自己的真实需求是什么，更不清楚别人的需求。尽管我们可以采用专家推荐的大量考察工具，过程看起来科学严谨，结果看起来天衣无缝，但并不能保证抓住了"真实需求"，最终的结果只能是含含糊糊、似是而非。

比如，公司老总找到培训部门，说要给公司管理层人员做一个培训，如果培训经理问："有什么培训需求？"老总大多数情况下会有诸如此类的回答："感觉大家的执行力太差了，想通过培训提升管理层的执行力。"但实际这样的回答并没有太多有价值的信息，培训内容仍然无从界定。

如果我们这么问："你们想通过培训解决什么问题？"就会轻易而准确地得到想要的答案。因为这是从"解决问题"出发来提问，对方也会被引导着用"解决问题"的思路来回答。实际上，"提升管理层的执行力"这个"培训需求"，至少有两个解决问题的方向：一是管理者自身执行力差，需要通过培训来提升；二是下属执行力差，需要通过培训让管理层懂得如何提高下属的执行力。

卓有成效的培训经理对培训应具有最朴素的认识：培训，是解决企业问题的管理工具。

2. 发现问题比解决问题更重要

任何管理的成效都体现在对问题的妥善解决上，培训也是这样。当你即将组织一次培训活动的时候，首先要明确知晓此次培训要解决什么问题，并确定这个问题确实存在，且能够通过培训的方式来解决。问题确认，才能确立培训项目，才可以谈培训的效果。对于用来解决实际问题的培训而言，发现问题、分析问题、最终确认问题，是保障卓有成效的培训工作的基础。

企业管理的过程就是解决问题的过程。但在企业日常运营过程中，管理者往往会错误地认为，一切顺利，没有问题。不是没有问题，而是问题没有被发现，这是危险的信号。准确地发现问题，比解决问题更为重要。也可以说，发现问题就意味着问题解决了一大半。

发现问题的三个方法：

（1）考察当前工作对人力资源的要求，找到人力资源现状的差距。体现为考察个人和团队的当前素质与能力，能否胜任当前岗位和工作任务。如果存在差距，主要表现是什么？

（2）考察未来工作对人力资源的要求，找到人力资源现状的差距。比如，考察个人和团队的潜在素质与发展空间，是否有潜质适应未来岗位发展和任务变化所带来的新要求？如果不能完全适应，主要表现是什么？

（3）考察各项业务开展中出现的问题，从人力资源方面查找影响因素。

前两项是考察人力资源能否胜任当前工作和未来工作，是按人力资源发展计划按部就班进行的主动管理，最后一项实际上是其他管理效果的诊断，是对已发生问题的被动补救。

3. 培训能解决哪些问题

培训的功能在于影响、传递和训练。培训的目标对象是企业里的个人和团队，培训的作业内容是理念、信息和技能。概括来说，培训就是向组织中的个人和团队实施理念影响、信息传递和技能训练的管理活动。

（1）理念影响

企业作为一个有序的组织，总是希望员工在基本理念上高度一致，要达成这样的目标就需要实施理念管理。让大家接受同样的理念，不是一件短期能够做好的事情，一般而言，企业向员工施加影响的理念大多体现在企业文化的范畴，具体有公司价值、公司行为理念、公司信念、公司的管理文化等。

（2）信息传递

信息传递就是信息沟通，公司无时无刻不在进行着信息的传递，可以说信息传递本身就是一种管理手段和管理结果。通过培训的方式，公司集中地向员工传递需要的信息。一般而言，培训所传递的信息有公司历史文化、公司制度、工作流程、工作标准、技能要求等。

理念影响侧重价值观，信息传递侧重作业行为。公司通过信息传递，帮助员工快速进入工作状态并达到工作标准。

（3）技能训练

技能训练是以工作效能的追求为目标，通过技能的实际训练，让员工掌握实际的操作能力。技能训练的内容有：管理技能，如决策、管理和执行的技能；操作技能，如办公室专员和车间工人的岗位作业技能。

需要说明的是，理念影响、信息传递、技能训练这三项培训功能大多情况下是综合使用的。比如，理念影响需要以信息传递为前提，信息传递过程在某种程度上也体现了公司理念，技能训练之前往往要进行信息传递工作。

管理笔记 1-1：培训不可能解决所有问题

在我们发现问题并打算用培训的方式解决问题之前，必须确认，培训能不能解决这个问题？有没有比培训更好的方法？我们知道，再好用的工具也不是万能的，作为管理工具的培训，所能够解决的问题非常有限。也就是说，培训不可能解决所有问题。

有些管理人员没有把培训当作管理手段，而只是当作简单的活动组织；与之相反，另外一些管理人员可能因为掌握的管理技术实在太少，往往出了问题就想到做个培训，培训几乎成了唯一的管理手段。这两种情形都有失偏颇。

对于有些问题，培训无能为力。比如一个产品销路不畅，原因是该产品已经脱离市场需求或者市场上出现了更好的替代品。像寻呼机即将被手机替代的时候，通过培训提高销售人员的销售意识、销售技能，是无济于事的。

对于有些问题，培训是最好的选择。比如研发部门所研发的新产品，需要用到某种新型技术，我们可以通过组织新技术培训来提高研发人员的技术能力，会起到非常显著的作用。

人的理念、知识和技能之外的问题，培训都难以解决，或者说单纯的培训不可能解决。只有在我们确定某类问题的发生，确实主要责任在于人的理念、知识和技能方面，我们才可以依赖培训这个管理工具来解决。

例如，企业的产品适销对路，销售绩效公平合理，有很好的销售策略和优秀的销售经理，销售团队由一批极具销售潜质的人组成，这个时候，销售技能培训的业绩才能突出地体现出来。

所以说，在管理价值链上，培训处于末端位置，培训的价值本质上体现为补偿作用，而不是先决性的管理行为。只有在企业机体完备、其他管理手段科学的大前提下，培训才能做到锦上添花。

1.3 员工培训——要以战略为导向

1.3.1 企业战略

让我们先来了解一下什么是企业战略。

美国著名管理大师彼得·德鲁克曾指出:"对企业而言,未来至关重要。经营战略使企业为明天而战。"

企业战略是企业面对激烈变化的经营环境,为求得长期生存和不断发展,为创造和保持竞争优势,对企业发展目标、达成目标的途径和手段的总体谋划。它是企业经营思想的集中体现,是企业经营范围的科学规定,是企业经营计划的制订基础。

1. 迈克尔·波特的一般竞争战略

迈克尔·波特的战略思考倾向于集中分析企业的外部环境和内部条件,即 SWOT 分析,指企业内部条件的优势和劣势,以及外部环境的机遇和威胁。只有对企业的内外部环境进行了全面的分析和评价,才能考虑可行的战略选择。

他归纳出行业中的五种基本竞争力量:潜在加入者的威胁、行业中现有企业间的竞争、替代品的威胁、供应者讨价还价的能力以及购买者讨价还价的能力,如图 1-1 所示。

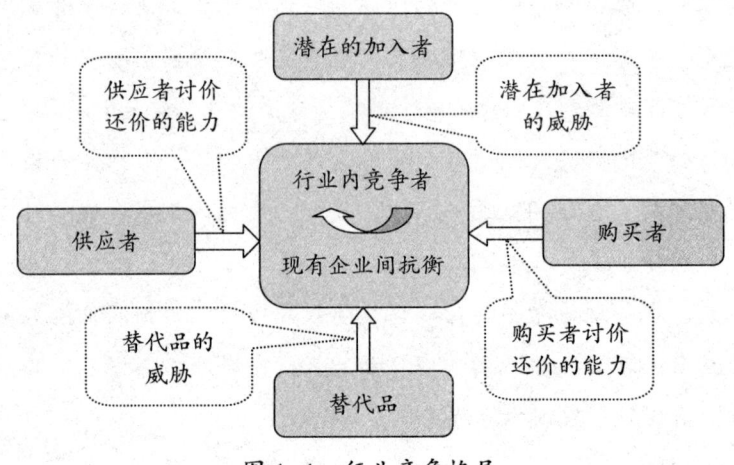

图 1-1 行业竞争格局

波特的一般竞争战略指出，企业要想追求卓越，要么成为本行业中成本最低的生产者，要么使自己的产品或服务与众不同，企业可以在或宽或窄的市场上选择利用这两种战略。由此波特总结出三种一般通用的竞争战略：成本领先、差异化和目标集中。

成本领先战略强调以很低的单位成本价格为用户生产标准化的产品；差异化战略针对那些对价格不敏感的用户提供某产业中独特的产品和服务；目标集中战略旨在为特定范围内的用户群体提供需求的产品和服务。

2. 米尔斯和斯诺的组织战略

米尔斯和斯诺根据产品与市场的变动规律将竞争策略分为四种：

（1）防御型战略

采用防御型战略的企业拥有相对狭窄且稳定的产品市场领域，企业管理者非常精于有限的领域，但仍倾向于寻找所处领域之外的产品机会。他们会将注意力集中在提高专业领域的效能，他们的产品线很窄，主要致力于资本密集和成本控制方面。

（2）开拓型战略

采用开拓型战略的企业不断地寻找产品和市场的新机会，同时持续地对新兴市场趋势的潜在反应做试验。开拓型的特征包括了不同的产品线、多样的技术、在产品或地理上做分隔的策略、较佳的研发技术及市场调查。

（3）分析型战略

采用分析型战略的企业通常在两种产品市场中运作，一种是相对稳定的领域，另一种是变革的领域。在相对稳定的领域中，通过利用形式化的结构和流程来营运。在变革领域中，核心管理者密切监视竞争者的新关注点，同时迅速对较有前景的关注点加以引进和吸收。

（4）反应型战略

采用反应型战略的企业以不一致且不稳定的决策型为特色。反应型战略只随着外在环境的改变而盲目反应，毫无竞争优势可言。

1.3.2 战略性培训

1. 战略性培训

战略性培训是伴随战略人力资源管理的提出而产生的。人力资源战略作为职能层战略，是为了实现企业长期目标，以战略为导向，对人力资源进行有效开发、合理配置、充分利用和科学管理的制度、程序与方法的总和。它贯穿于人力资源的整个过程，包括人力资源规划、招聘与配置、培训与开发、绩效管理、薪酬福利管理、劳动关系管理等环节。

人力资源战略培训以企业战略目标为指导，与企业的使命、核心价值观、愿景等协调一致，通过培训确保企业获得优秀人才，从而获得持续的竞争优势。

2. 战略培训推动企业变革

在移动互联时代，网络技术飞速发展，信息越来越透明，竞争越来越激烈，客户维权意识越来越强，对产品和服务的要求越来越高，技术壁垒越来越容易被打破，员工越来越注重自我实现和自我幸福。所有这些因素加在一起，对企业经营者提出了严峻的挑战。在这个加速变革的时代里，企业和个人只有不断学习、持续创新，才能够生存和发展。在这个背景下，企业学习的重要性被提到前所未有的高度。

在当前时代，企业试图通过战略定位来避开竞争是不可能的，所谓的蓝海只能短暂地存在，逐利的资本和聪明的模仿者会很快跟进，迅速把蓝海变为红海。企业要想生存，必须持续创新、快速变革，不断找到临时的蓝海才能持续领先。变革成功的关键在于团队对目标的认同程度，而团队成员对目标的认同程度需要通过企业培训逐步加深。培训不应该是可有可无的点缀，而应该是重要的战略转型手段。

战略性培训能够促进组织战略有效执行，推动企业变革成功落地，甚至潜移默化地改变企业文化，使企业在业务层面能够适应移动互联时代的客户要求。战略性培训在人员方面能够逐步发扬民主，激发和释放蕴藏在员工身上的巨大潜能，解决组织在变革过程中的人员能力问题。

未来的竞争比的不是战略定位，而是变革的速度与质量；比的不是产品，而是产品背后的团队；比的不是员工的数量，而是员工的状态！

1.3.3 构建战略性培训体系的指导原则

1. 战略性原则

企业培训体系源于企业发展战略以及人力资源开发战略，有效的培训体系应以企业战略为导向、以人力资源战略为目标，既要满足当前生产经营的迫切需要，又要考虑企业长远的战略目标，为企业将来的发展做好人力资源的储备。只有根据企业战略规划，结合人力资源规划，才能量身定做出符合自己持续发展的高效培训体系。

2. 针对性原则

有效的培训体系必须认识到企业由不同层次的员工所构成，对每一层次的培训都要有相应的培训内容，考虑员工教育的特殊性，采用多种培训方式，针对个人能力和发展计划制订不同的培训计划，同时也要考虑向关键岗位人员和稀缺人才倾斜，作为培训的核心，满足企业的需要。

3. 科学性原则

培训过程中无论是培训需求分析、培训项目设计，还是培训效果转化和评估，都需要科学地组织，避免培训的随意性。同时，注意将员工的职业发展纳入企业发展轨道，合理引导，让员工在服务企业的同时，实现个人成长。

4. 动态性原则

企业所处的外部环境，越来越复杂多变，更加具有动态性，因此员工培训体系的设计也要与之相匹配，力求使不同层次员工都得到最基本的职业培训。

1.3.4 战略性培训策略

战略性培训应以战略为出发点，为满足战略需要而设计培训策略。

策略 1：使学习投资多样化。企业要提供更多的学习机会而不仅仅是传统意义上的培训项目。例如，利用互联网等新技术实施培训，利用非正式渠道学习，提供更个性化的学习机会。

策略2：扩大培训对象的范围。除了培训管理层，还应给普通员工更多的学习机会。此外，不仅培训本企业员工，还要培训供应商，以确保其所提供的原材料能够达到客户要求的质量标准；同时培训客户，向他们提供产品和服务的信息，教会他们如何使用本企业的产品和服务。

策略3：加快员工学习的步伐。企业必须建立有效的培训系统来应对技术、客户需求和全球市场的快速变化。为此，必须快速确定培训需求并提供高质量的学习解决方案，减少培训项目开发的时间，在培训需求的基础上充分利用学习资源。

策略4：改善客户服务。员工应具备公司产品和服务方面的知识，具备与客户打交道的相关技能，能够明确他们的角色定位和制定决策的权限，从而为客户提供优质服务。

策略5：为员工提供发展机会并与之交流。目的是让员工相信自己有发展机会，了解自己的职业生涯机会和个人成长机会，使企业发展与员工个人发展相契合，使企业培训能够满足员工目前的工作以及今后的发展需要。

策略6：获取和共享知识。通过从博学的员工那里获取洞察力和信息，有逻辑地组织和存储信息，提供信息获取途径等方式，在组织中共享知识，减少培训成本，同时提高对客户需求的反应速度，提升产品和服务质量。

策略7：根据企业的战略导向调整培训。根据企业的战略，确定所需的知识、技能、能力和素质，找出员工的差距，据此制定针对性的培训项目，从而保证培训符合企业的发展战略需要。

策略8：确保工作环境支持培训成果的转化。确保员工了解学习的重要性，消除学习的障碍，提供物理空间来鼓励团队协作、创新以及知识的共享，确保管理者和同事对培训、开发和学习的支持，对知识共享和成果转化具有重要价值。

名企案例1-4：华为的战略人力资源观点[①]

从创业伊始，华为就有很强的人才资源意识。华为是深圳企业中最早将

---

① 本案例摘编自《华为的人力资源管理》，张继辰，文丽颜，海天出版社，2012年11月第3版。

人才作为战略性资源的企业，很早就提出了人才是第一资源，是企业最重要的资本的观念，这在当时具有很强的超前意识。很多企业当时乃至现在还停留在人力成本控制的概念上，而任正非则很早就提出了人力资本优先于财务资本增长的观点。

《华为公司基本法》中明确写道："我们坚持人力资本的增值大于财务资本的增值。我们尊重知识，尊重人才，但不迁就人才。不管你有多大功劳，决不会迁就。我们构筑的这种企业文化，推动着员工思想教育工作的进步。"

任正非在其文章《自强不息，荣辱与共，促进管理的进步》中写道："人才是企业的财富，市场资源是企业的财富……而最大的财富是对人的能力的管理，这才是真正的财富。"

任正非深知，企业的成功与否，并不取决于企业拥有多少高学历的人才，而在于培养了多少能力与岗位相匹配的人才，实现了多大的人力资本增值。企业只有通过培训，最大限度地激发员工的潜能，才能使企业获得丰厚的回报。

21世纪，人类进入了一个以知识为主宰的全新经济时代，在这个快速变化的时代，人力资本与知识资本优势的独特性构成企业重要的核心竞争力，人力资本的价值成为衡量企业整体竞争力的重要标志。作为一个企业，要想实现企业利益最大化，就必须建立一个学习型组织，让每一个人成为一个学习型的工作者，只有这样企业才会具备无比强大的竞争力。

华为公司十分重视对员工的培训工作，每年的培训费用高达数亿元。在企业内部建立起适合企业特点的、分层分类的、战略导向的人力资源开发、培训体系，如在各业务系统分别建立管理培训中心、营销培训中心、研发培训中心、客户培训中心等，依据业务需求与人才成长特点建立各具特色的培训体系。

中国本土企业中，任正非引领的华为，是为数有限的在人力资源培训开发方面倾注大量热情和资金的公司。

1.4 员工培训——要以绩效为目标

1.4.1 关于绩效

绩效是指组织或个人在一定时期内投入产出的效率与效能，其中投入指的是人、财、物、时间、信息等资源，产出指的是工作任务和工作目标在数量与质量方面的完成情况。绩效包括组织绩效、部门绩效和个人绩效三个层面。

绩效的三个层面之间是决定与制约的关系。个人绩效水平决定着部门的绩效水平，部门的绩效水平决定着组织的绩效水平；反过来，组织绩效水平制约着部门的绩效水平，部门的绩效水平制约着个人的绩效水平。

部门之间绩效水平、岗位之间绩效水平也是相互制约的，比如市场销售部门工作不力可能导致订单不足，订单不足会影响生产部门的产量；反过来，生产部门产品质量出现问题，会影响销售部门的工作，因此销售部门和生产部门绩效水平是相互制约的。

1.4.2 培训的绩效是"变化"

员工培训，要以绩效为目标，意思是说培训工作必须对业绩负责，更直接地说就是要提高公司利润。

培训管理和培训实施的本职工作是什么？

培训管理工作是一项服务性工作，是为其他岗位更好地取得业绩进行服务，除了其自身的工作技巧和工作效率外，培训管理的成效更多地体现在它所服务的对象的工作业绩上。所以，与流水线岗位只考核其本职工作的完成率那样去考察培训管理工作的成效，显然是不够的。

假如一个培训经理在做培训总结的时候仅仅侃侃而谈全年组织了哪些培训活动，只能说明他并没有理解培训绩效的含义。培训规划、培训组织、培训实施之类的培训工作仅仅是培训管理的过程，而非绩效。我们说的培训绩效，不是看你如何组织培训活动，也不是看你组织了多少场次活动，而是看这些培训活动最终带来的"变化"。

培训的实施并不难，难在培训内容是否被受众认可，是否能够有效运用到工作中去。而测量培训是否得到有效运用，唯一的方法就是看受训者在工作中的绩效是否提升。也就是说，培训的绩效关键就是"变化"二字。

1.4.3 以绩效为目标的培训体系

以绩效为目标的培训体系将组织绩效理念贯穿于培训体系始终，对培训流程和培训效果进行绩效考核，侧重培训的实际绩效，为企业改善绩效提供了有效的手段，使培训为企业带来真正的人力资本增值，而不是简单的"为了培训而培训"。

以绩效为目标的培训体系可以用抽象简洁的逻辑模型表达，如图1-2所示。该模型包括了三大模块：指标任务库、组织能力库和课程库。

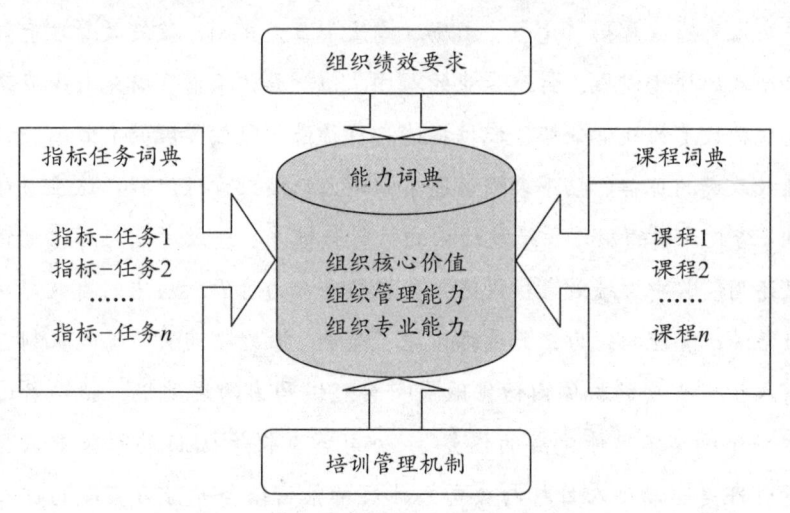

图1-2 以绩效为目标的培训体系模型图

以绩效为目标的企业培训体系具有如下基本特点：

（1）绩效导向培训体系的整体目标与企业战略目标及发展需要密不可分。

（2）绩效导向培训体系与绩效管理制度密切结合，既有独立的培训管理办法，又与企业绩效管理的各个环节密切融合。

（3）绩效导向培训体系的所有要素都指向绩效，通过缩短目标绩效水平与现状的差距，提升组织与个人的价值，强调评估行为变化。

（4）绩效导向培训体系的设计和实施，往往以真实存在的绩效问题作为培训输入。

（5）绩效导向培训体系将培训发展的动力集中在如何提高工作绩效上，学习目标变得更加具有指向性，督促员工将培训所学转化成工作绩效，以员工培训后的工作绩效成果作为培训输出。

名企案例 1-5：平安人寿，绩效管理与人才培养相辅相成[①]

中国平安人寿保险股份有限公司（以下简称"平安人寿"）共设有35家分公司，超过2000个营业网点，服务网络遍布全国。"专业价值"是中国平安的核心理念。为实现"综合金融、国际领先"的企业抱负，平安的一切起步都立足于"专业"。而如何落实中国平安集团的绩效管理和人才发展理念，是人力资源部门的核心任务之一。

平安人寿通过贯彻"竞争、激励、淘汰"三大机制，使绩效管理有效驱动企业和个人的快速发展，打造专业的人才队伍。具体来看，首先，平安绩效管理的前端被设定为战略分解、职位描述。这是进行绩效管理的有效前提，可以确立绩效改进的目标。接下来则为通常意义上的绩效管理流程。这主要分为四个步骤：绩效计划的制订、绩效计划的执行与辅导、绩效考核与评估反馈、绩效结果运用。其中，绩效考核最终结果在各个人力资源模块中的有效应用，有助于激活绩效管理的效力，并最终体现"竞争、激励、淘汰"三大机制。

有人说，平安的机体内仿佛藏有一台超级马力的发动机，驱动着这艘航母完成一个个"不可能完成的任务"。公司董事长兼CEO马明哲则认为，绩效问责管理是驱动个人目标与公司总体目标紧密结合并努力实现的核心管理机制，是保持队伍整体活力、促进团队追求卓越的核心驱动力，是实现公司"国际领先、综合金融"战略的制度保障。

作为平安集团的子公司，平安人寿贯彻落实这一绩效管理理念，并将人才培养工作与个人及组织绩效的提升紧密结合。

第一步：绩效发展计划的制订

个人绩效目标，主要是依托组织的战略目标和年度计划来制订。每年年初制订工作计划时，员工不能局限于制订本年度的工作目标和计划，还要根

[①] 本案例摘编自《培训》，陈晓霞，谢蓓，王浩，2012（2）：65-67。

据直线主管对其上年度的能力不足评估和未来的提升期望，制订可实施、可衡量的个人发展计划。

其中，员工的个人发展计划主要是通过个人能力短板分析，与直线主管共同商定学习建议，比如参与公司面授培训、个人自主网络课程学习、直线制定特设工作任务等，不断磨砺、提升员工自身的能力与素质。

第二步：计划执行效果检视与辅导

计划执行效果检视与辅导是直线主管日常管理的基础性工作。在平安，直线主管对下属的每次反馈都要求"言之有物"，切忌空谈，其目的就是要让下属在反馈中了解自己的进展，明确提升的空间与方向。同时，直线主管还会不断调整和完善辅导计划，做到对员工辅导"有的放矢"，并非泛泛而谈。

每年，直线主管都要进行12次正式反馈，包括10个月的月度反馈和2次年中、年底反馈。每一次面谈与书面反馈都能帮助员工梳理岗位高绩效的标准，看清其自身的现状与差距。尤为重要的是，反馈面谈不仅能让员工了解差距，更为他们提供了缩短差距的工具与方法。俨然，直线主管已成为员工发展与成长的重要资源。

那么，员工了解绩效差距后，如何通过培训等方式来激发个人的高绩效行为呢？

平安人寿采用分层级的人才培养理念，即根据员工的岗位类别，通过资源的针对性投放来提升员工的关键能力，从而提升绩效。

平安人寿认为，只有能满足公司发展和员工发展双向需求的人才培养体系，才能经得起时间的考验。所以，通过多年的培训体系搭建与持续推进，平安人寿已经形成了较为清晰的课程体系，拥有百余门面授课程、百余门网络课程，涵盖管理技能类、职业通用技能类和专业技能等。这些丰富的培训资源有效提升了员工的自我发展动力，也为直线主管进行人才培养提供了全面的资源保障。

除此之外，平安人寿在人才培养中还倡导"721"的培养理念，加强"项目锻炼"和"辅导"在员工技能培养中的比重。例如，在高级主管培养项目中，平安人寿更注重员工知识结构的系统性、思维能力的体系化及归纳分析能力和战略规划能力的锻炼与培养。在设计这个培养项目时，采用高管辅导、集中培训和特设工作项目三者有效合一的方法，通过完成高管和指导人指定的切合业务需求的课题研究，来帮助参训者提升综合系统分析问题、解决问题的能力，并加强其解决问题的思考深度与科学性。而这些能力的快速提升往往是在本职日常工作中难以迅速提高和掌握的，对其绩效提升影响较大。

在员工指导人方面，建立了新员工辅导人制度、潜力干部指导人制度。以指导/辅导人制度为例，平安人寿提倡"双指导人"理念。也就是说，第一指导人通常为员工的直线主管，指导的内容主要侧重日常工作辅导、技能提升、员工心态建设等；第二指导人的指导内容侧重于职涯发展困惑的解答、员工关怀等。

在达成绩效目标的过程中，主管及辅导人予以适时的指导和反馈，并始终坚持"岗位锻炼、辅导和培训"三位一体的"721"培养理念，不断激发了员工的高绩效行为，确保其个人行为的改变以推动组织整体绩效的提升。

第三步：绩效考核评估和反馈

在平安人寿，年中、年底的阶段性绩效考核的评估与反馈环节不仅仅是对员工的KPI和关键工作进行评估反馈，也会针对员工的"个人发展计划"进行评估与反馈。

例如，既要总结过去半年或一年中员工能力提升的方面，也要评估各项学习计划的执行情况，而直线主管会根据员工发展现状对下个阶段提出进一步的期望，与员工共同商定提升计划。在整个反馈过程中，非常强调直线主管与员工就现状和下一发展计划达成的共识程度。

由此可见，评估与反馈环节是人才培养流程中的重要环节，可以让员工更加明确地了解绩效差距、开启发展动力、明确提升方向。

第四步：绩效考核结果运用

员工的绩效考核结果最终会落实到员工的薪酬、晋升、培训等各个环节，使员工培养和发展效果得到最大程度的体现。

一方面，高绩效员工将获得更多的加薪、晋升、培训的机会和资源；另一方面，对于绩效目标未达成的员工，同样会进行相应的人力资源管理与运用。例如，为低绩效人员制订绩效改进方案，通过对低绩效人员的全面分析，了解其产生低绩效行为的原因，安排相关的培训和辅导，协助其改善绩效，提升业绩水平。

绩效结果不仅是员工使用公司培训资源、提升技能的重要参考因素，也是鞭策低绩效员工追求高绩效的动力。

1.5 员工培训——要与业务相结合

1.5.1 培训计划要与业务计划一致

企业培训计划的形成是一个过程，而不能简化为只要结果，因为一旦简化为只要结果，就会变成业务部门不得不应付的任务，培训就不具备针对性，会"为了培训而培训"。

这个问题该如何解决呢？一个行之有效的办法就是培训部门和业务部门一起研讨形成培训计划。

培训计划的生成需要一个深度沟通的过程，如果培训部门的年度培训计划是通过跟业务部门一起分析业务部门的年度业务策略得来的，那么结果就会大不相同。

一位有经验的培训经理会非常聪明地与业务部门达成共识，列席参加业务部门的年度业务规划会，倾听业务部门下一年度的业务策略、重点工作，跟业务部门一起分析团队能力现状，从而得出哪些能力需要引进，哪些能力需要培训，这些能力又应该用什么样的方式培养，进而确定需要引进什么课程，需要自主开发哪些课程。这样产生的培训计划一定跟公司的业务计划紧密衔接，跟公司的发展战略一脉相承。

1.5.2 培训需求要紧贴业务需求

培训部门最重要的事情是协助业务部门解决实际问题，帮助他们实现业绩指标，所以培训需求一定要紧贴业务需求，实用才是硬道理。

根据业务流程，抽取关键任务，吸取关键能力，将关键能力及业务能力的模型和非业务能力的模型结合，形成培训需求。培训课程要紧紧把握业务的需要，培训需求要源自业务部门的业务需求，培训内容要源自业务中最真实的场景，贴近业务实际，员工才愿意深度参与。

1.5.3 培训内容要聚焦业务需要

要把有限的培训经费和资源用好，最好的办法就是聚焦。

培训部门可以选择员工代表和相关业务骨干，用讨论和投票的形式筛选出大家公认要解决的问题。这些问题会很多，但我们要聚焦在排名前几位的、大家共同关注的问题。排名靠前的问题具有普遍性，业务开展中 80% 的障碍是由 20% 的问题所引起的，所以培训要聚焦这些问题。

课程培训永远只解决那些最集中的问题，这就是课程内容的聚焦原则。

在培养的员工选择上，也要采取聚焦原则，要重点培养那些高忠诚度、高经验值、高绩效、高潜能、高传承能力的"五高"人才，再由这些人才去带动其他人才。

名企案例 1-6：用友的培训内容紧贴业务需求[①]

用友公司培训部门的理念是：专业、系统、规模、持续地提升各类人员的能力；业务方针是：面向差距、紧贴业务、专业学习。

面向差距就是要面向战略转型过程中的能力差距。

紧贴业务就是课程开发要紧紧把握业务的需要，培训需求要源自业务部门的业务需求。

专业学习就是要用专业的方法推动整个组织学习。

用友公司 2010 年有一个业务策略是要重点突破大项目实施经理的项目把控能力。因为业务的快速发展，大项目越来越多，项目经理的能力已经成为大项目交付的一个"瓶颈"。这个培训计划应该怎么形成？培训部门和事业部一起组织了一次行动学习，在全国抽调了 20 多位大项目实施经理，用了一天的时间，分析他们现在遇到的挑战、主要的"瓶颈"表现、能力现状的基本面等因素。团队共创出当下最紧迫的能力需求，并共同探讨这些能力的培养方法。经过一段时间的研究，合作共创出当时急需要培训、开发的七门课程，以及每门课程所涵盖的主要能力要素，并形成课程开发与培训计划。

这些紧贴业务需求研发出的培训课程，自然非常受业务部门的欢迎，培训效果当然也是卓有成效的。

[①] 本案例摘编自《上接战略，下接绩效，培训就该这样搞》，田俊国，北京联合出版公司 2013 年 1 月第 1 版。

第二章
培训需求分析——探究企业问题

没有什么比高效地做那些根本不需要做的事更无效的了。

——彼得·德鲁克

企业培训最怕的是"为了培训而培训"。

如何发现培训需求呢?作为有经验的培训经理,正确的做法应该是放弃"寻找培训需求",而要转换思路去"探究企业的问题"。

培训需求分析最终要回答"为什么要培训""采用什么方法培训""培训什么"以及"培训的效果是什么"的问题。

◆ 企业问题与培训需求分析
◆ 培训需求分析的六种模型
◆ 培训需求分析的七个方法
◆ 培训需求分析的一般流程

2.1 企业问题与培训需求分析

培训需求分析是要找出企业存在的组织问题，并且要区分哪些问题可以通过培训解决，哪些问题无法通过培训解决。它是制订培训计划的首要环节，又是进行培训效果评估的理论依据。

从培训需求分析的主体看，既包括培训部门的分析，也包括业务人员、管理人员的分析。

从培训需求分析的客体看，包括个体现有状况与应有状况之间的差距，企业现有状况和应有状况之间的差距，以及企业与个体的未来状况。

从培训需求分析的核心看，要确定是否需要培训、培训的时间、培训的对象与内容。

从培训需求分析的结果看，是为确定培训目标、设计培训方案以及进行培训评估的过程。

总之，培训需求分析就是要回答"为什么要培训""采用什么方法培训""培训什么"以及"培训的效果是什么"的问题。

2.1.1 为什么要分析培训需求

1. 确认实际与理想之间的差距

培训需求分析的基本目的就是确认差异，即确认绩效或行为的应有状况与现有状况之间的差异。差异的确认，有助于找出问题的真正根源和解决问题的有效方法。

2. 迎接和适应变革

在企业变革前识别未来的需求与挑战，在变革中把握现实的需求，通过相应的培训为企业的战略性成长做好人力资源上的准备。

3. 制订适合的解决方案

问题出现时，培训需求分析根据企业现实要求和成本效益原则对它们进行评价、筛选，找出最适合通过培训方式解决的问题以及最佳培训方式，列入培训需求清单，其他问题则通过其他方案解决。

总之，培训需求分析是全部培训活动的前提，一个好的培训需求分析是培训成功的必要条件。

2.1.2 培训需求产生的原因

1. 环境变化

新设备、新方法、计算机化、企业重组、管理风格的改变、战略转移和法律政策的变化都会引起工作内容、工作环境的显著变化，从而产生相应的培训需求。企业和员工要在这种环境中求得生存与发展，就必须对变化做出灵活、及时的反应。

2. 人员变化

人员在企业中的流动，如升迁、降职、调动、解雇、离职、引进等，都会导致培训需求的产生和变化，人员的年龄结构、知识结构和性别结构的变化要求与之相适应的培训内容和培训方式，对于试图获得长远发展和进一步提升的人员而言，相关培训更是不可或缺。

3. 绩效低下

由于技术水平、专业技能、管理技能及相关知识经验的不足，或者因为员工态度、观念的问题会在工作中发生操作失误、效率低下、秩序混乱等现象，导致组织绩效目标难以实现。为防止此类现象的发生，必须进行相关的培训。

2.1.3 企业战略与培训需求

企业战略是一个动态的概念，总是随着企业外部环境的变化与企业自身的成长及发展不断地调整和变化，使企业能够适应内外部环境，增强竞争力。而与每一发展阶段相对应的经营战略都存在显性或潜在的问题。培训需求的识别不仅要忠实地反映企业现行战略，而且要具有前瞻性，通过培训预防或避免某些可能出现的问题，有效利用外部环境带来的机遇，充分发挥内部资源的优势，为企业战略的实施铺平道路，促进战略目标的最终实现。

企业战略与培训需求的关系如图2-1所示。

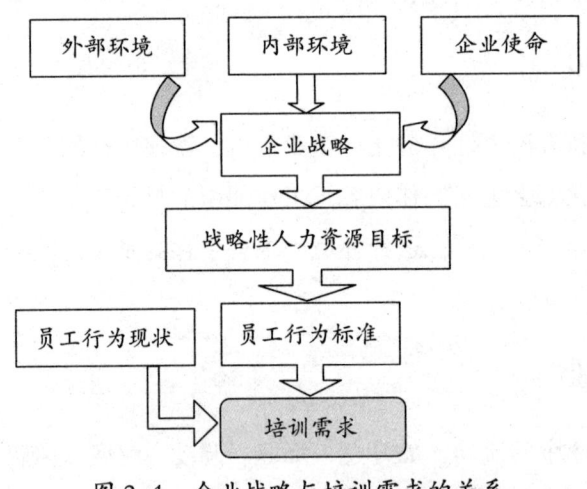

图2-1 企业战略与培训需求的关系

1. 企业战略性成长各阶段相对应的企业培训

在企业的不同成长阶段，对应不同的企业战略方向，与之相应的企业培训工作也具有不同的特点。如表2-1所示。

表 2-1　　　与企业战略性成长各阶段相对应的企业培训工作特点

企业战略成长各阶段	创业阶段	产品转型阶段	多元化阶段	全球化阶段
培训工作特点	以个人在实践中自我锻炼、自我领悟为主	以业务性、实际操作型灌输为主；从主管人员的言传身教逐步发展到有专门的培训部门和人员	通用型人才由公司统一安排培训；各业务部门自主确定培训内容与方式；人员培训成为晋升条件	培训内容丰富；区域性强；强调创新与开拓精神；注重企业哲学、企业文化塑造

2. 企业经营战略相对应的培训需求

在把握企业战略性成长各阶段培训工作特点的前提下，还应针对企业在各个发展阶段经常采用的一些具体经营战略：如稳定发展战略、单一产品战略、同心多样化战略以及战略调整等情况，就企业经营和发展中容易出现的问题，分别列出与之相对应的培训需求。如表 2-2 所示。

表 2-2　　　　　　　与企业经营战略相对应的培训需求

企业战略	问　　题	培训需求
稳定发展	丧失快速发展机会，管理僵化	风险意识，学习风气，开放型思维
单一产品	由于顾客偏好转移、技术变革、政府政策变化等造成产品市场需求下降	质量观念，地域市场开拓能力，竞争观念，营销观念，客户技巧
同心多样化	企业发展到一定规模时管理不力	协作精神，产品管理技术，柔性工作技能
纵向一体化	规模化成本高，行业退出成本高，管理复杂，新产品、新技术开发受牵制，生产过程各阶段生产能力不平衡	全局观念，协作精神，交易费用概念，专业技能，技术管理技能
复合多样化	企业规模膨胀造成管理复杂化	协作精神，开放型思维，学习风气，信息管理技术，柔性工作技能
投资转向	沟通不力造成员工士气下降	全局意识，革新精神，风险意识，柔性工作技能
战略调整	人员、业务、财务等方面的大幅度调整措施引起流言、恐慌	团队精神、风险意识，节支意识和方法，积极态度和乐观精神

3. 企业变革的培训需求

企业战略的调整或转变将引起企业变革的过程。企业变革过程中的企业培训，在于从知识、技能、观念几个方面入手，对人员的行为进行调整性、提升性的干预。

企业变革的趋势是能够识别和预测的，同样，人力资源管理者也应在变革发生之际认识和预见到这些变革对于培训领域的含义，从中发现培训需求的产生和变化。

在认识到企业变革对培训需求的总体影响之后，可以从以下几个具体层面对变革过程中所产生的培训需求加以分析，见表2-3。

表 2-3　　　　　　　　企业变革的核心要素与培训需求

变革的核心要素	培训在变革中的作用	培训需求
变革的发起者	将企业工作引向变革目标	领导艺术，控制技巧，影响力训练，变革策略运用
变革的接受者	推动或阻碍变革目标的实现	变革必要性，变革意识，新知识，新观念，新技能，新的行为准则
变革的传播过程	在变革的发起者和接收者之间交流信息，统一认识，协调行动	沟通方式和技巧，开放型思维，学习方法，多样化价值观

总之，在企业变革过程中，人的因素至关重要，人员培训成为企业顺应变革和推进变革的有效管理手段。变革意味着新事物的大量涌入，由此产生的培训需求也是丰富、动态和多层次的。在变革中识别培训需求的关键在于：把握宏观变革的方向，推断企业现行战略的调整方向和力度，从组织、群体及个人层次上应有的应变举措中发现其蕴含的培训需求。

2.2 培训需求分析的六种模型

2.2.1 Goldstein 三层次模型

20 世纪 80 年代，I. L. Goldstein、E. P. Braverman、H. Goldstein 三人经过长

期的研究将培训需求评价方法系统化，构建了 Goldstein 三层次模型。

Goldstein 三层次模型是培训需求分析的重要理论基础，它最大的特点就是将培训需求分析看成一个系统，进行层次上的分类，通过将组织、任务、人员的需求进行整合，使得培训需求更加全面化，分析结果更加科学化。该模型将培训需求分析分成了三个部分：组织分析、任务分析和人员分析。

Goldstein 三层次模型图如图 2-2 所示。

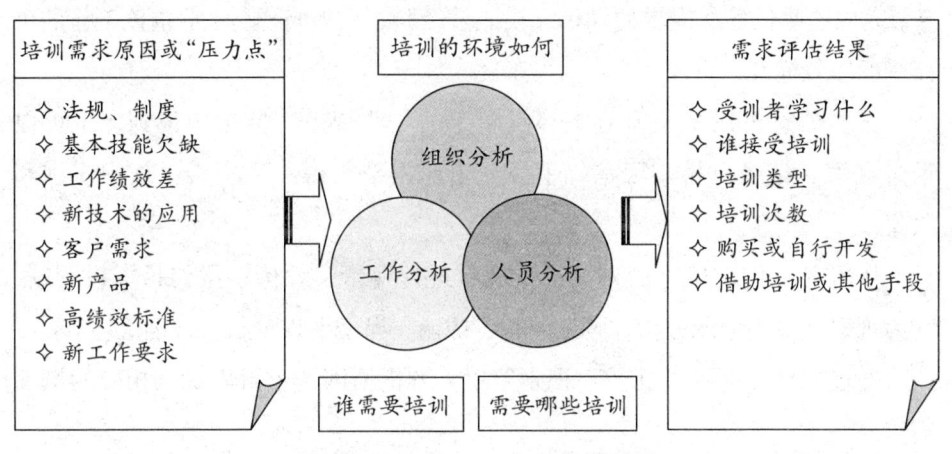

```
培训需求原因或"压力点"          培训的环境如何              需求评估结果
◇ 法规、制度                                              ◇ 受训者学习什么
◇ 基本技能欠缺                    组织分析                 ◇ 谁接受培训
◇ 工作绩效差                                              ◇ 培训类型
◇ 新技术的应用                                            ◇ 培训次数
◇ 客户需求                  工作分析    人员分析           ◇ 购买或自行开发
◇ 新产品                                                 ◇ 借助培训或其他手段
◇ 高绩效标准
◇ 新工作要求
                             谁需要培训   需要哪些培训
```

图 2-2　Goldstein 三层次模型图

1. 组织分析

组织层次的分析将组织的长期目标和短期目标作为一个整体来考察，同时考察那些可能对组织目标发生影响的因素。组织的需求分析由人力资源分析、效率指标分析和组织气氛分析三部分组成。

人力资源分析将组织目标表现为人力资源的需求、技术的需求以及为满足这些需求而制订的计划。培训将在实现需求与供给之间的匹配方面发挥重要的作用。

效率指标分析针对目前组织的效率状况。常用的效率指标包括工资成本，产出的数量和质量，设备利用情况等。首先确定这些指标的标准，然后评估实际的组织效率状况，就可以得到相应的培训需求。

组织气氛分析用于描述组织气氛是否适宜，员工各方面的工作感受如何。如果通过分析发现差距很大并且影响到大部分员工，就有必要引进培训来解决。

2. 工作分析

组织分析旨在从全局上把握整个组织与工作群体的培训需求，属于较为全局性的层面，而针对每项具体工作的具体培训需求，必须通过工作层次的分析才能加以识别。

进行工作分析时，首先应掌握以下三方面的信息：每项工作所包含的任务；完成这些任务所需要的知识、技能、经验、个人特质等；衡量该工作的可接受的绩效标准。

这些信息可以从国家有关部门制定的一些规范、标准中得到，也可以通过观察、记录分析、跟踪等手段从企业内部获得一手资料，从中识别和收集。

接着对工作岗位上的人员工作现状进行评价。评价手段包括资料调查、行为观察、表现记录分析、舆论调查、访谈、典型事件分析、技能考核等。

通过现状与标准的比较，识别差距，分析原因，就可以确认相应的培训需求。

3. 人员分析

个人层次的分析针对每一位员工个体进行，最终落实到"谁需要培训"以及"需要哪些培训"上。个人分析的内容包括：员工实际工作绩效与该工作可接受绩效标准的差距及其原因（当前培训需求）；员工对每项技术的熟练程度与该项技术所需熟练程度的差距及其原因（将来的培训需求）。

分析手段可采用观察、记录分析、资料调查、技能考核等。此外，员工的自我评价也是收集个人需求信息的重要来源。

Goldstein 三层次模型在培训需求分析中的运用存在以下几方面的不足：

（1）模型虽然考虑了企业战略、组织资源对培训需求的影响，但是忽略了行业政策、国家政策等外部环境的影响。

（2）模型对人员进行分析主要集中在员工绩效现状与理想水平的差距上，关注的是员工"必须学什么"以缩小差距，而没有重视"员工想学什么"。

（3）模型很难找到具体可操作的分析方法，缺乏简单有效的识别工具。

2.2.2 培训需求差距分析模型

美国学者汤姆·W.戈特将"现实状态"与"理想状态"之间的"差距"称为缺口，并依此确定员工知识、技能和态度等培训内容，这就是培训需求差距分析模型。

培训需求差距分析模型有三个环节：

（1）发现问题所在。理想绩效与实际绩效之间的差距就是问题，问题存在的地方，就是需要通过培训加以改善的地方。

（2）进行预先分析。一般情况下，需要对问题进行预先分析和初步判断。

（3）实施需求分析。这个环节主要是寻找绩效差距，分析的重点是员工目前的个体绩效与工作要求之间的差距。

培训需求差距分析模型如图 2-3 所示。

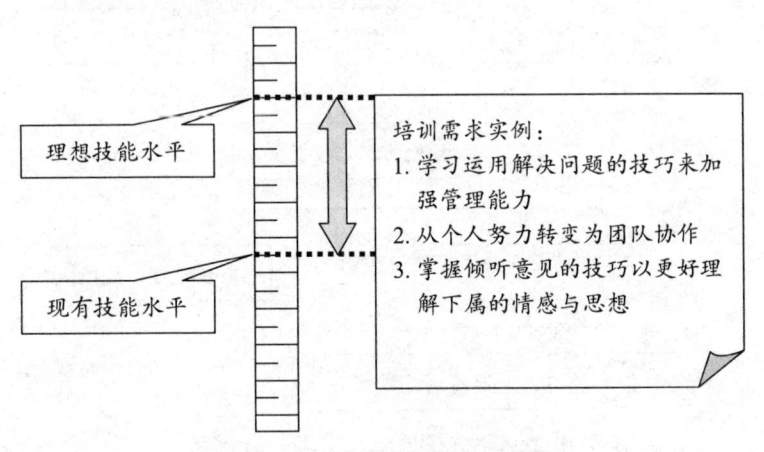

图 2-3　培训需求差距分析模型

培训需求差距分析模型的优点在于，将培训需求的"差距分析"进行重点提炼，提高了培训需求分析的可行性，较好地弥补了 Goldstein 模型在任务分析和人员分析方面操作性不强的缺陷。

培训需求差距分析模型也存在一定的缺陷，首先是该模型没有关注企业战略对培训需求的影响，另外该模型的有效性依赖于一个假设前提，即"培训活动等同于绩效提高"，事实上，绩效问题产生的原因不只是缺乏知识与技能，而且仅靠培训是无法解决所有问题的。

尽管如此，该模型关于"培训旨在缩小差距"的思想还是极有见地的。

2.2.3 前瞻性培训需求分析模型

前瞻性培训需求分析模型是由美国学者 Terry·L. Leap 和 Michael D. Crino 提出的。将"前瞻性"思想运用在培训需求分析是该模型的精髓。他们认为，随着技术的不断进步和员工的个人成长需要，即使员工目前的工作绩效是令人满意的，也可能会因为需要为工作调动做准备、为职位晋升做准备或者适应工作内容要求的变化等原因提出培训的要求。前瞻性培训需求分析模型为这些情况提供了良好的分析框架，如图 2-4 所示。

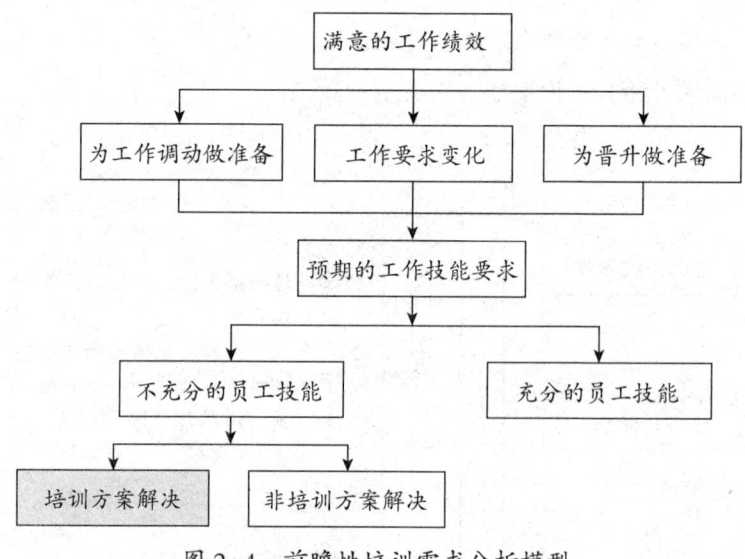

图 2-4 前瞻性培训需求分析模型

前瞻性培训需求分析模型是建立在未来需求的基点之上，具有一定的"前瞻性"，能有效结合组织的发展前景、战略目标和个人职业生涯规划，为组织和个人的发展提供一个合理的结合点，同时可以达到激励员工的目的，使培训工作由被动变为主动。

但该模型也具有一定的局限性，因为是以未来需求为导向，预测的准确度难免出现偏差，技术的前瞻性未必都与战略及业务发展要求相对应，存在着与企业战略目标相脱节的风险。

2.2.4 以企业文化为基础的培训需求分析模型

企业文化是企业的灵魂，是推动企业发展的不竭动力，其核心是企业的精神和价值观。企业文化作为一种意识渗透到了企业的各个角落，甚至是每个员工的工作和生活当中。企业文化一旦形成，对企业的发展方向起决定作用，同时对企业员工培训起指导作用，使企业焕发出强大的生命力。

以企业文化为基础的培训需求分析模型，从梳理企业文化入手，明确企业目标，进而明确企业培训的目标。围绕企业文化实施员工培训能够使员工成功地融合到企业文化中去，将企业目标和员工的个人目标统一起来，对员工的工作动力和对企业价值观的认同有非常直接的影响。

以企业文化为基础的培训需求分析模型如图 2-5 所示。

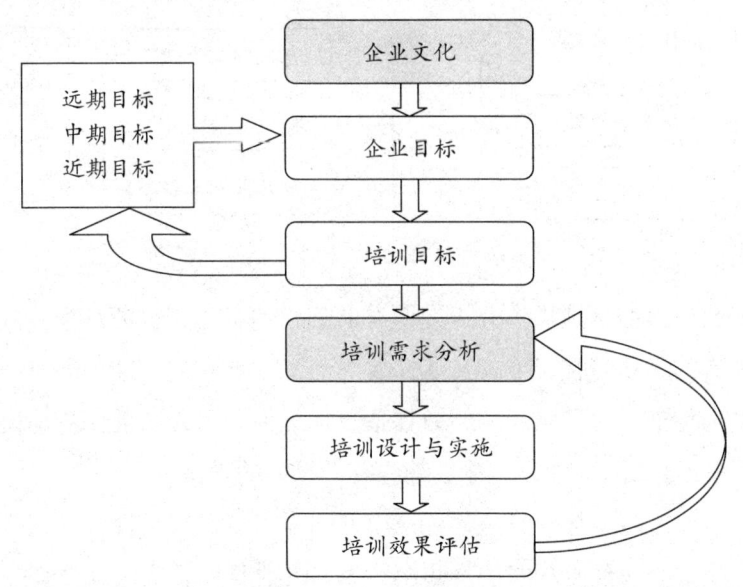

图 2-5 以企业文化为基础的培训需求分析模型[1]

2.2.5 基于胜任力的培训需求分析模型

胜任力这一概念是由 Mc Clelland 于 1973 年提出的，胜任力是指能将工

---

[1] 注：本书第五章《新员工入职培训——以企业文化为核心》，将新员工的入职培训作为企业典型培训设计案例，以公司的企业文化作为出发点，详细阐述了以企业文化为基础的培训需求分析过程，以及培训设计和实施过程。

作中表现优异者与表现平庸者区分开来的个人的表层特征和深层特征，包括知识、技能、社会角色、自我概念、特质和动机等个体特征。胜任力模型则是组织当中特定的工作岗位所要求的与高绩效相关的一系列胜任特征的总和。在培训需求分析中，胜任力模型的导入是十分必要的，胜任特征的可测量性可以使分析过程更加标准化，而且使培训需求更加具体化。

基于胜任力的培训需求分析模型，主要通过组织环境变化的判断，识别企业的核心胜任力，并在这个基础上确定企业关键岗位的胜任素质模型，同时对比员工的能力水平现状，找出培训需求所在。基于胜任力的培训需求分析模型如图2-6所示。

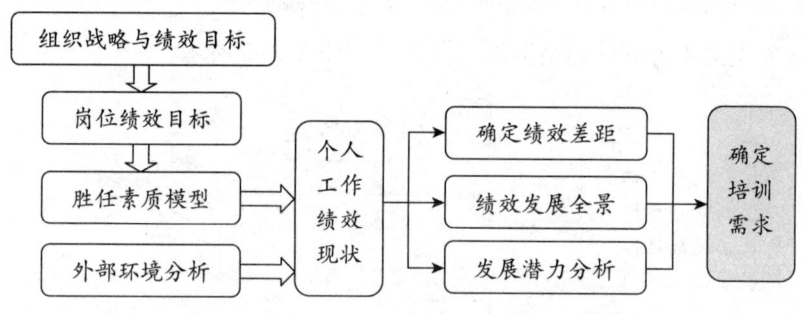

图2-6 基于胜任力的培训需求分析模型

基于胜任力的培训需求分析模型有助于描述工作所需的行为表现，以确定员工现有的素质特征，发现员工需要学习和发展哪些技能。同时，模型中明确的能力标准，也使组织的绩效评估更加方便。另外，胜任特征模型也使员工能容易理解组织对他的要求，建立行动导向的学习。

然而，与差距分析模型一样，该模型同样未能足够重视企业战略对培训需求的影响。企业经营战略的变化会产生新的胜任特征需求或改变原有的胜任特征要求，给企业员工培训需求带来变化。另外，由于胜任特征是个复杂的概念，胜任特征的确定需要长时间的资料积累以及丰富的专业经验，建立胜任特征模型要求相当专业的访谈技术和后期分析处理技巧，而且耗时、费力、成本高，因此该模型的运用对企业的人力资源管理水平提出了较高要求。[①]

---

① 注：本书第六章《管理人员培训——以胜任素质为基础》，将管理人员的培训作为企业典型职位的培训设计案例，以企业管理人员的胜任素质模型为着眼点，详细阐述了基于胜任力的培训需求分析过程，以及培训设计和实施过程。

2.2.6 以职业生涯为导向的培训需求分析模型

以职业生涯为导向的培训需求分析模型认为，企业与员工是两个平等的利益主体，承认员工个人利益与企业组织利益的相关性，不存在谁的利益优先，企业发展应建立在员工的个人发展基础上，企业培训与员工职业生涯规划应该相结合。

以职业生涯为导向的培训需求分析模型呈现出三个特点：

（1）将企业需求与员工职业生涯发展需求进行结合，尊重了员工的个体发展。

（2）不仅考虑了现期需要，还考虑了远期需要，这是对前瞻性培训需求分析模型的升华。

（3）员工真正参与到培训需求分析的过程中，使培训需求评价的主体得到拓展。

以职业生涯为导向的培训需求分析模型如图2-7所示。

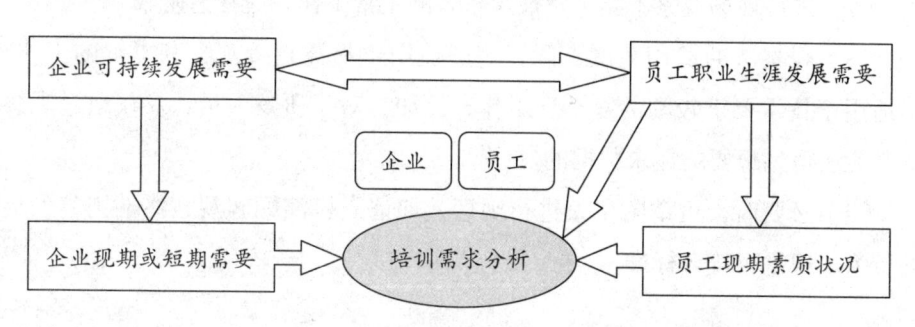

图2-7 以职业生涯为导向的培训需求分析模型

该模型充分体现了以人为本的重要思想，只有把个人需求与职业生涯结合起来，才能有坚定的职业生涯目标，通过不断的参与学习培训，实现自己的职业价值。

以职业生涯为导向的培训需求分析一般采用面谈和问卷调查的方法，让员工进行自我评价，评价的内容主要有：思考自己目前的职业状况和理想中的状况，自己工作的优势和劣势，自己在哪方面取得了成功，近期计划或未来的发展计划，为实现目标计划付出怎样的努力，在实现目标过程中所需要的资源，需要怎样的培训与学习，自我总结与规划职业生涯。①

2.3 培训需求分析的七个方法

2.3.1 观察法

观察法是通过到工作现场，观察员工的工作表现，发现问题，获取信息数据。观察法最大的一个缺陷是，当被观察者意识到自己正在被观察时，他们的一举一动可能与平时不同，这就会使观察结果产生偏差。因此观察时应该尽量隐蔽并进行多次观察，这样有助于提高观察结果的准确性。

在运用观察法时应该注意以下几点：

（1）观察者必须对要进行观察的员工所进行的工作有深刻的了解，明确其行为标准。否则，无法进行有效观察。

（2）进行现场观察不能干扰被观察者的正常工作，应注意隐蔽。

（3）观察法的适用范围有限，一般适用于易被直接观察和了解的工作，不适用于技术要求较高的复杂性工作，比如，对于研发人员，仅仅通过观察法是无法得到想要的需求数据的。

（4）必要时，可请陌生人进行观察，如请人扮演顾客观察终端销售人员的行为表现是否符合标准。

2.3.2 访谈法

访谈法就是通过与被访谈人进行面对面的交谈来获取培训需求信息。在访谈之前，要先确定到底需要何种信息，然后准备访谈提纲。访谈中提出的问题可以是封闭性的，也可以是开放性的。封闭式的访谈结果比较容易分析，但开放式的访谈常常能发现意外的事实。

---

① 注：本书第七章《销售人员培训——以职业生涯为导向》，将销售人员的培训作为企业典型职位的培训设计案例，以销售人员的职业生涯规划为立足点，详细阐述了以职业生涯为导向的培训需求分析过程，以及培训设计和实施过程。

采用访谈法了解培训需求，应注意以下几点：

（1）确定访谈的目标，明确"什么信息是最有价值、必须了解到的"。

（2）准备完备的访谈提纲，这对于启发、引导被访谈人讨论相关问题、防止访谈中心转移是十分重要的。

（3）建立融洽的、相互信任的访谈气氛，以避免产生敌意或抵触情绪。

另外，访谈法还可以与下述问卷调查法结合起来使用，通过访谈来补充或核实调查问卷的内容，探索比较深层次的问题和原因。

2.3.3 问卷调查法

问卷调查法是以标准化的问卷形式列出一组问题，要求调查对象就问题进行打分或做是非选择。当需要进行培训需求分析的人较多，并且时间较为紧急时，就可以精心准备一份问卷，以电子邮件、传真或直接发放的方式让对方填写，也可以在进行面谈和电话访谈时由调查人自己填写。

在进行问卷调查时，问卷的编写尤为重要。编写一份好的问卷通常需要遵循以下步骤：

（1）列出希望了解的事项清单。

（2）对问卷进行编辑，并最终形成文件。

（3）请他人检查问卷，并加以评价。

（4）在小范围内对问卷进行模拟测试，并对结果进行评估。

（5）对问卷进行必要的修改。

（6）实施调查。

2.3.4 关键事件法

关键事件法用以考察工作过程以发现潜在的培训需求。确定关键事件的原则是：工作过程中发生的对企业绩效有重大影响的特定事件，如系统故障、大客户流失、产品交期延迟或事故率过高等。关键事件的记录为培训需求分析提供了方便而有意义的消息来源。

进行关键事件分析时应注意以下两个方面：

（1）制定保存重大事件记录的指导原则并建立记录媒体（如工作日志、

主管笔记等）。

（2）对记录进行定期分析，找出员工在知识和技能方面的缺陷，以确定培训需求。

2.3.5　经验判断法

有些培训需求具有一定的通用性或规律性，可以凭借经验加以判断。比如，一位经验丰富的管理者能够轻易地判断出他的下属在哪些能力方面比较欠缺，应该进行哪些内容的培训。又比如，人力资源部门仅仅根据过去的工作经验，不用调查就知道那些刚进入公司的新员工需要进行哪些方面的培训。还比如，公司在准备将一批基层管理者提拔为中层干部时，公司领导和人力资源部门不用做调研，也能大致知道这批准备提拔的人员应该接受哪些培训。

采取经验判断法获取培训需求信息在方式上可以十分灵活，既可以设计正式的问卷表交由相关人员，由他们凭借经验判断提出培训需求，还可以通过座谈会、一对一沟通的方式获得这方面的信息。培训部门甚至可以仅仅根据自己的经验直接对某些层级或部门人员的培训需要做出分析判断。那些通常由公司领导亲自要求举办的培训活动，其培训需求无一不来自公司领导的经验判断。

2.3.6　绩效分析法

培训的最终目的是改进工作绩效，减少或消除实际绩效与期望绩效之间的差距。因此，对个人或团队的绩效进行考核可以作为分析培训需求的一种方法。

运用绩效分析法需要注意把握以下四个方面：

（1）将明确规定的标准作为考核的基线。

（2）集中注意那些希望达到的关键业绩指标。

（3）确定未达到理想业绩水平的原因。

（4）确定通过培训能够达到的业绩水平。

2.3.7　头脑风暴法

在实施一项新的项目或推出新的产品之前，可以采用头脑风暴法进行培训需求分析。在公司内部寻找那些具有较强分析能力的人，让他们成为头脑风暴小组的成员，集中在一起共同工作、思考和分析。还可以邀请公司以外的有关人员参加，如客户或供应商。

头脑风暴法的主要步骤如下：

（1）将有关人员召集在一起，通常是围桌而坐，人数不宜过多，一般十几人为宜。

（2）让参会者就某一主题尽快提出培训需求，并在一定时间内进行无拘无束的讨论。

（3）只许讨论，不许批评和反驳。观点越多、思路越广越好。

（4）所有提出的方案都当场记录下来，不做结论，只注重产生方案或意见的过程。

事后，对每条培训需求的迫切程度与可培训程度提出看法，以确认当前最迫切的培训需求信息。

管理笔记2-2：培训需求分析中的常见误区

在培训需求的分析过程中，我们要特别注意避免以下几种常见的误区。

（1）注意力全部集中在个人的绩效差距上。这样的培训需求分析虽然可以使培训用于解决个别员工的绩效问题，但可能无法解决群体和组织的绩效问题。除了关键人物的核心技能以外，一般来说群体和组织的绩效对于组织的发展来说更为重要。另外，对于个别员工的绩效问题也许更换人员是一个更好的解决办法，而群体和组织的绩效问题一般更依赖培训的途径。

（2）一定要从培训需求分析开始做起。从理论上说，为了保证培训的针对性，培训需求分析这个阶段是重要而不可逾越的。但在实际工作中，某项工作是否必须要，除了取决于其本身的重要性以外，也取决于其在实际中满足的程度。当培训需求不明确时，培训需求分析是培训工作的首要步骤，但如果培训需求十分明确，那就没有必要在这个环节上浪费资源了。

（3）过度依赖问卷调查方法。这个方法可以让较多的员工参与培训的决策，因而具有更多的沟通、倾诉和激励的作用。但对于搜寻培训需求来说，实践证明其效果并不明显。如果问卷缺少事先的精心设计，在调查的过程中缺乏必要的引导，容易使问卷调查陷入走过场的结局，不解决实际问题。

（4）只采集软信息或只采集硬信息。这里的软信息是指多少带有主观随意性的意见和想法；硬信息是指那些可以量化和衡量的，从而较易把握的信息。如果将调查和分析的对象停留在软信息上，忽视绩效、标准、结果等硬指标，会使分析的结果缺乏可行性和可操作性。与之相反，如果调查分析的注意力总是集中在那些容易测量的或容易得到的数据、标准等硬信息方面，而忽略了那些难以量化的，但对于提高群体和组织绩效起着关键作用的信息，在一定程度上体现了工作中的畏难心理，使调查分析工作过于简单化了。

2.4 培训需求分析的一般流程

人力资源管理者在进行实际的培训需求分析工作时，不仅要熟知相关理论，更需要借助一套科学的、操作性强的培训需求分析流程来理清思路，提高效率，实现工作的规范化。

2.4.1 把握企业概况和现行战略

通过全面了解企业经营环境和企业发展历程，深入理解企业现行战略，把握与之相对应的培训需求方向。在方法上，主要通过对企业内、外部资料、文献的调研来收集所需的信息并加以分析。

2.4.2 向领导者了解对培训的期望

可以组织与公司董事长、总经理及主管营销的副总经理的座谈，并分别对他们进行单独访谈，从中获取重要信息，了解他们对培训的期望。这一步骤的意义在于，站在战略制定者的高度上审视企业现行战略和组织现状，把握未来发展方向，弄清领导者的管理思路，识别现存及潜在的培训需求，并为分析工作的顺利开展寻求组织、资源上的支持。

2.4.3 掌握企业人力资源政策

企业对培训的总的看法集中体现在人力资源政策上，也可按层次细化为决策者、培训管理者和受训者人员各自的态度，其中决策者的态度直接决定了培训的优先权和资源的配置，管理者的态度影响着培训的计划和执行，受训者的态度则与培训的有效性紧密相关。

这一步骤的意义在于，通过了解企业对培训的态度，培训所能利用的资源以及年度培训计划来初步判断培训的可行性。在信息采集方式上，可以选择参考人事文件，以及对人事部门负责人的访谈。

2.4.4 培训需求的细化

在对培训需求有了较为宏观、全面的认识之后，应在此基础上将培训需求进一步细化，使之更具针对性，更易于执行。为了有效实现需求的细化，可以按照公司组织结构，把培训对象划分为几个层次。

对基层员工可以实施以团队为基础的培训需求分析，而对中层以上管理者实施以个人为基础的培训需求分析，兼顾企业需要与个人要求，大大提高了分析工作的效率。

基层员工因为人数众多，可以选择问卷调查的形式，力求从调查结果中发现最突出的需求。

2.4.5 培训需求清单

常规的培训需求分析乃至培训方案设计总是先宏观后微观，先整体后个别。根据细化后的培训需求就可以列出具体的培训需求清单了。

2.4.6 可培训性分析

列出培训需求清单之后，必须对它们进行可培训性分析，才能导出真正的培训需求。可培训性分析通过对原始需求的梳理和筛选，去粗存精，去伪存真，为最终确定培训目标做好了准备。

可培训性分析包含下列几方面的内容：

1. 差距能否通过培训加以弥补

造成差距的原因是多种多样的，在做需求分析时必须区分能力、态度、工作条件等方面的原因。当部门和员工无法达到绩效标准时，可能是因为知识、技能、经验等方面的不足，也可能是工作态度问题乃至更加深层的原因，如激励机制、管理作风等，还可能是设备、设施、工作安排及工作条件等不尽如人意。在弥补知识和技能的不足方面，培训的作用十分显著，而在改变员工的态度、价值观方面，培训是否有效则取决于组织及其成员的具体状况。

2. 企业是否具备培训所需的资源

培训的实施将涉及人、财、物、时间等多种资源，企业是否能够承受？对于新知识、新理论、新技术、新观念的引入，企业是否有相应的吸收能力和适宜的土壤？培训的实施会在多大程度上得到领导层的理解和支持？这些因素，都是在分析培训可行性时所必须考虑的。

3. 受训者是否具备相应的接受能力

所有的培训目标最终都将落实到员工个人身上，所以受训者的接受能力决定了培训的可行性和有效性。影响接受能力的因素包括文化背景、工作氛围、受教育程度、个性、年龄、信仰等。差异化的受训者队伍产生个性化的培训需求，超出当前受训者接受能力的需求是无效的。

2.4.7 合理性分析

合理性分析包括以下几项内容：

1. 培训是否是解决问题的最佳方式

人力资源管理同其他职能管理一样，要遵循成本—效益原则，选择最佳方式。例如，企业内有关键岗位空缺，但企业内尚无具备相应素质、才能的合适人选，是对员工进行相关培训后从内部提拔，还是直接从外部招聘符合条件的候选人？选择结果的不同必然导致培训需求的差异。

2. 该培训需求是否与当前企业绩效紧密相关

培训需求分析总是围绕着企业绩效的改善进行的，能否、能在多大程度上、能在多长时间内对当前的企业绩效产生效果，成为衡量培训需求合理性的主要指标。

3. 实施该培训是否有利于企业长远目标的实现

除了弥补现存差距之外，培训还应具有前瞻性，为企业的长远发展和变革做好准备，因此在进行培训需求分析时，要处理好眼前利益和长远利益之间的关系，既要优先选择能迅速改善当前绩效的培训需求，又不能忽略将对组织成长发生深远影响的战略性培训需求。

名企案例2-1：某公司营销人员培训需求分析实例

根据上文所述培训需求分析流程，对北京某科技有限公司的营销人员开展培训需求分析过程。

一、把握企业概况和现行战略

通过企业经营环境和企业发展历程的了解，深入理解企业现行战略，把握与之相对应的培训需求方向。在方法上，主要通过对企业内、外部资料、文献的调研来收集所需的信息，并加以分析。

1. 企业简介

北京某科技有限公司创立于2000年10月，注册资本5000万元，是一家立足于教育、政府、企业、金融等领域，专注于系统集成方案与实施、IT技术服务与咨询、软件产品开发与销售的高科技企业。

2. 行业概况

该公司属于教育信息化领域，主营业务为信息系统集成和软件产品业务。

随着《国家中长期教育改革和发展规划纲要（2010—2020年）》的出台，教育信息化成为整个国家发展战略的一部分。教育信息化领域对人才的综合能力要求相当高：一方面要求对技术运用、运维管理有深入的研究与理解，掌握技术和行业的发展规律；另一方面还要清晰地了解客户的业务流程、管理模式，准确理解和把握客户需求，对人才的综合能力要求较高。

3. 行业营销人员现状分析

（1）人员总体素质偏低，缺乏系统培训。

（2）理论研究滞后，客观上也影响了营销人员素质的提高。

（3）部分企业管理人员观念僵化，营销队伍结构和规模不合理，营销资源配置不合理。

4. 企业现行战略

企业战略：稳步发展，追求建立在稳固基础上的对全国市场和其他行业的辐射和渗透。该战略的顺利实施要求有一支业务娴熟、忠心耿耿的职工队伍，并且能够不断学习新观念、新知识、新技能，为将来的业务变化和战略转移做好准备。

人力资源战略：累积型战略，即对人才引进持相对保守的态度，偏重员工潜力的发掘，重视培训，人员流动率较小，期望通过对企业现有人力资源的开发，在稳定职工队伍的前提下实现企业的战略性成长。

从中我们能够了解到培训需求的大致方向，即以团队为基础，主要面向现有员工，注重培养企业向心力和学习风气，提升人员综合素质和专业技能。

5. 向企业领导者进一步了解企业战略目标，组织现状及对培训的期望

组织公司董事长、总经理及主管营销的副总经理的座谈和访谈，从中获取一些重要信息：

- 领导层对企业战略和未来发展方向有高度共识，员工对企业战略的理解不够深入；
- 公司上层有通过学习改造自身的意识，但行动不足，对培训工作持观望态度；
- 公司员工的忠诚度和敬业精神尚可。

6. 培训需求的细化

在对培训需求有了较为宏观、全面的认识之后，应在此基础上将培训需求进一步细化，使之更具针对性，更易于执行。为了有效实现需求的细化，我们把培训对象划分为三个层次，即销售总监、市场总监，销售经理、市场经理，以及基层销售专员、市场推广专员。

二、培训需求调查

1.基层营销人员培训需求调查

基层营销人员占营销组织成员的绝大多数，也是企业经济效益的直接创造者，他们的需求往往反映了企业经营中较关键、较急迫的问题。因此，我们的需求细化工作从基层营销人员开始，由于人数众多，选择了问卷调查的形式，力求从调查结果中发现最突出的需求。

公司营销组织培训需求调查表

姓名：_____ 年龄：_____ 性别：_____
学历：_____ 专业：_____ 职务：_____

（一）您目前工作的岗位及在此工作岗位上的工作年限？（请在所选的空格内画钩）

☐销售专员　　☐市场推广专员　　☐区域销售专员
☐区域市场专员　☐其他
☐1年以下　　☐1~3年　　☐3~5年　　☐5年以上

（二）您觉得自己擅长于哪些方面您工作？

☐推销　☐营销策略　☐片区业务管理　☐业务规划　☐市场调查
☐_____　☐_____

（三）工作中您觉得哪些问题困扰着您？

☐缺乏资源支持　☐流程和体制不完善　☐激励机制不能充分调动积极性
☐目标和职责不清晰　☐理念上的困惑　☐具体工作方法与技巧
☐人际沟通能力不足　☐职业素质不高　☐其他

（四）您认为影响您销售业绩的最大障碍是什么？

☐_____
☐_____

（五）下列哪些课程对您有用？

☐行业发展的动态和趋势　☐市场营销的基本理论　☐管理的理念和技能
☐专业的销售技巧　　　　☐区域市场的开发与管理
☐客户的选择与管理

您还需要哪些方面的培训：

☐ _____

☐ _____

（六）您对营销管理咨询公司的培训有哪些具体的建议和要求：

☐ _____

☐ _____

调查结果如下：

本次调查共收回问卷 54 份，其中区域营销专员 6 份，营销专员 48 份。

超过 70% 的被调查者认为"缺乏开展工作所需的资源支持"是困扰其正常工作的最大问题；关于影响销售业绩的障碍，被调查者列举次数较多的是：品牌知名度低、产品不对路、不规范竞争、促销广告力度不够等方面；在培训课程内容方面，被调查者认为最急需的课程有：专业销售技巧、区域市场的开发与管理、市场营销的基本理论等。

调查结果分析：

被调查营销人员社会阅历丰富，但年龄结构略显老化。部分人员有销售经验，而绝大部分无营销经验和营销知识，缺少系统培训。

人员职责相对来说较明确，但是基本上以生产或销售为导向，缺乏对瞬息万变的市场的把握，无有力的应对策略。皆知应变，而不知如何变。

根据被调查人员以往的受训经历及对未来培训的要求，导出如下培训需求：

1）基层营销专员

基础部分：

- 市场营销的基本理论
- 行业发展的动态和趋势

提高部分：

- 专业的素质要求
- 专业的促销技巧
- 区域市场考察与开发
- 客户的选择与管理

- 区域市场作业流程

2）区域营销专员

基础部分：

- 市场营销的基本理论
- 行业发展的动态和趋势
- 基本管理理念与技能

提高部分：

- 市场运作办法
- 区域市场的管理
- 组织架构的设置
- 有效沟通与授权
- 绩效考核与激励

2. 中层营销经理的培训需求调查

对公司营销组织中层管理者的培训需求调查具体化为对一名市场经理和一名销售经理的调查。仍然选择问卷形式，该问卷除了用于个人自测外，还将发放给高层领导和基层员工，以获取多方面的意见。

公司中层营销管理人员工作能力测评表

姓名：_____ 职位：_____

说明：此次测评采取打分制，分值从1到5，分别代表很差、较差、一般、较好和很好。

测评内容		评 分					原因分析	改进方法建议
		1	2	3	4	5		
基本职责	组织开展市场调查							
	进行定性、定量销售预测							
	定期提供市场分析报告							
	制定、监督执行促销政策							
	制订部门年度发展规划							

续表

测评内容		评分					原因分析	改进方法建议
		1	2	3	4	5		
领导能力	工作率先垂范							
	对待困难沉着果断							
	对待下属公平冷静							
	组织气氛融洽							
	善于与其他部门协调							
知人善任	准确把握下属优缺点							
	善于启发下属发挥优点							
	适才适所							
	经常与下属沟通							
目标达成	以长期观念制定企划							
	以公司立场行事							
	随机应变							
	尽最大努力达成目标							
	高效、节支							
	与其他部门交流情报							
个人素质	作风正派							
	谦虚好学							
	思想开放							
	亲和力							
	团队影响力							
	责任感							
	理论基础							

统计本次测评分数，结果如下：

营销总监对基本职责、目标达成和个人素质评价较高，但认为受评人亲和力稍差，协调能力有待改善，知人善任一项评价较低，原因是人际技能有待提高，希望通过培训加以改善。

基层营销人员对被测人的基本职责和个人素质比较满意，但亲和力得分偏低，在领导能力方面，认为对待下属不够公平冷静，尤其是经常与下属沟通得分极低，目标达成状况尚可。

测试结果分析：

高层主管对受测人的综合素质、能力颇为认同，对其工作业绩也较为满意；

基层人员对受测人的工作能力和个人素质较认同，对其工作业绩较满意，但对其管理方式、管理技巧有不满之处，期待有所改变。

总之，受测人能基本胜任现任职务，但需要通过以下培训补充其管理能力的不足：

- 营销管理理论和方法
- 管理沟通技巧
- 影响力训练

对销售经理的工作测评也按照同样的方法进行，从测评结果中发现了如下培训需求：

- 营销管理理论和方法
- 时间管理方法
- 影响力训练

3. 高层主管的培训需求调查

对公司营销组织高层主管的培训需求调查具体化为对该公司一名营销总监的调查。鉴于双方都已经有相当程度的了解，决定采用自我申告的方式，结合我们掌握的有关情况，确定该营销总监的培训需求。结果如下：

自我分析：从技术岗位调任，对营销业务熟悉程度不够，领导者威信还有待加强；下属的工作积极性和工作业绩都不错，但不清楚自己究竟在其中发挥了多大作用，以及如何有效地领导他们。

自我申告的培训需求：

- 营销基础知识和案例
- 系统的营销管理理论

● 领导方法和技巧

我们的看法：这是一位难得的管理人才，虽然相关工作经验不多，但聪明好学，将他的培训需求初步确定为：

● 战略管理思想方法

● 领导理论、方法和技巧

三、培训需求清单

综合上述的分析结果，我们将公司营销组织的培训需求整理列表如下：

普遍的培训需求	现代营销理论、方法和案例，行业发展动态和趋势，企业文化教育，现代企业制度，柔性工作技能，变革和创新意识，学习风气，等等
业务员的培训需求	岗位技能，区域市场考察与开发，客户的选择与管理，区域市场作业流程
片区主管的培训需求	市场运作办法，区域市场的管理，组织架构的设置，有效沟通与授权，绩效考核与激励
市场部经理的培训需求	管理沟通技巧、影响力训练
销售经理的培训需求	时间管理方法、影响力训练
营销副总的培训需求	战略管理思想方法、领导理论、方法和技巧

第三章

培训设计实施——细节决定成败

你可以拒绝学习，但你的竞争对手不会。

——杰克·韦尔奇

在准确地预测和把握真实的培训需求之后，如何确定培训目标？如何进行培训项目整体设计？课程开发哪些内容？选择哪种培训技术？准备哪些学习材料？学习活动如何组织？

"细节决定成败"，培训项目设计、培训课程开发以及培训实施环节需要做大量细致的工作，往往最能体现培训的成效和口碑，也在很大程度上影响培训目标的达成。

- ADDIE 培训模型
- 课程设计步骤
- 课程开发过程
- 培训实施环节
- 常用培训技术

3.1 ADDIE 模型

ADDIE 模型是国内外企业应用最为广泛、最具有代表性的系统培训设计与开发模式，它广泛应用于不同规模的企业以及不同类型、不同内容的培训活动，都发挥了良好的作用。

ADDIE 系统培训模型最初运用于美国军队培训，也仅适用于与军队相似的大型组织。后来研究者根据不同需要、不同情境开发了许多系统培训模型，但它们的设计和开发都是以 ADDIE 模型为基础进行的。随着系统培训理论和实践的发展，ADDIE 模型被不断修正和完善，并沿用至今。

ADDIE 模型是一个以评估为中心的循环系统，通过明确的步骤和严谨的内容详细规定各阶段的任务，为培训项目提供清晰的思路和科学的步骤。教学系统的五个阶段相互支撑，对培训项目进行程序性和系统性的设计，并引入许多科学的分析和决策工具。

ADDIE 的五个字母分别表示 A（analysis）分析、D（design）设计、D（development）开发、I（implementation）实施、E（evaluation）评估五个阶段。这五个阶段相互支撑，构成一个以培训评估为核心的循环系统，整个教学系统围绕培训评估而发挥作用。

正如 ADDIE 模型图（图 3-1）所体现的：

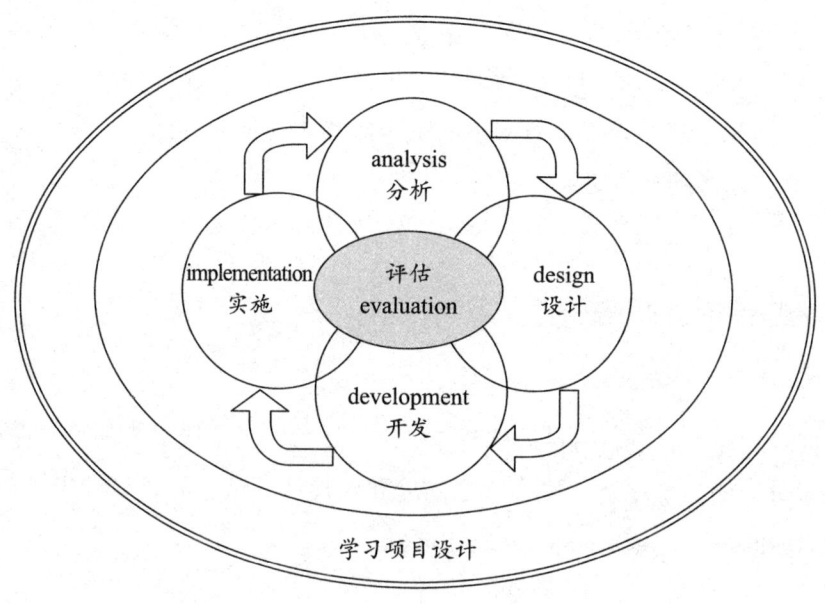

图 3-1 ADDIE 模型图

- analysis——分析阶段：培训分析阶段是系统培训的关键性阶段，需运用访谈、问卷、观察、文献研究、专家小组参与等多种方法和工具进行组织诊断，深入分析企业内部的真实培训需求，在企业需求、个人需求和如何针对这些需求进行培训之间架起一座桥梁。
- design——设计阶段：培训设计阶段将形成一项操作性强的培训方案，在有限的资金和资源条件下，将分析阶段的数据和结论转化为明确的培训目标、科学的培训课程以及合理的培训考核等。
- development——开发阶段：培训课程开发是编撰培训内容的过程，它将培训方案细分为培训教材、培训课件、知识管理和案例实践等，实现培训需求向可操作性培训内容的转化。开发阶段还需要通过培训测试来检测培训目标是否能够完成，以及是否与设计阶段的培训方案相匹配。
- implementation——实施阶段：培训实施阶段将前面几个阶段的工作成果置于操作条件之下，通过灵活和高效的方法使员工获得预期的成果，提升个人绩效。
- evaluation——评估阶段：培训评估是一个持续性的过程，它就像是培训系统的神经一样贯穿于其他四个阶段，通过标准化评估、总结性评估和操作性评估等多种评估方式，对培训目标完成情况、培训有效性、妨碍培训实施的因素、新的学习机会等方面进行评价和总结，及时提供反馈信息，以保证各阶段的工作能够达到预期目标，最终促进整个培训系统的不断完善。

3.2 课程设计步骤

课程设计是对培训内容进行整体的规划过程，其中最重要的是对课程结构的设计，相当于建造一座大楼之前先要画设计图纸，如果设计出了问题，那么后面的开发、实施等环节也会出问题。

3.2.1 明确课程任务

在培训需求分析阶段，通过各种需求分析方法，采用合适的培训需求模型，可以深入探究组织问题。而在课程设计阶段，首先要做的是把"问题"转换为"任务"。

教学设计大师梅瑞尔曾指出，"任务"是将实际工作中遇到的"问题"迁移到学习场景，设计成需要完成的"任务"，学习者从知识、态度和技能等多个方面采取行动，完成一些具体的目标。而完成了"任务"，就意味着解决了"问题"。

如何将"问题"转换为"任务"呢？"问题"只提出了问题所在，没有给出解决方案；而"任务"是为了解决某个问题的方法，将激发人的行动。"问题"往往比较宽泛，产生问题的原因有很多，需要解决的问题也有很多；而"任务"会更聚焦，任务将解决主要问题和主要矛盾。

总之，确定"任务"就是分析工作中遇到的问题，再将问题归纳，总结成具体的、明确的任务。

3.2.2 整体划分三个阶段

把课程从整体上划分为三个阶段，即课程导入、主要任务和课程结尾，如图 3-2 所示。

图 3-2　课程整体三个阶段

课程导入部分，主要用于说明课程的来由、课程将要解决什么问题、课程的意义等。比较常见的导入方式有：案例导入、问题导入、分组讨论导入等。

主要任务部分，是课程设计的主要内容，也是课程设计的重点和难点。

课程结尾部分，主要用于总结、回顾课程内容，考核、评估学习掌握情况，或者引入下次课程内容。

课程结构设计要遵循两个原则：

（1）上下级，纵向包容、先抽象后具体。

（2）同一级，横向并列、不重复不遗漏。

如果在归纳主要任务的时候，遇到有些内容无法归入主要任务中，可以采取三种措施：

（1）扩大：扩大主要任务，将其他内容纳入主要任务中去。

（2）移位：不改变主要任务，而把其他内容移到下一层级，纳入下一层级的某个任务中去。

（3）删除：课程设计一定要遵循以学员为中心、以任务为中心和以问题为中心的原则，如果其他内容对培训目标相关性不大，或对于学员的意义不大，可以考虑删掉。

3.2.3　主要任务分解

将主要任务进行科学的分解，划分成一个个相对具体的子任务，并对所有子任务进行合理的排序，如图 3-3 所示。

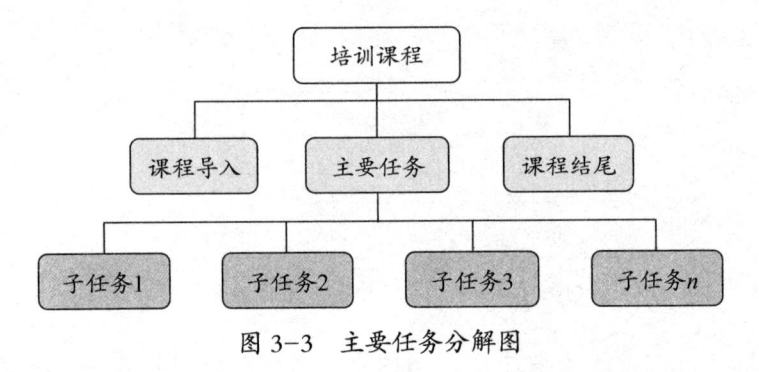

```
                    培训课程
           ┌──────────┼──────────┐
        课程导入    主要任务    课程结尾
           ┌──────┬─────┴─────┬──────┐
        子任务1  子任务2   子任务3   子任务n
```

图 3-3　主要任务分解图

如何保证子任务的分解是科学、合理的呢？这就需要课程开发者对课程的内容非常熟悉，同时还要具备专业的业务知识和丰富的操作经验。例如，我们正在开发一门"大客户销售技巧"的销售类培训课程，如果没有相应的大客户销售经验，怎么能设计课程结构，又怎么能对主要任务做进一步的分解呢？

如何将主要任务分解成子任务模块？

（1）对于具体的任务，按照完成任务的顺序以流程化的方式进行分解和排序。

例如，商务部要开发一门名为"商务采购入库"的培训课程，针对公司的销售经理、商务人员和财务人员做新信息系统下的商务采购流程培训。在设计课程结构的时候，就可以按照采购任务的流程和顺序分解成各个子任务：用户登录、采购申请、采购订单、采购入库等，进而针对每个子任务开发课程内容，如图3-4所示。

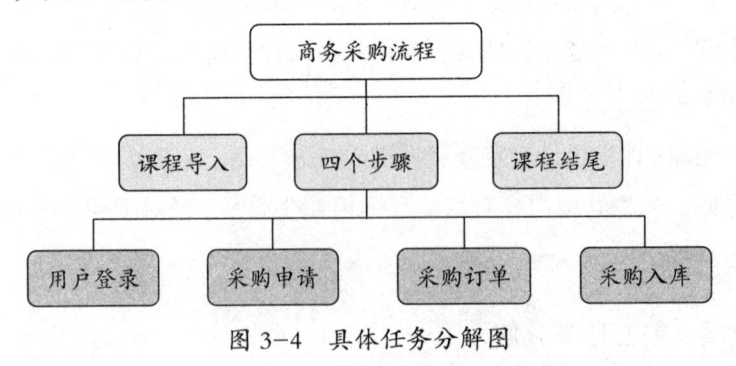

```
                   商务采购流程
           ┌──────────┼──────────┐
        课程导入    四个步骤    课程结尾
                ┌─────┬───┴───┬─────┐
             用户登录 采购申请 采购订单 采购入库
```

图 3-4　具体任务分解图

（2）对于抽象的任务，按照任务的内部规律以模块化的方式进行分解和排序。

例如，人力资源部要开发一门名为"中层管理者领导力提升"的培训课程，针对集团公司和下属子公司的所有中层管理人员，培训管理知识，提升领导力。应用模块化的方式来分解，就可以把课程按照"领导力"的内在规律分成五个相互独立又相互联系的子任务：与人为善、自信果敢、识人之智、追求卓越、战略思维，如图3-5所示。

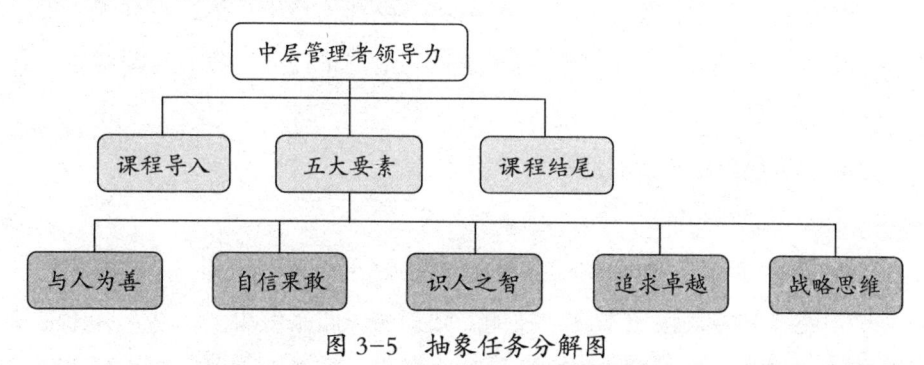

图3-5 抽象任务分解图

（3）对于复杂的任务，有些内容需要按照流程顺序分解，有些内容需要按照模块结构分解，是一种综合性的课程结构设计。

例如，某教育系统集成公司开发面向销售人员的"大客户销售技能"培训课程，对于"大客户销售技能"这样的培训主题就是一个相对复杂的任务，单纯按照流程顺序或者模块结构无法科学地分解。首先，从销售人员应该具备的销售能力出发，按照模块结构可以划分为以下几个子任务：教育信息化行业培训、系统集成产品培训、大客户销售流程培训、商务谈判培训等；而对于大客户销售流程这样的子任务，可以按照流程顺序进一步划分为更具体的子任务：客户需求分析与引导、解决方案设计、销售合同签订、售后服务规范等，如图3-6所示。

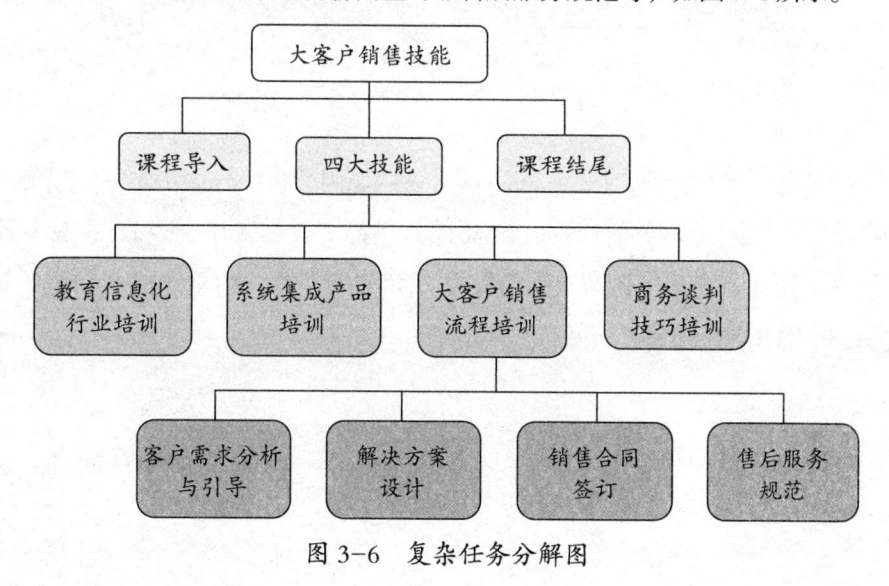

图3-6 复杂任务分解图

3.2.4 最终子任务解决模式

对主要任务做层层分解之后，任务逐步由抽象趋于具体，直到成为一个个不能再被分解的独立小任务。对于这样的最终子任务，我们需要考虑子任务的解决思路模式。

常用的解决思路模式有两种：

1. ASK 模式

ASK 模式指态度（attitude）、技能（skill）、知识（knowledge）模式，针对某个最终子任务，按照态度、技能、知识的思路来解决。当然，并不是所有的最终子任务必须分解成态度、技能和知识三项，也可以分解成其中的一项或两项的组合，如图 3-7 所示。

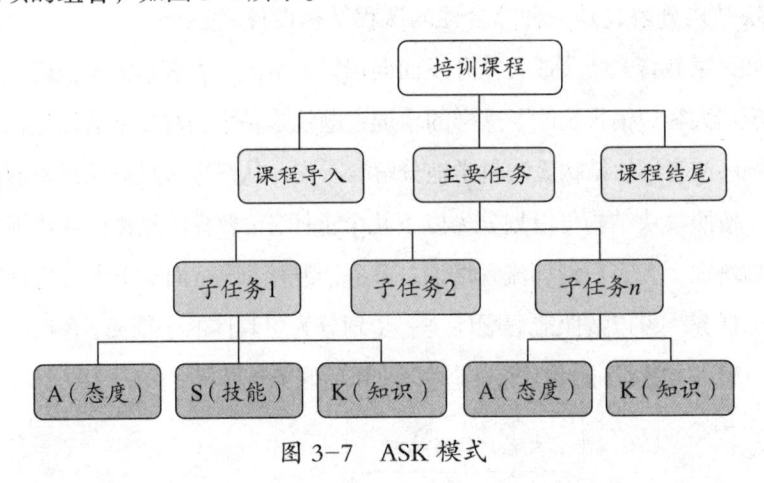

图 3-7 ASK 模式

2. PRM 模式

PRM 是"现象呈现"（phenomenon）—"原因分析"（reason）—"措施及解决方案"（measures）的简称。PRM 模式也称"咨询式培训模式"，针对某个最终子任务，聚焦问题解决，直接从问题开始，关注的重点放在问题的解决上，如图 3-8 所示。

图 3-8　PRM 模式

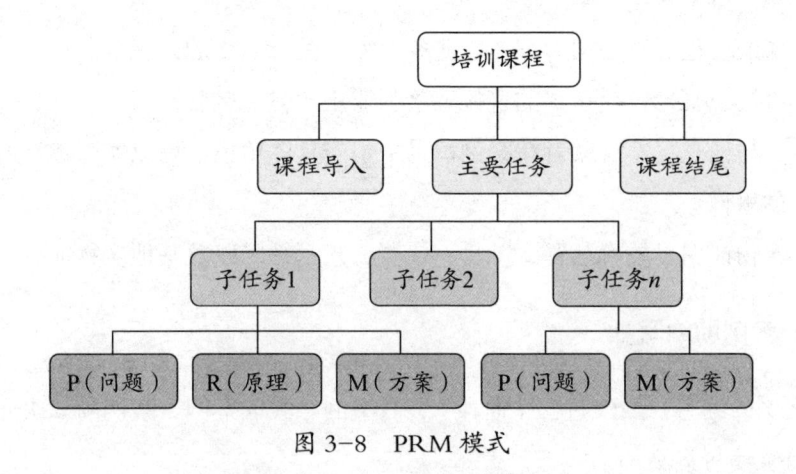

经过以上几个步骤：明确课程任务、整体划分三个阶段、主要任务分解、最终子任务解决模式，生成了一个完整的课程结构设计图。下一步，就要基于课程结构图开发具体的课程内容了。

3.3　课程开发过程

课程开发工作是将课程结构设计图转变为课程成果的过程，课程成果包括课件、案例、活动、手册等。课程开发主要包括案例开发、多媒体课件开发、学习活动开发、培训师手册开发、学员手册开发等方面。

3.3.1　案例开发

1. 案例素材的收集

案例开发之前，首先要收集案例研究的相关素材，包括案例研究对象的真实事件和行为方面的数据。收集案例素材一般通过以下几种渠道：

- 文件资料，公司内部文件、会议记录、内部报刊、下发的一些材料，保存的音频和视频材料，等等。
- 档案记录，公共事业档案、服务记录、组织记录、地图与图表、调查资料等。

- 访谈，包括对公司管理者、业务专家、优秀员工的访谈等。
- 直接观察，包括正式的直接观察和非正式的直接观察。
- 参与性观察，观察者在案例情景中担当具体角色，可以实际参与所涉及的事件。
- 实物证据，技术装置、工具、仪器、艺术品，以及其他实物证据。

2. 案例的编写

案例的编写一般经过三个阶段：编写案例、验证案例、案例的二次开发。

（1）编写案例

编写一个案例，必须写清楚案例标题、案例背景、案例正文和案例研讨问题。其中案例正文的编写尤其重要，正文撰写是为了达成学习目标而必备的内容信息，同时它要源于实际而又高于实际。

在案例编写过程中，要特别注意以下几点：

- 案例要叙述故事而不是分析经验，如何分析思考是学员的任务，要留给他们去完成。
- 案例的可信度来自基本的事实，要尽量只写事实，不要过度改编，当然敏感的问题可以隐瞒。
- 撰写者保持中立是案例讨论的基础，正反两方面的观点都要有，而且分量要相当。注意不要过度加入作者自身的观点。

（2）验证案例

在编写完案例后，需要进行必要的验证，一般会针对以下几个方面进行验证：

- 学习目标的表述是否完整，分别从学习者、行为、情景及评判标准四个关键组成部分进行评估。
- 案例的类型选择是否恰当。
- 案例场景的描述是否具体，满足学习目标达成的需要。
- 任务角色描写是否足够细致、具体。
- 案例研讨问题是否恰当。

（3）案例的二次开发

如果同一个案例需要用于不同主题的培训课程，或者用于不同的学员对象，为了确保案例使用的有效性，往往需要对案例进行二次开发。通过完成下列问题的回答可以提供案例二次开发的一些思路。

- 新的学习目标与原有案例中的学习目标是一样的吗？如果不是，此案例是否适合于应用到新的培训中？
- 此案例的类型（确认型、问题解决型、练习型、应用型、系列型）是否适合于新的学员群体？是否另外一种类型的案例更为适合？
- 案例场景的哪个部分需要重新设定？（学员的工作场所、工作汇报关系、案例所涉及的人员和事件范围、物理场景描述等）
- 案例中的人物角色需要进行怎样的重新设计？是否太过于接近现实？（人物职位头衔、年龄、性别、文化背景、人物姓名、人物角色所具备的知识、技能和态度）

通过一系列的问题可以进行案例的二次编写，甚至开发不同的案例。

3. 案例教学过程设计

案例教学过程可以分为以下三步：

（1）案例准备

案例教学对于培训师和学员来说都是最难的教学形式之一，需要耗费大量的时间和精力为案例做有效的准备。学员不仅必须消化案例中的"事实"，还必须找出案例中的关键问题以及解决问题的方法和途径。

作为培训师，同样必须透彻地阅读、理解案例，并找出案例中的关键性问题、辅助信息及解决问题的多种途径。只有完成这些步骤后，才能真正开始为讲解案例做准备。

（2）案例呈现

案例教学是一个引导讨论的过程，培训师引导案例的讨论而不是控制它。在课堂交流过程中，培训师需要同时关注案例讨论的过程和案例讨论的内容，这需要情感和知识的双重投入。此时的培训师将扮演一系列角色——策划者、主持人、调解人、唱反调的人、学员和裁判。

在案例教学中，学员们应该"拥有"课堂。学员对案例的评论表明了学员对案例材料的了解程度，在对其进行评价时培训师应当考虑学员解决问题方法的合理性。

（3）案例反思

学员反思：我们学到了什么？学到的知识如何应用到其他环境？

培训师反思：哪些学员在课堂上发言了？参与质量如何？教学过程中是否有效传递了关键概念？是否达成了教学目标？

4. 案例库的建立与管理

实施案例教学的基础是案例的开发研制，因此，建设案例库是推广案例教学的前提条件。如果企业能够建立自己的案例库是非常有价值的，可以通过以下三个步骤建立案例库：

（1）建立案例资料库，储备案例资源。

（2）在资料库的基础上细分、归类、整合为类型案例。

（3）找出不同类型案例的操作方式和成功做法，提炼精要，完成案例库的建立。

在案例库的建立过程中，需要两个层面的支持，一方面是软件系统的支持，软件系统需要具备便捷的案例提交功能、高效的案例审批流程、安全的信息管理、清晰的权限管理，并设立讨论平台；另一方面是员工的支持，公司可以采取一些措施，比如实时公布员工对案例库的贡献，来营造大家分享的氛围，并将员工对案例库的贡献度和员工的绩效产生联系，鼓励员工积极为案例库提供优秀素材。

名企案例 3-1：哈佛大学的案例教学[①]

一、哈佛的案例教学

哈佛商学院每年大概编写 350 个案例，涉及各种科目。案例覆盖了商业问题中很广的区域，并紧跟时代潮流。与课程中的问题相吻合是案例编写的一个重要参考因素。以下列举了案例编写最开始要考虑的四个要素：

---

① 本案例摘编自百度文库"哈佛大学及案例教学法"，2011 年 9 月 2 日。

（1）案例所围绕体现的问题。

（2）学生使用该案例所需做的分析。

（3）案例具有足够的数据方便进行分析。

（4）数据从哪里能够获得。

哈佛案例的影响超出了校园。例如，哈佛商学院出版社为使用案例的教授们建立了一个专门的网站，超过2万名大学教师注册了这个网站会员，在里面为他们自己的课程搜索案例。2001年，免费案例的下载量达到50万个，并且卖出了超过600万个案例，用户主要是大学教师。这表明哈佛案例对于整个世界的商业教育做出了深远的贡献。

在第一个案例诞生80年之后，案例教学在哈佛商学院已成为教与学的中心。案例教学因为其对现实管理问题的适用性将会继续是最有效的教学方法，案例教学对提高学生的能力非常有效，因为他们需要知识、技术与工具来解决那些今后工作会遇到的各种问题。

二、案例教学对老师的要求

案例教学与一般基础理论课相比，对教师有更高的要求。哈佛大学之所以能成功推行案例教学模式，就是因为哈佛大学经过几十年的磨炼，培养了一批熟练掌握案例教学的教师。案例教学不是自然产生的，对从事案例教学的教师必须进行专门的培训，使他们熟悉并习惯于这种教学法。一个教师从不熟悉到熟悉案例教学，至少要花2年时间。教师的作用虽然不同于直接授课，但要介绍分析框架或理论工具，引导学生的分析过程，对学生的不同观点及时进行分类梳理，对有些重要的理念给予提示。这些都要求教师熟悉案例，有广博的知识，有较强的逻辑分析、要点概括和驾驭课堂的能力。所以说，案例教学的功夫在课堂之外，无论是教师还是学生。真是台上一分钟，台下十年功。

案例教学的效果取决于教师的水平，不同的教师，案例教学的效果也不同。

一个好的案例教学的教师，首先是一个激情飞扬的演员，他把课堂变为舞台，投注了全部的热情来讲课，这种热情也感染了每一个学生。

案例教学的教师还是控制课堂的导演。每一节课就如同一场电影，要在单位时间内完成教学的任务，还要让尽量多的学生发言，就要严格控制课堂，热烈而不混乱，有序而不死板，对学生的提示如春风化雨，最后的总结如水到渠成。

案例教学的教师还应是"教学相长"的对象，老师要有谦虚的态度和博大的胸怀，认真听取学生的发言，积极鼓励不同的观点，耐心梳理大家的意见，勇于接纳批评和反驳，创造一个师生之间平等学习的良好氛围。

三、案例教学法的精髓

1. 变被动式学习为主动式学习

案例教学把被动式学习变成主动式学习，有效地防止了滥竽充数。传统的教员灌输式教学法的弊病之一是学员没有什么学习压力，实际上造成了学生懒于学习和思考的惰性。哈佛大学的案例教学法成功地解决了这些问题。通过案例分析，不仅使课堂气氛变得活跃起来，激发了学生的学习兴趣，而且促使学生主动地学习，因为学生的成绩是教员根据学生在课堂上对案例的破解能力、案例辩论技巧、发言次数、提纯原理能力以及案例综合分析过程等因素来确定的。其中，对学生的课堂发言打分分为四等，占该门功课成绩的25%~50%，任何人如果事先不认真阅读案例，不进行分析和思考，在课堂上就会"露馅"，想蒙混过关是不可能的。

2. "集中轰炸式"培训

案例教学法是哈佛商学院的"传家宝"，每个案例描写的是工商企业遇到的真实问题。案例法的精髓不在于让学员强记内容，而是迫使学生开动脑筋思考。

哈佛的节奏是紧张的，把通常需要多年工作实践方能获得的经验浓缩到两年的课程里。在两年里，MBA要分析800个案例。一篇案例短则一二十页，长则三四十页。每星期一、三、五上三节课，二、四上两节课。除了案例外，还发给学生与案例有关的背景知识、理论说明等参考资料。阅读分析一篇案例至少需要两个小时。

3. "唯一"不受欢迎，学会"思想共享"

案例教学可以使教员和学员在遵守各自的职业道德的过程中，做到"思想共享"，求同存异。学生们应当公开而有礼貌地承认他们可能存在的任何分歧，公开而有礼貌地表达不同意见，别人也应有礼貌地倾听和尊重别人的意见，哪怕此意见跟自己的看法大相径庭，至少使自己了解到同一问题会有如此不同的看法存在这一事实。任何人武断地把自己的想法强加于人，或者把自己的想法作为案例分析的唯一衡量标准的做法，都是不受欢迎的。

学生在交流看法、交换意见的过程中不断接触新的信息、新的结论和新的预测，形成了一个大家共同分享的"思想平台"。如果说"思想共享"是案例教学形成的一个必要的副产品的话，那么，在"思想共享"基础上，做到求同存异，达成共识，找出解决问题的思路和办法，则是案例教学生产出的正产品。

4. 案例教学是最节约时间、成本最低的"社会实践"

让学生接触大量案例，教师强迫每个学生扮演"法官""律师""医生""企业家""政府官员"等角色，设身处地地从自己扮演的角色出发，参与案例分析和讨论。在这个过程中，学生最忌讳说"不知道该怎么办"，或者"我辞职"，因为这会给教员提供一种学生作为旁观者的信息，这是案例教学所不容许的。唯有提出建设性意见，才能符合案例教学的要求。与亲自参加社会调查研究和身临其境的"体验式教学"相比，案例教学是最节约时间、费用成本的"社会实践"。它以最小的消耗获得最大成果。

3.3.2 多媒体课件开发

随着多媒体技术和网络技术的快速发展，基于互联网的多媒体应用越来越多，多媒体技术也不断地被引入教学当中。基于多媒体技术的多媒体课件可以根据不同的学科特点、不同的内容，充分利用声、画、视频等多媒体手段创设情境，化不可见为可见，化静为动，化抽象为形象，最大限度地调动学员的积极性，激发学员的学习兴趣。多媒体课件可以达到超媒体链接，使得各种多媒体信息获得集成，传输速度和存储容量大大提高，人机交互更加便利，跨越空间的及时交流也成为现实。

多媒体课件开发的一般流程如下：

1. 目标分析

根据教学内容，明确要实现的教学目标，确定课件的框架和表现方法，进行课件的总体设计。

2. 脚本编写

脚本是课件的设计蓝图，根据教学目标，确定课件的具体表现方法和内容，直到每一页的具体内容安排。脚本的设计过程实际上就是一个创意过程，创意的好坏取决于对教学内容的理解程度以及创作人员的水平，对课件的最终质量有很大的决定作用。

3. 素材准备

通过采集或制作，准备好多媒体课件中的原始素材，包括文字、图像、声音、动画、影像等，有些还需要预处理和编辑。

4. 创作设计测试

根据脚本设计的要求，利用创作工具（如 microsoft office powerpoint）把各种媒体素材集成创作为一个课件。课件完成以后，进行反复的测试、试用，认真研究对待学员的反馈意见，力争制作出对大多数学员适用的课件。

5. 打包压盘

制作多媒体课件的最终目的是应用在教学上，因此在创作的最后阶段还要将课件进行打包，变成一个可以脱离创作环境便于使用的实用课件。根据课件的不同格式和使用情况也可以发布到互联网或者局域网上。

管理笔记 3-1：多媒体课件开发工具[①]

多媒体课件从技术上使得教学需要的动态模拟、资料查询、讨论交流、实时练习、情境创设以及寓乐于教等功能得以实现。选择合适的课件开发工具是课件有效性的重要基础保证。以下是几种常用的课件制作软件，这些应用软件在课件制作中发挥了重要作用。

---

① 本文摘编自百度文库"多媒体课件制作工具"，2011 年 7 月 18 日。

1. PowerPoint

PowerPoint 是美国微软公司办公自动化软件 Office 家族中的一员，是专门用来制作演示文稿的工具软件。它主要用于学术交流、产品展示、工作汇报、情况介绍等场合的幻灯片制作和演示，可以通过计算机播放文字、图形、图像、声音等多媒体信息。

PowerPoint 简单易学，制作课件过程也极其简单。用 PowerPoint 制作的课件，可以随着讲授者的逐步讲解，一步一步演示由各种文字、图片、动画、视频、声音构成的幻灯片，课件图文并茂，动静有致。PowerPoint 是目前使用较为广泛的制作演示性课件的拿手工具。

但用 PowerPoint 制作的课件缺乏交互性，不能作为独立的教学课件用于个别化教学，而只能作为讲授教学内容中疑点和难点的辅助课件，用于集体的、以讲授为主的课堂教学活动。

2. Authorware

Authorware 是美国多媒体工具软件供应商 Macromedia 的产品，该软件采用的面向对象设计思想不但大大提高了多媒体系统开发的质量和速度，并且使非专业程序开发人员进行多媒体系统开发成为现实。Authorware 采用面向对象的设计思想，提供直观的图标编程界面，利用各种功能图标逻辑结构的布局，体现程序运行的结构，并配以函数和变量完成数据操作，从而取代了复杂的编程语言。

Authorware 的主要优点：

- 编制的软件具有强大的交互功能，可以任意控制程序流程。
- 在与用户的人机对话过程中，它提供了按键、按鼠标、限时等多种应答方式。
- 它还提供了许多系统变量和函数，用以根据用户响应的情况执行特定的功能。
- 用它编制的软件除了能在自身集成环境下运行外，还可以编译成可执行文件（.exe），在 Windows 系统下脱离 Authorware 制作运行环境。

Authorware 的主要缺点：

- 容易将结构构造复杂化，不利于总体内容的组织和管理，修改时比较复杂与不便。

- 缺乏多媒体同步机制。
- 影像不能非窗口播放。
- 对数据库的支持较弱。

3. Flash

Flash 是美国的 Macromedia 公司于 1996 年 6 月推出的优秀网页动画设计软件。它是一种交互式动画设计工具，用它可以将音乐、声效、动画以及富有新意的截面融合在一起，以制作出高品质的网页动态效果。

Flash 与其他工具相比，具有矢量描述、播放流畅、数据量小、色彩鲜明等特点。上手很容易，凡是用过类似 Photoshop 软件的人可以很轻松地掌握用 Flash 制作动画。通过使用关键帧和图符使得所生成的动画体积很小，而且用 Flash 做出来的动画是矢量的，与位图形不同的是矢量图形可以任意缩放尺寸而不会产生任何变形，保证图形的质量。

与其他教学工具不同的是，Flash 采用了"流"技术的播放方式，动画是边下载边播放，如果速度控制得好的话，几乎感觉不到文件还没完全下载，这样就能使整个教学过程流畅自然。

但 Flash 也有美中不足之处，Flash 的主要缺点是：

- 要求教师具有较好的计算机基础，对教师美工基础要求高。
- 基于时间帧的概念，将结构复杂化，并且给修改与管理造成极大不便。
- 交互功能的实现比较复杂，需要使用 ActionScript 脚本语言。
- 它不支持影像，多媒体支持格式少。
- 制作所需花费时间太久。
- 用户的浏览器必须安装 Flash 播放文件才能正常浏览。

4. Photoshop

Photoshop 并不是多媒体课件制作工具，它是专业的具有图形处理功能的平面设计工具。使用它可以将任何图片制作成我们想象到的效果。所以它更适合作为图片素材的制作软件。

主要优点：强大的图形处理功能。

主要缺点：不能制作多媒体课件。

5. FrontPage

FrontPage 是制作基于 Web 风格的多媒体 CAI 课件的软件，它可以设计页面的背景色／标题字体，快速建立超级链接，插入图像及其他教学素材。FrontPage 在使用和操作各方面都与 Win9X 及 Office 非常相似，而且对一般教师来说，不需要了解任何 HTML 程序即可使用 FrontPage 轻松地制作网络式多媒体 CAI 课件。FrontPage 制作课件的不足和 PowerPoint 一样，不能设计复杂的交互性练习题，其优势在于网络功能，教师在自己的计算机上制作好网页课件，上课时，通过校园局域网，在多媒体教室可以访问该网页，甚至还可以通过 Internet 与其他学校的教师交流。

6. Action

Action 是面向对象的多媒体 CAI 制作软件，具有较强的时间控制特性，它在组织连接对象时，除了考虑其内容和顺序外，还要考虑它们的同步问题。例如，定义每个教学媒体素材的起止时间、重叠片段、演播长度等。也可以制作简单的动画，操作方法比较简单。

3.3.3 学习活动开发

很多人在课程开发过程中，几乎把所有的精力都放在课程内容上，比如内容的逻辑性、深度和广度等，却忽略了教学过程中的学习活动，忽略了学员的体验、感受和授课效果。

例如，在大客户销售课程中可以设计一个"初次拜访客户"的学习活动开发，通常采用角色扮演的方式，由培训师扮演客户，学员扮演销售人员，体验初次拜访客户的关键点，这种实操的方式会给学员留下深刻印象，取得非常好的授课效果。

高效的学习活动通常具备四大特征：有意义、好记忆、可激励、可衡量。

1. 有意义：新旧知识有效结合

学习者需具备两大清晰的认识：第一，现有技能在特定环境下的不足；第二，在学习活动中所获得的技能可以完成哪些任务。简言之，高效的学习活动不仅是简单的技能提升，更是强调学习者将自身体验与知识技能的结合。

2. 好记忆：学习内容印象深刻

很多参加过培训的人都遇到过这样的情况：开展某项工作时，想起该主题在之前参加的培训中出现过，但记忆却不深。高效的学习活动一定是令人难忘的，它能借助新颖的学习内容、有效的辅助工具，不断集中学员的注意力，对所学内容印象深刻。

3. 可激励：激发学员的积极性

学员的学习态度对学习效果有至关重要的影响，积极性高的人会寻找各种方法克服困难，积极投入学习；反之，缺少积极性的人也会寻找各种方法逃避。当然，学员积极性的程度高低受很多因素影响，就学习活动本身而言，高效的学习活动一定能够不断激发和提高学习者的积极性。

4. 可衡量：以结果为导向

高效的学习活动以结果为导向，学习效果经得起考验，同时强调可观察的行为，向学习者提供充分的实践机会和绩效反馈。

3.3.4 培训师手册开发

培训师手册包含三部分内容：

1. 授课指导

授课指导分为课程概述、课程规划、授课所需能力素质要求、教室布置、教学活动安排、时间管理、课程评估方法等内容。

2. 授课流程

授课流程即针对课程引入、讲解、指导性观察、指导性演练、巩固、测评等各个阶段具体应该如何组织实施提供指导。以指导性演练的内容为例，培训师手册说明了该节内容学员需要达到的学习效果、演练过程应该如何组织、角色扮演活动中的分工等。总之，应该详细告知培训师每一步应该做什么、说什么、应该指导学员做什么。

3. 课程相关附件

3.3.5 学员手册开发

制作学员手册是培训管理工作的一项日常工作，培训课程学员手册编写的标准如下：

1. 手册宗旨目标

帮助学员认知培训课程目标，了解课程内容结构及具体信息，为课堂学习及课后复习提供参考。

2. 手册内容结构

- 封页：企业LOGO、课程编码、课程名称、著作者信息、保密要求；
- 目录：课堂公约、课程目标、课程大纲、前言、课程内容、课程知识点回顾。

3. 手册编写原则

- 准确性：确保所有内容准确无误，与课堂教学保持一致；
- 针对性：手册内容紧密围绕学习目标来编写，在满足学习目标的基础上增加学习的趣味性；
- 难易适中：不同学员在文化程度和理解上可能存在差异，编写手册时充分考虑难易度适中。

4. 手册编写注意要点

学员手册在编制时需注意以下几点：

- 体现PPT内容同时注意在重点知识点或问题处留白，研讨案例等可在学员手册里体现；
- 除PPT内容外，可适当补充相关知识便于学员自学，拓展学习深度；

- 编写时使用启发性问题进行内容串联，避免全部叙述式表达，增强学员兴趣性，注意字号、字体，便于学员学习；
- 结合课程目标，在重点知识点处设置一些思考题或课后复习题。

课程开发过程是一个不断开发、试用、评价、修改的过程。在此过程中，要管理好项目进度，制定严格的项目进展流程，确保与培训相关人员的及时沟通。

3.4 培训实施环节

培训活动的实施过程包括若干个环节，如培训时间的确定、培训场所的选择、培训课程的设置、培训讲师的确定、培训设备的准备、培训评价表的收集等。培训实施过程中对每个环节的控制程度直接决定了培训组织的成功和培训效果的好坏。

3.4.1 培训时间的确定

员工培训的时机一般选择在新员工入职、企业技术革新、销售业绩下滑、员工升职、引进新技术、开发新项目、推出新产品的时候。具体培训日期的确定，需要考虑以下几个原则：

（1）确定培训日期时一般会考虑销售淡季或生产淡季，以不影响正常的业务开展为前提。

（2）确定培训日期时，一定要提前与参训部门负责人、相关管理人员进行充分沟通，尽量考虑到方方面面的因素，选择参训部门最能接受的时间。

（3）适度把握培训频次，培训不能过于密集，影响正常的业务活动，也不能过于稀疏，以保证持续的影响力和作用。

3.4.2 培训场所的选择

对培训师和参训人员来说，培训场所是十分重要的。舒适的环境会令员工的学习效率提升。培训场所的选择要遵循一个原则，即保证培训实施的过程不受任何干扰。具体选择场地时应考虑以下三个方面的因素。

（1）培训场所的空间：空间要足够大，能够容纳全部学员并配有相关设施。一般来说，每个学员至少需要 2 平方米的活动空间，按照这个标准，一个 50 平方米的房间大约能容纳 25 名学员。

（2）培训场所的配套设施：培训场所的电子设备、音响、灯光等条件应当符合培训的要求。培训场所的座位能够按照培训的需求摆放，比如，如果是课堂讲授式培训，座位按正常教室标准摆放即可；如果是讨论式培训，座位要以小组为单位，分组摆放；如果是角色扮演式培训，需要设置专门供角色扮演的场地，能够让其他参训人员方便地看清、听清。

（3）培训场所的整体环境：培训场所的室内环境和气氛会影响学员的情绪，进而影响培训效果。因此，在布置培训场所时，应尽量采用明亮的颜色。培训场所的温度、噪声、通风、光线等条件应良好。

3.4.3　培训课程的设置

培训课程的设置过程是一个全员参与的过程。培训课程要求精练、层次分明、通俗易懂，且能充分利用语音、动画等多媒体手段，做到图文并茂，生动有趣。

培训课程的设置流程如下：

1. 明确培训目标

设置培训课程前，要明确培训的目标，即通过培训要解决什么问题，要达到什么效果。

2. 明确培训课程要求

运用培训需求调查方法，从领导者、培训对象主管以及参训人员处获得课程的相关要求；对所有参训人员的培训需求进行分析，把他们的培训需求用逻辑树的形式进行分解，直到需求不能再分解为止，从而对培训需求进行归类、整理；分解后的最终培训需求制作成表格，分发给高层领导、培训对象主管以及参训者本人，让他们按重要程度给每一个事项打分，从而确定培训的重点并据此开发课程。

3. 设计课程大纲

回收培训需求表格，统计各项分值，围绕分数最高的几项需求设计课程大纲，并收集详细的资料。按大纲制作培训教材、PPT 文件，整理课堂上可能用到的相关辅助资料。

4. 试讲培训课程

设计好的课程要经过培训师的多次试讲，一方面可以让培训师尽量熟悉培训课程内容，整理培训思路；另一方面也可以帮助培训师发现培训课程存在的各种问题，在试讲过程中要注意认真记录下发现的问题。

5. 修改、完善课程设计

对于试讲过程中发现的培训课程问题，要不断地修改和完善，力求修正各种存在的问题，使培训课程尽量趋于完美。

6. 评估培训课程

培训现场实施完成后，及时收集参训人员对培训课程的评估反馈意见，经过汇总、整理，分析其中合理的意见建议，进一步修改、完善课程设计。

3.4.4 培训讲师的选择

培训讲师主要有外部培训师聘请和内部培训师开发两大来源，培训管理部门要根据实际情况选择合适的培训师，确定内部和外部培训师的恰当比例，做到内外搭配、相互学习，共同进步。

1. 内部培训师

一般来说，内部培训师可以分为三类：

（1）临时培训师。一般由各级管理者担任，进行较高层次的管理培训。比如由人力资源总监为中基层管理者讲授本部门人力资源管理的方法和技巧，由总经理或副总经理为各级管理者讲授管理者修养提升的内容，等等。由于他们管理经验丰富，见解独到，对企业情况了解深刻，并且有一定的威望，所以培训效果往往不错。当然他们当中也可能有一部分人需要强化一下培训技巧方面的知识和锻炼。

（2）兼职培训师。一般选拔企业内具有某方面专长的员工来担任，负责某一范畴的培训。比如由企业文化专员负责每个季度的企业文化培训，由产品开发中心的市场专员负责全员的产品知识培训。和临时培训师相比，他们的培训比较密集且较有计划性。

（3）专职培训师。专门负责培训和培训相关的工作，这就是他岗位的全部职责。因此专职培训师理应具有专业性。他们除了做培训之外，还需要在培训经理指导下进行课程开发、编制培训计划、管理培训活动等工作。

内部培训师的优点是对所在组织和受训员工的情况都比较了解，容易准确把握要解决的问题，也便于根据学员情况来设计课程内容和授课技巧。不足之处就是往往不如外部培训师那么见多识广，在知识和能力更新方面积极性不高。

2. 外部培训师

当培训课题超出内部培训师管理视野，或者企业需要谋求知识与能力更新的时候，我们就需要外聘培训师。从目前市场来看，培训师大致可以分为以下三类：

（1）职业经理人或兼职培训师。他们具有丰富的管理实践经验，对企业问题认识深刻，往往会有真知灼见，至少会提供可靠的管理实践经验。

（2）管理咨询师兼职培训师。管理咨询师在与企业合作中获得了大量实践经验，也因此拥有丰富而现实的案例。但他们最重要的优势在于对企业问题的诊断分析能力，不仅能找准问题还能提出有价值的解决方案。出于职业习惯，他们常常让培训带有咨询的特点，希望更加切合企业特点来解决具体问题。

（3）职业培训师。他们隶属于培训机构，在机构安排下完成培训任务。他们非常注重培训技巧的研究和应用，往往能带来很好的现场效果。他们专攻某一类或某一个培训课题，在这一领域成为培训专家。由于他们对培训技巧比较热衷，在内容研究和更新上往往欠缺。他们没有对企业的特殊情况深入研究的兴趣，到哪里都讲那一套。

上述培训师各有所长，也各有不足，实际上也并不存在优劣，只是适合与不适合的问题，是否具备解决问题的能力，是考察的核心要素。

3.5 常用培训技术

要使培训产生明显的效果，首先就要让学员对整个培训内容产生兴趣，特别是针对成人的培训，培训技术的选择直接影响培训效果的好坏。

下面对常用的培训技术做简单介绍。

3.5.1 讲授法

讲授法是适用程度最高、使用范围最广的培训方法之一，以培训师讲、学员听为基本模式，适合知识传授类培训。

讲授法的实施要点如下：

1. 选择合适的培训讲师

讲师应仪表、谈吐俱佳，不仅要具备与培训内容相关的丰富理论知识与实践经验，对讲授的内容了如指掌，而且也应掌握一定的培训方法和技巧，授课时条理清晰，语言简洁精练、形象生动，能充分调动学员的积极性，形成良性互动。

2. 合理安排授课内容

在实施讲授前，要充分调查受训人员的基本情况，包括知识背景、学历、职位等，进而设计出切合实际情况的授课计划，尽量避免学员因接受能力不同而导致学习效果的差异。同时要注意讲授内容的科学性和系统性，在讲授时条理清晰，重点突出。

3. 充分贯彻启发式教学原则

讲授内容必须是教材内容的重点、难点和关键，讲中有导，讲中有练。培训师与受训者要相互配合，用问答方式获取员工对讲授内容的反馈，这是取得良好的讲授效果的重要保证。

4. 优化培训场所的环境与设施

授课的教室应挑选隔音效果好、远离办公区域的地方，以避免机器、电话的干扰。此外，教室应配备必要的多媒体设备，如投影仪、电子显示屏、音响设备等，以加强培训的效果。

5. 准备辅助性材料

为使培训真正有效，必须让学员能够看、听，同时让他们参与到课程中。告诉他们需要知道的；尽可能多地演示给他们看；在培训过程中创造让他们能够参与的机会。

3.5.2 研讨法

研讨法是指指导教师有效地组织受训者以团体的方式就某一专题或工作中的问题进行讨论，并得出共同的结论，由此让受训人员在讨论过程中互相交流、启发，从而掌握有关知识和技能的一种培训方法。

研讨法有以下几种形式：

1. 小组讨论式

小组讨论是指将受训人员分成若干小组，每个小组成员集中在一起就某个话题展开讨论，相互发言，提出解决问题的方案。

2. 沙龙式

沙龙式研讨，类似小组讨论的方式，只是话题较为自由，属非正式研讨。没有听众，也没有主持人，但有一个召集人。沙龙式研讨，并不指望解决问题，但可彼此交流信息，互相启发。

3. 集体讨论式

一般由 5~20 人组成，在一个训练有素的主持人的带领下，就某一相互感兴趣的话题进行专门探讨。参加研讨会的每个人都有发言机会，以便参与者更为广泛地交流彼此的思想和经验。

4. 委员会研讨式

这里的委员会由任命或选举的一小群人组成，由他们合作完成一项工作。委员会就某一特殊问题进行研究，在此基础上得出结论，并在被授权的情况下选择如何开展工作。

3.5.3 师带徒培训法

师带徒的培训方法，强调的是一对一的现场个别指导，受训人员在有经验的老员工的指导下，一边看，一边问，一边做帮手，来学习工作程序。其基本任务是师傅向徒弟传授高超的岗位技能和良好的思想作风，通过传帮带培养出一批高技能的员工。

师带徒培训法的实施程序如下：

1. 示范，即师傅做给徒弟看

首先，经验丰富的师傅通过询问或要求演示的方式来了解徒弟是否掌握某一技能，如果发现受训员工不太了解，师傅就先以口述的方式告诉徒弟应该做什么以及怎么做。然后，师傅按照操作标准给徒弟亲自示范，在操作的同时详细地讲解标准动作和操作要领。

2. 协同，即师傅徒弟一起做

师傅按照规定的工作标准示范给徒弟看之后，亲自和徒弟按照所示范的标准流程共同完成各项工作。

3. 观察，即师傅看着徒弟做

师傅通过对徒弟工作的全过程进行观察，了解徒弟是否准确领会其所传授的内容。师傅应选取不影响徒弟工作的位置进行观察，并进行详细记录和适当批注。

4. 纠正，即师傅指导徒弟做

师傅根据观察徒弟的工作结果，指出做得好和做得不足的地方，然后对不足的地方进行指正，耐心讲解，重复示范。

5. 强化，即师傅逼着徒弟做

师傅必须逼着徒弟按照操作标准不断坚持去做，而且要制定严格的考核标准，定期对徒弟的工作情况进行考核，奖罚分明。

3.5.4 工作轮换法

工作轮换法又称为轮岗，是组织内部有组织、有计划、定期进行的人员职位调整，目的在于避免员工长期从事同一工作所带来的厌倦感和发展停滞，在一定程度上提高人员的工作积极性，增强其对工作间、部门间相互依赖关系的认识。

工作轮换法的注意事项如下：

1. 工作轮换要以岗为基，以人为本，切忌"一刀切"

首先，有些工作性质差异较大的职位是无法轮换的，如人事、财务和技术开发部门的人员之间很难进行轮换。其次，有的职位过于敏感或有高度机密性，也不适合经常调动。最后，由于员工的能力各有差异，并非所有的员工都适合用工作轮换法来培训。

2. 注意把握轮换的时间间隔

工作轮换时间长短取决于培训对象的学习能力和学习效果，要合理把握轮换的时间间隔，如果在过短时间内员工频繁地变换工作岗位，对员工心理带来的冲击远远大于工作新鲜感所带来的工作热情。

3. 配备有经验的指导者

受训者在每一岗位工作时，应由具有较强的沟通能力、指导能力和富有经验的指导者进行指导，最好经过专门训练，负责为受训者安排任务，并对其工作进行总结、评价。

3.5.5 案例研究法

案例研究法是指围绕一定的培训目的，提供一个描绘组织经营过程中实际或可能存在的问题和情景的案例，让受训者以独立或相互讨论的方式来分析和评价案例，从而提高受训者分析问题和解决问题的能力的培训方法。

案例法的实施步骤如下：

1. 受训者各自准备

一般在正式开始集中讨论前一周到两周，就把案例材料发给受训者。让受训者阅读案例材料，查阅指定的资料和读物，收集必要的信息，并积极地思索，初步形成关于案例中的问题的原因分析和解决方案。

2. 小组讨论准备

培训师根据受训者的年龄、学历、工作经历、职位等因素，将受训者划分为一个个由3~7人组成的小组。小组成员要多样化，这样他们在准备和讨论时，表达不同意见的机会就多些，受训者对案例的理解也就更深刻。

3. 小组集中讨论

各个小组派出自己的代表，发表本小组对于案例的分析和处理意见。发言完毕之后发言人要接受其他小组成员的提问并做出解释，此时的发言和讨论是用来扩展与深化受训者对案例的理解程度的。

4. 总结阶段

在小组集中讨论完成之后,培训师留出一定的时间让受训者自己进行思考和总结,这种总结可以是总结规律和经验,也可以是获取这种知识和经验的方式。

3.5.6 角色扮演法

角色扮演法是指为受训者提供一种模拟真实场景的具体情境,然后指派受训者扮演情境中的某一角色,借助扮演者的演练来增强其对角色的感受,进而培养和训练其解决问题、处理矛盾的能力的培训方法。

角色扮演法的实施步骤如下:

1. 向受训者介绍角色扮演的内容和意义

在角色扮演之前,培训者必须向受训者阐明活动的目的与大致内容,以调动参与者的积极性,使受训者感到活动是非常有意义的,而且乐意去学习。

2. 详细说明各种角色所处的情境、特点和制约条件

活动正式开始前,培训者还必须花费一定的时间让扮演者理解自己的角色,并向其讲清活动的时间限制、要求等制约条件,以便参与者做好充分准备。

3. 观察受训者扮演各自角色的表现

这一阶段培训者安排受训者按照事先设定的情境开始表演。期间,培训者要认真观察并及时记录扮演者的行为表现,记录时要客观,内容要详细。

4. 实行动态评估并进行总结

培训者根据受训者的表现,依据事先拟订的标准,对其表现做出客观中肯的评价,并将取得的经验和教训以书面形式记录下来,以便在下一次角色扮演培训中加以利用。

3.5.7 企业教练技术

企业教练由体育教练发展而来,对其核心的定义都离不开学习、发展和绩效这三个概念。可以说,企业教练是一种一对一持续进行的、有针对性的互动干预过程;通过关注和倾听等技巧,企业教练会及时反馈和帮助被教练者看到问题、开发潜能,以促使其自觉优化意识、态度和行为,最终弥补现实状态与理想状态之间的差距,实现绩效提升与自我发展。

1. 教练的必备技能

- 聆听:教练必须认真聆听受训者说话,从受训者的叙述中了解背后的真实情况。聆听要求全神贯注,不能掺杂个人主观是非题判断,纯粹是对方的本意、感受、情绪。
- 发问:教练通过发问发掘受训者的心态,收集资料,理清事实真相,帮助对方挖掘自我盲点,认清自己的目标与障碍,明确应该如何去选择行动。发问的态度应该是中立的、有方向的和建设性的。
- 区分:教练要对所听到的内容进行清理分类、判断,区分出真情和假象,了解对方的动机、态度,帮助对方还原成一个真实的自己。
- 回应:通过回应及时指出对方存在的问题。教练通过聆听、发问和区分等做法,了解到被教练者真实态度和动机后,就要把他的真实状态反馈给他,让他清楚地看到自己的长处和弱点。回应应该是负责的、明确的、及时的。

2. 实施步骤

- 理清目标

目标是教练存在的基础,首先,教练要明确他的目标是帮助受训者清晰和达成目标,而不是将自己的目标强加在对方的身上。其次,教练应帮助对方去挖掘内在的需求,激励对方把这种需求转化为奋斗的目标。

- 反映真相

教练就是对方的一面镜子,把对方的行为、心态和情绪等真实地反映出来，使受训者从中了解自己的盲点所在，发现自己存在的问题，找到现状与目标之间的差距。教练应保持客观和中立的态度，与受训者建立平等、互信的关系，这样才能反映真相。

- 调适心态

教练要引导受训者采取正确的行为去达成预先设定的目标，首先应从帮助其改变信念和态度入手，心态调适好了，行为也就有所不同，进而创造出令人惊喜的成果。

- 行动计划

一份有效的计划需要包括目标、行动、成果三个最基本的元素。目标是一个方向，是行动的指南针；行动是有效达成目标的行为，是目标和成果之间的转换器；成果是行动所产生的结果，是检视目标的一个标志。

3.5.8 拓展训练法

拓展训练是一种户外体验式训练，运用独特的情境设计，通过创意独特的专业户外项目体验，帮助组织激发成员的潜力，增强团队活力、创造力和凝聚力，以达到提升团队生产力的目的。

拓展训练法的实施环节：

- 团队热身：在培训开始时，团队热身活动将有助于加深学员之间的相互了解，消除紧张，建立团队，以便轻松愉悦地投入各项培训活动中去。
- 个人项目：本着心理挑战最大、体能冒险最小的设计原则，每项活动对受训者的心理承受力都是一次极大的考验。
- 团队项目：以改善受训者的合作意识和受训集体的团队精神为目标，通过复杂而艰巨的活动项目，促进学员之间的相互信任、理解、默契和配合。
- 回顾总结：回顾将帮助学员消化、整理、提升训练中的体验，以便达到活动的具体目的。总结使学员能将培训的收获迁移到工作中去，实现整体培训目标。

第四章
培训效果评估——以终为始见成效

> 人人都在谈论，但人人都束手无策。
>
> ——马克·吐温

"人人都在谈论，但人人都束手无策。"马克·吐温在说这句话时，指的是天气。这句话用在培训评估上，也是非常贴切的。

人人都知道需要通过培训评估来证明培训投资的必要性，但如何有效实施培训评估，可以说是一个世界性难题。

培训评估，要秉承"以终为始"的原则，从决策者关注的业务结果入手。培训不是为了知道得更多，而是为了行为的改变。

- ◆ 培训评估三问
- ◆ 常用评估模型
- ◆ 柯氏模型新解
- ◆ KBPM[SM]

4.1 培训评估三问

尽管公司决策者表示对员工培训和人才发展非常重视，还在一些场合说过"员工是公司最大的财富"，但在需要缩减公司预算的时候，他们往往会从培训下手。

王明是某集团公司人力资源部培训总监，在公司已工作近八年，算是公司的老员工了。三年前升任培训总监，带领一个由八名员工组成的培训部门，全面负责集团公司及下属子公司的培训管理工作。

这天早上，王明接到集团分管副总赵亮的电话，约他到办公室一谈。赵亮于半年前上任，工作风格与前任完全不同。前任副总对培训部门的期望一直停留在内部客户的满意度上，这些年来，王明和他的培训团队总是能很好地满足前任副总的期望，王明一直觉得自己的工作业绩不错，高枕无忧。而新任副总赵亮更看重的是培训工作是否带来积极的业务结果，对于这一点，王明虽然知道，但并不深以为然。

王明走进副总赵亮的办公室，只见赵亮正一脸严肃地坐在办公桌后，王明不知就里，心里忐忑不安。一番寒暄之后，赵亮直切主题，他说："王明，你也知道，受市场环境和行业政策影响，公司今年的销售业绩呈下降趋势。经公司高层研究决定，对公司的组织结构将做适当调整，首先要求培训部门进行缩编，人员裁减至原来的一半，希望你们支持并执行公司的决策。"

王明一听，很是震惊，经过再三询问，才得知部门被裁员的深层原因：赵亮等公司高管们认为，虽然王明带领的培训部门内部满意度很高，但看不出培训给公司的业务能带来哪些明确的、可衡量的成果，公司认为，这样的培训部门可有可无！王明细细思量，培训部门确实没有做到紧贴公司业务，以业绩结果为导向，也没有十分重视培训评估，拿出令人信服的评估数据证明培训的效果，追悔莫及，但也只能一声叹息。

企业的培训项目需要投入很多的时间和资金，因此，不管你喜不喜欢，培训部门都需要与其他部门相互竞争以获取公司资源。

企业决策者总会面对许多艰难的选择，例如，需要更多的资金投入新产品的开发，为公司未来的发展提供动力；招聘更多的销售人员，充实销售团队，提高销售额；为了减少成本，引进高新技术提高生产效率；等等。面对这么多商业项目，企业决策者会考虑各个商业项目的战略价值、组织贡献度及成功达成率等，他们会经过多方面的权衡，再做出决策。所以，决策者需要有令人信服的相关数据，才会将资源优先分配给培训项目。

虽然有些企业决策者并没有要求培训部门计算培训投资回报率，但是，如果等到他们要求你出示培训有效性的证据，就已经太晚了！此时，这些管理者早已下定决心大幅削减在培训方面的预算，甚至将培训部门解散。

4.1.1 培训评估的意义何在

1. 确认培训项目的业务价值

培训部门要遵循一定的指导原则，运用具有较高相关性的数据，以可信的、具有说服力的方式，记录培训过程，评估培训结果，通过比较培训效果与预先设定的培训目标之间的差距，判断组织的培训目标是否达成，从而为下一轮的培训工作提供信息参考和经验借鉴。企业也可以据此确定哪些培训项目需要终止，哪些培训项目需要调整，哪些培训项目需要进一步优化。

2. 发现培训中的问题

对培训部门而言，通过培训评估能够发现培训中存在的不足。例如，培训需求分析是否准确，培训目标设置是否合理，培训计划的拟订是否周全，培训内容是否充实，培训地点和设施如何，培训老师是否令学员满意，等等，从而对培训项目进行有针对性的调整和完善。

对员工而言，通过培训评估，可以清楚地认识到自身在知识、能力和态度等方面存在哪些不足，该如何改进，从而为下一阶段培训以及今后的工作开展做好准备，促进自身素质的提升。

3. 为经营决策提供依据

培训评估能为人才流动、人员配置、绩效考核等经营决策提供依据。在新员工招聘中，新员工的培训评估结果是检验招聘质量的重要参考；在人才提拔中，受训人员的培训成绩是晋升的主要依据之一；在绩效考核中，培训评估的结果可作为考核培训部门及相关培训人员的绩效指标。

4.1.2 何时开始做培训评估

作为培训管理者和培训工作者，一定要明白，企业培训是必须为培训利益相关方呈现培训价值的，而培训价值的展现就是培训评估工作的重要部分。

那么，什么时候开始做培训评估工作呢？如果按照传统的培训思维和操作方式，你可能会毫不犹豫地回答，培训评估工作当然是在培训实施结束后开始。

真是这样吗？答案是否定的。事实上，培训评估工作不是从培训结束后开始的，而是前置到培训项目的需求分析阶段，甚至是在业务部门提出各种培训需求或抱怨的那一刻，你的培训评估工作就应该启动了：该培训项目为什么要开展，目的是什么？该培训项目要达到怎样的效果？需要解决什么问题？问题的解决能带来什么样的有形或无形价值？如何把培训项目的价值以严谨可靠的逻辑展现给培训利益相关方？

4.1.3 从何入手做培训评估

公司的高层管理者以及业务部门，无一例外地采用"以终为始"的方式思考企业绩效问题。他们思考问题的出发点是从公司的战略目标和业务结果出发，看这些业务结果的达成需要怎样的产品或服务才能支撑。至于员工在工作岗位上需要有什么样的工作行为，支撑这些行为的发生需要掌握哪些知识、技能和态度，他们认为那是培训部门应该考虑和解决的问题，高层管理者没有时间、精力思考到如此细致的环节。

当下的企业培训，把绝大多数的精力和资源放在了培训课程的设计与开发、培训过程的组织和实施环节。比如，挑选好的老师、安排好的培训场地、做好培训的组织和项目的运营实施等，从而提升员工的培训满意度，这些是培训管理者非常关注的，但却不见得是决策者看重的。决策者看重的是什么？他们看重的是员工能否把所学的东西学以致用，培训能否带来个人甚至所在团队业务结果的提升。

培训评估，要秉承"以终为始"的原则，从决策者关注的业务结果入手。

4.2 常用评估模型

在培训评估发展过程中，常用的培训评估模型主要有以下五个：
- 柯氏四级评估模型
- 考夫曼五层次评估模型
- 菲力普斯五级投资回报率模型
- CIRO 评估模型
- CIPP 评估模型

4.2.1 柯氏四级评估模型

柯氏四级评估模型由国际著名学者威斯康星大学（Wisconsin University）教授唐纳德·L. 柯克帕特里克（Donald. L. Kirkpatrick）于1959年提出，是世界上应用最广泛的培训评估工具，在培训评估领域具有难以撼动的地位。

随着时代的进步和研究的深入，人们在柯克帕特里克提出的传统四级评估模型的基础上提出了一套全新的柯氏四级评估模型，这里先介绍传统的柯氏四级评估模型，在下一节将对全新的柯氏四级评估模型做详细的阐述。

传统的柯氏四级评估模型的四个级别分别如下：

1. Level 1：学员反应评估（reaction）

评估被培训者的满意程度。反应评估是指受训人员对培训项目的印象如何，包括对讲师和培训科目、设施、方法、内容、自己收获的大小等方面的看法。学员反应评估主要是在培训项目结束时，通过问卷调查来收集受训人员对于培训项目的效果和有用性的反应。这个层次的评估可以作为改进培训内容、培训方式、教学进度等方面的建议或综合评估的参考，但不能作为评估的结果。

2. Level 2：学习评估（learning）

测定被培训者的学习获得程度。学习评估是目前最常见也是最常用到的一种评价方式。它是测量受训人员对原理、技能、态度等培训内容的理解和掌握程度。学习层评估可以采用笔试、实地操作和工作模拟等方法来考察。培训组织者可以通过书面考试、操作测试等方法来了解受训人员在培训前后，知识以及技能的掌握方面有多大程度的提高。

3. Level 3：行为改变评估（behavior）

考察被培训者的知识运用程度。行为的评估指在培训结束后的一段时间里，由受训人员的上级、同事、下属或者客户观察他们的行为在培训前后是否发生变化，是否在工作中运用了培训中学到的知识。这个层次的评估可以包括受训人员的主观感觉、下属和同事对其培训前后行为变化的对比，以及受训人员本人的自评。行为层是考察培训效果的最重要的指标。

4. Level 4：业务结果评估（result）

计算培训创造的经济效益。业务结果的评估即判断培训是否能给企业的经营成果带来具体而直接的贡献，这一层次的评估上升到了组织的高度。业务结果评估可以通过一系列指标来衡量，如事故率、生产率、员工离职率、次品率、员工士气以及客户满意度等。通过对这些指标的分析，管理层能够了解培训所带来的收益。

4.2.2 考夫曼五级评估模型

考夫曼（Kaufman，Killer，1994）五级评估模型相比柯克帕特里克的四级评估模型，一是反应层的内涵更加丰富，二是增加了一个评估层级：社会效益。考夫曼五级评估模型如表4-1所示。

表 4-1　　　　　　　　　考夫曼五级评估模型

评估层次	评估内容
5. 社会效益	社会和顾客的反映、结果和回报情况
4. 组织效益	对组织的贡献情况
3. 应用	组织中个人与小组应用的情况
2. 掌握	个人与小组的掌握情况
1b. 反应	方法、手段和程序的可接受情况和效用情况
1a. 培训可行性	人力、财力、物力的有效性、可用性和质量

考夫曼认为，培训评估的第一层次除了包括学员反应内容外，还应包括培训的可行性。企业应该对培训所需的各种资源，如人力、财力和物力的可用性、可靠性和有效性等问题做出综合考量。

另外，考夫曼指出，企业不是孤立存在的，它与企业所处的社会紧密关联在一起。因此培训评估不仅要评价培训对企业所产生的价值，还应当评价培训对社会所产生的价值，这就是培训评估第五个层面"社会效益"层面所要解决的问题。考夫曼的五层次评估模型超越了单个企业的范畴，重视培训的正外部性，体现了企业对社会责任的关注。

4.2.3　菲利普斯五级评估模型

菲利普斯（Phillips, 1996）认为，培训评估模型由五个层级构成，如表 4-2 所示。

表 4-2　　　　　　　　　菲利普斯五级评估模型

评估层次	评估内容
5. 投资回报率	培训项目的成本与货币价值比率
4. 结果	培训对组织业绩的影响
3. 工作应用	工作行为的变化以及培训内容的应用情况
2. 学习	知识、技能或观念的变化
1. 反应	参训学员对培训的反应

菲利普斯提出了企业在开展培训评估时忽略的一个关键点，即培训的投

资回报率（return on investment，ROI）。菲利普斯认为投资回报率的评估的确是一项非常困难、复杂且需要精心策划的工作。但是，只有当这一层级的评估结束以后，整个培训评估过程才算真正完成。

投资回报率将培训项目的净收益与其成本加以比较，计算公式为：

投资回报率＝培训的净收益／培训的成本

名企案例 4-1：某大型连锁店销售技巧培训项目的效果评估

某大型连锁店为了增加销售额，对销售人员进行了销售技巧培训，以提高销售人员与客户进行信息沟通的水平。培训项目由外部咨询公司设计和实施，内容包括2天的技能培训，1天后续跟踪培训（由学员实践所学技能，然后讲述各自实践的情况，探讨克服实施障碍的方法），3周技能在工作中的应用。共有48位学员参加了此项培训，他们分别来自3个分店的电子部门，每个部门16人。

该培训项目效果评估的主要思路是：

- 从另3个分店的电子部门各选1组作为对照组，对照组在商店规模、地点和客流量方面与培训组相同；
- 采用有对照组的后测方案；
- 监测记录每人、每周的平均销售额；
- 通过培训组和对照组的周销售额的比较，了解培训的实际效果。

培训评估的具体实施情况如下：

（1）在培训的后期，由培训师主持，通过角色扮演等方法了解学员对15种销售技巧和6种影响客户的步骤的熟悉、选择与运用的情况。

（2）在培训结束时，由培训师负责，通过反应问卷的形式了解学员对培训项目的评价和建议。其中对项目的质量、用途和收获评价为4.2分，满分是5分。

（3）在培训后3周，培训师主持召开了以学员为对象的后续研讨会，了解技能在工作中应用的频率和效果以及与客户打交道中的主要障碍。

（4）在培训后3个月，由培训协调员实施了对学员的问卷调查，其内容也是关于销售技巧应用和与客户沟通的障碍。

（5）在培训后3个月，由培训协调员汇总业绩监测的记录，了解销售额增长的情况。

（6）最后是投资回报率分析，即 ROI 分析。

培训项目年收益如表 4-3 所示。

表 4-3　　　　　　　　　　　培训项目年收益

美元

代　码	项　目	数　量
A	周平均销售额/人（培训组）	12075
B	周平均销售额/人（对照组）	10449
C	增幅（A-B）	1626
D	利润贡献率（C×2%）	32.50
E	周总体受益（D×48人）	1560
F	年总体受益（E×52周）	81120

培训项目年成本如表 4-4 所示。

表 4-4　　　　　　　　　　　培训项目年成本

美元

代　码	项　目	金　额
H	讲课费（包括咨询公司的开发成本、实施成本和福利）	11250
I	培训资料：35美元/人×48人	1680
J	用餐：28美元/人日×3天×48人	4032
K	设施	1080
L	学员工资福利	12442
M	评估	2500
N	总成本（H+I+J+K+L+M）	32984

投资回报率计算：

投资回报率＝年利润或年均利润/投资总额 ×100%

ROI=（F－N）/N×100%

=（81120－32984）/32984×100%

≈ 145.94%

经过计算，可以得出，该大型连锁店销售技巧培训项目的投资回报率为 145.94%。

你可能会说，销售额的增长跟很多因素有关，不一定就是培训带来的结果。是的，不可否认，销售结果会受行业、市场、人员等各种不可控因素的影响，所以上面的例子采用了对照组作为基准，很大程度上排除了行业、市场变化的因素，使培训组和对照组的销售额差异因素主要落在了销售人员身上。

虽然项目的投资回报率不能完全证明销售额的增长百分百归功于培训，但至少从一个角度以数据的方式向培训利益相关方呈现了培训的正向收益。

4.2.4　CIRO 评估模型

CIRO 培训效果评估模型由奥尔（Warr. P）、伯德（Bird. M）和莱克哈姆（Rackham）设计提出。CIRO 由该模型中四项评估活动的首个字母组成，这四项评估活动是：背景评估（context evaluation）、输入评估（input evaluation）、反应评估（reaction evaluation）、输出评估（output evaluation）。

1. 背景评估

背景评估的主旨在于确认培训的必要性，主要有两个任务：第一，收集和分析有关人力资源开发的信息；第二，分析和确定培训需求与培训目标。

2. 输入评估

输入评估主要确定培训的可能性，其主要任务是：第一，收集和汇总可利用的培训资源信息；第二，评估和选择培训资源，对可利用的培训资源进行利弊分析；与此同时，确定人力资源培训的实施战略与方法。

3. 反应评估

反应评估的主旨在于提高培训的有效性，其关键任务是：第一，收集和分析学员的反馈信息；第二，改进人力资源培训的运作程序。

4. 输出评估

输出评估的主旨在于检验培训的结果，第一，收集和分析与培训结果相关的信息；第二，评价并确认培训的结果。

相比柯氏四级培训评估模式，CIRO 模型不再把评估活动看成是整个培训过程的最后一环，而是具有相当"独立"特点的一个专门步骤，并将其介入到培训过程的其他相关环节。由此，评估的内涵和外延扩大了，其作用不仅体现在培训活动之后，而且还可以体现在整个培训活动过程的其他相关步骤之中。

4.2.5 CIPP 评估模型

美国学者斯塔弗尔比姆（Stufflebeam，D. L.）于 1967 年提出了 CIPP 模型。CIPP 评估模型由四项评估活动的首个字母组成：背景评估（context evaluation）、输入评估（input evaluation）、过程评估（process evaluation）、成果评估（product evaluation），简称 CIPP 评估模型。这四种评价为决策的不同方面提供信息，所以，CIPP 模型也称决策导向型评价模型。

1. 背景评估

背景评估的任务是通过界定相关的环境来确定培训需求和设立培训目标。

2. 输入评估

输入评估的任务是确定怎样通过有效使用资源来成功实施培训。输入评估需要收集制度、预算、时间安排、建议书和程序等方面的培训资源信息，以便拟订培训项目计划和培训设计策略。

3. 过程评估

过程评估指的是及时修正或改进培训项目的执行过程。过程评估可以通过以下方式实现：分析培训执行过程中导致失败的原因和潜在的不利因素，提出排除潜在的失败原因和克服不利因素的方案，分析培训执行过程中实际发生的事情和状况，并与培训目标相比较，找出差距。

4. 成果评估

成果评估的任务是对达到培训目标的程序进行测量和解释。成果评估既包括对达到的预定目标的衡量和解释，也包括对非预定目标的衡量和解释。

CIPP 评估模型相对 CIRO 模型而言，可以说是一次重大的补正，CIPP 评估模型一方面补正了 CIRO 评估模型的不足，另一方面又起到了对柯氏四级培训评估模式的完善作用。

4.3 柯氏模型新解

最著名、最常用的培训评估模型是柯克帕特里克的四层次评估模型,柯氏四级评估模型在很多时候甚至被作为培训评估的代名词。以下将对照传统柯氏四级评估模型探讨全新柯氏四级评估模型的最新释义。

传统柯氏四级评估模型如图4-1所示。

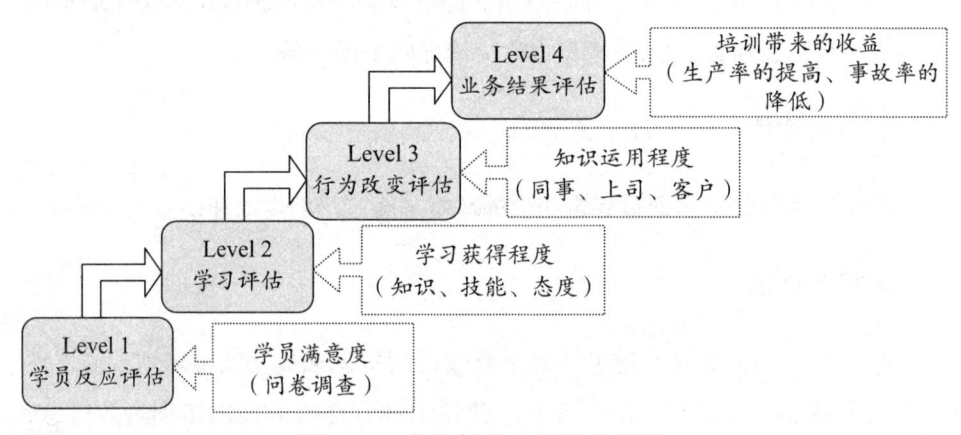

图 4-1 传统柯氏四级评估模型

全新柯氏四级评估模型如图4-2所示。

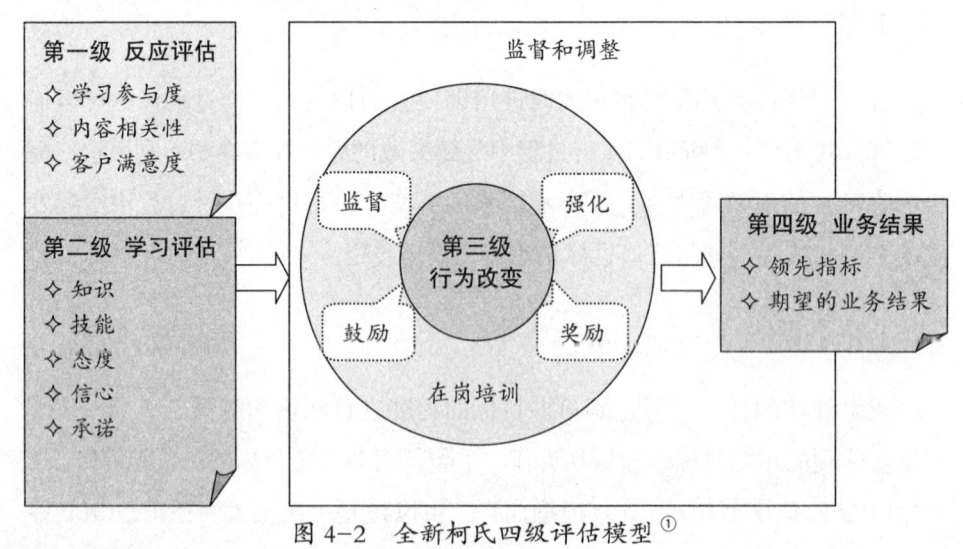

图 4-2 全新柯氏四级评估模型[1]

---

[1] 来源:培训江湖,崔连斌,胡丽,2015年02月14日。

全新柯氏四级评估模型通过一种简单的、可视化的方式来表述如何应用各级评估来强化培训效果。新模型将一级评估和二级评估结合在一起，这是因为学员对培训的反应和对学习的获取是同步发生的。一名优秀的培训师会非常敏锐地观察到学员是否积极投入到培训中（一级评估），同时又学会了应当要学习的内容（二级评估），帮助学员有效地应用到实际工作（三级评估），并产生期望的业务结果（四级评估）。

全新柯氏四级评估模型引入一个新的机制——监督和调整。这个监督和调整的矩形覆盖了全部三级评估与一部分四级评估的流程，目的是对第三级和第四级评估过程进行适当监督和调整。这个矩形代表了培训给企业带来更大价值的机会区域。

4.3.1 Level 1：学员反应评估

1. 设计以学员为中心的反应评估表

设计优秀的反应评估表能够给我们提供一些很有价值的信息，一方面可以帮助我们改进培训项目，另一方面提供培训对企业盈利提升作用的初始证据。

传统的反应评估表通常会把关注点放在讲师身上，而不是参训的学员身上。面对以讲师为中心的反应评估表，参训学员往往不愿意花时间去填写，因为这些问题对参训学员来说没有多少价值。所以我们要尽量设计以学员为中心的反应评估表，评估表的设计出发点要尽可能展现对学员的价值，让学员有兴趣去填写它们。

以讲师为中心到以学员为中心，一级反应评估表的设计转变如表4-5所示。

表4-5　　以讲师为中心到以学员为中心的设计转变

评估类别	以讲师为中心	以学员为中心
培训目标	讲师授课覆盖了所有的学习目标	我能将每一个学习目标与所学习的内容联系起来，我从课程中得到的挑战是适度的

续表

评估类别	以讲师为中心	以学员为中心
课程教材	教材的难易程度适中 课程材料的组织良好 课程材料对授课内容是有益的补充	我能很容易地找到所需要的课程材料 课程材料对我工作上的成功有很大帮助
内容相关性	培训内容与我的需求相关	我能够将我所学到的内容应用到实际工作中去
讲师授课	讲师能够有效地传递课堂内容 讲师在学员互动方面做得很好 讲师授课速度适中 讲师展示出对培训主题的激情	我能够很投入地参与培训 我能够积极地参与各项学习活动 课程的进度让我感到很舒适 为了真正学会，我能够热情投入地参与到课程中去
讲师风格	讲师能很好地组织和管理课程活动 讲师允许在课堂中提问题 练习和活动很有用	我能够积极地参与到课堂活动中去 我得到了充分的机会提问 我得到了充分的机会去练习需要掌握的技能
设施	培训教室很舒适	我发现培训教室的布置和氛围很适合学习

2. 除了满意度，还有内容相关性和学习参与度

传统的一级评估主要评估学员满意度，随着企业对培训的要求越来越高，人们已经意识到"学员满意度"这个指标已经不能完全覆盖培训利益相关方和学员对培训活动的反应评估，全新柯氏一级评估除了要考虑客户满意度外，着重评价培训的"内容相关性"以及员工的"学习参与度"，确保培训是围绕着学员，而不是讲师。

• 学习参与度

现在的教育和培训理念更加注重倡导"以学员为中心"，特别关注学习者的"学习体验"，越来越关注在培训过程中员工是否能"参与其中"并"乐在其中"。只有深度参与，员工才有可能有意愿学，也才有可能学得会，并为进入第二级评估——学习评估打下良好的基础。

• 内容相关性

培训组织方越来越关注员工培训的内容是否与他们的工作紧密相关，一

个培训课程需要提供给学员什么内容不是凭经验或者想当然，而是要采用"以终为始"的方法由业务需求一步步反向推导出来的，同时还必须确保学习内容能够正向推导回去支撑业务需求的实现，即学习内容支撑学习目标的达成，学习目标支撑关键行为的改变，行为改变支持业务结果的实现。如果在课程设计开发过程中以这样的思路去做培训需求分析、内容的架构设计、课程的开发以及培训的实施，那么就可以最大限度地保证"内容相关性"。

4.3.2　Level 2：学习评估

二级评估很重要，因为只有二级学习评估做到位了，三级行为改变评估才具备一个必要条件，否则三级行为改变将无从谈起。

传统柯氏二级评估主要关注三个维度的评价，即知识（knowledge）、技能（skill）、态度（attitude），简称为ASK。用公式表示如下：

$$传统柯氏二级评估 = 知识 + 技能 + 态度$$

作为培训管理者，你一定碰到过这样的情况：学员在培训中学得很好，但训后与训前相比没什么两样，没有相应的行为改变。导致这个问题的原因可能很多，但信心和承诺不足是其中很重要的两大原因。所以，全新柯氏二级评估增加了"信心"和"承诺"两个维度。

1. 信心

信心的建立至少需要学员本人、上级主管以及培训管理者三方共同努力。学员将所学的新方法应用到工作中意味着一项变革，变革能否成功，学习者信心的建立以及意愿的强化就变得至关重要了。

学员在培训课堂上所掌握的知识未能应用到实际工作中，常见的原因可能是：

- 对期望的工作绩效不清晰；
- 上级主管对于新知识的应用不提供支持；
- 高层管理者不能起到模范带头作用；
- 工作优先顺序的冲突与混乱；
- 缺乏相应的支持和资源。

为了提高学员将学习应用到工作中的信心，可以从以下两方面着手：

- 引导学员展开讨论：将学习到的新知识、新技能应用到工作中，可能会遇到的障碍和问题是什么？共同讨论应对策略。
- 如果问题源自与岗位有关的文化或环境，那就需要深入到学员的工作场所中，了解如何改善工作环境以解除应用新知识和新技能的制约。

2. 承诺

承诺代表"我愿意尽力将培训中所学的知识和技能应用到工作中去"。

尽管学员有信心将所学知识应用到工作中，但有可能因为意愿不强而未付诸行动。造成这种现象的原因可能是：

- 发生新的行为、养成新的习惯需要更多的努力，相较以往的老习惯来说不那么顺手；
- 上级主管不能给予充分的支持；
- 即使不使用新的知识和技能，也不会有什么不良的后果和责任；
- 没有外力促使学员积极应用新学的知识和技能。

通过学习承诺，再加一点点外力驱使，要求学员将新的知识或技能应用到工作中，当熟练应用新知识和技能，并养成新的行为习惯，就为第二级学习评估上升到第三级行为改变评估铺平了道路。

如果用公式来表示全新柯氏二级评估的定义，即：

全新柯氏二级评估 = 知识 + 技能 + 态度 + 信心 + 承诺

4.3.3 Level 3：行为改变评估

第三级评估比前两个级别的评估更加复杂和艰巨，首先，参训人员需要等待合适的机会应用学到的内容；其次，在终于等到机会应用学习内容的时候，参训人员的行为可能会随时发生改变，也可能永远不会发生改变；最后，参训人员的行为是否发生改变也取决于工作环境、上司、时间等各种因素，所以参训人员从培训项目回归工作岗位时，为他们提供帮助、鼓励和必要的回报是极为重要的。

1. 全新三级评估的两个关键点

三级行为改变基本上不太可能自然而然发生，在不施加有针对性的干预手段的情况下，一般只有 15% 的学员能够产生关键行为改变。因此，全新三级评估需要建立和应用一套行为改变机制。这套机制里包括两个关键点：筛选"关键行为"，以及打造"驱动力系统"。

（1）关键行为

关键行为是指为了达到期望的业务结果，学员必须持续稳定地进行操作的、少数关键的行为。举个例子，某个培训项目期望的业务结果（四级评估）是将售后服务满意率提高 10%，在培训项目的设计过程中，我们可以询问售后服务人员的上级主管，哪些关键行为会显著地提升客户的售后服务满意率，经过访谈与研讨，可以列出如下的关键行为：

- 售后服务电话高效畅通，能解决一些常规问题；
- 售后服务工程师在一个工作日内上门服务；
- 售后服务工程师能够专业、快捷地解决客户的问题。

（2）驱动力系统

驱动力系统是指监控、强化、鼓励和奖励学员在工作中进行关键行为改变的流程和系统。驱动力系统支持学员的关键行为改变，同时也赋予他们行为改变的责任感。有两种类型的驱动力：提升责任感的驱动力和提供支持的驱动力。

提升责任感的驱动力包括：监控课后行动的计划、追踪个人关键绩效指标、课后分享、绩效考核与回顾、行动学习等。

提供支持的驱动力包括：工作辅助工具或信息咨询台、教练辅导、顾问指导、高管树立榜样、激励与认可等。

如果将责任驱动力和对应的支持驱动力适当组合使用，建立起一个高效的绩效支持体系，将极大地增加学员在工作中进行关键行为转变的可能性。

2. 全新三级评估的实施环节

（1）梳理"关键行为"

三级评估的第一步是梳理并确定需要学员改变的"关键行为"清单，可以通过访谈参训学员的上级主管来完成，或者从岗位胜任素质模型中提炼得出。

（2）选择"关键行为"

梳理阶段形成的关键行为清单通常比较长，根据培训项目需要达到的业务结果反向推导确定哪些行为是最关键的，是必须通过本培训项目得到改变的。

（3）设计"驱动力系统"

驱动力方法和措施包括向上的"动力"（鼓励和奖励）以及向下的"压力"（监督和强化）。例如，教练辅导属于鼓励措施，奖金属于奖励措施，访谈属于监督，转授他人属于强化措施。

在确定了驱动方法之后，培训管理者需要开发出相应的评估工具。例如，如果选择了工作考核，就需要开发相应的绩效考核表，用于学员自检或者学员主管考核评分使用。

（4）实施评估工作

使用设计好的驱动方法和评估工具，学员主管及学员本人就可以开展三级评估工作了。培训管理者在这个阶段起到"穿针引线"的作用，只需要在相应的时间节点把相应的三级评估工具给到学员主管或学员手中，告诉他们需要在哪个环节做什么以及怎么做即可。

（5）监控评估过程

培训管理者在实施阶段给予学员及其主管需要的支持，同时监控三级评估是否在预期的计划轨道上。监控的方法和形式不拘一格，比如访谈学员新技能应用过程中主管是否给予了应用机会，是否使用了相应的工作考核表进行评分和反馈，等等。

（6）优化评估过程

优化过程分为过程性优化以及总结型优化。过程性优化是指在实施和监控过程中，如果发现偏差，及时寻找原因并且采取补救措施；如果发现好的成功经验，及时总结并补充完善到原有的评估计划中。总结型优化是指在三级评估结束后，对整个三级评估过程进行复盘，完善整个过程的操作流程，以及模板、表单等评估工具，以便今后复用到类似的培训项目评估中。

4.3.4 Level 4：业务结果评估

第四级业务结果评估需要对培训项目的最终结果进行评估，业务结果通常设定在提高质量、提高效率、确保安全等方面。也可能设定在提高士气、团队合作等方面，而这些方面的提高有助于实现质量改进、产量提升、安全改善和利润增加等目标。

1. 两类业务结果评估指标

从全新柯氏四级评估模型来看，第四级的业务结果评估包含两类指标：期望的业务结果和领先指标。

（1）期望的业务结果

期望的业务结果指标主要归类到三大类别：业务、人力资源、文化。其中，业务类别的结果指标主要有：销售额的提升、利润率的提高、成本的降低、客户满意度的提高、安全指标的达成等。

第四级评估的关键重点在于确定好培训利益相关方的期望值回报率 ROE（return on expectation）。期望值回报率是指培训所带来的价值在多大程度上满足了培训利益相关方对培训所持有的期望。

（2）领先指标

领先指标是一个短期的衡量指标，是支撑期望的业务结果指标而存在的过程性指标。常见的过程性指标有：运营、生产率、管理、财务、顾客、员工等。

很多时候，培训项目很难与销售额提升、成本下降等业务结果指标直接关联，但是，培训项目一定能够与领先指标直接关联。比如，对于一个销售培训项目，你很难去评估培训最终为销售额的提升或者利润率的提高带来多大贡献，但你一定可以找到直接关联的过程性指标，比如客户电话量增加、单个合同标的额提高、客户拜访量提高等。

2. 关于全新四级评估的观点

（1）并不是所有项目都要做到第四级评估

一方面，在企业实际操作中没有这么多资源（人、财、物、时间）把每一个项目做到四级评估；另一方面，并不是所有的培训项目都值得做到第四级评估。一年当中挑选 1~2 个关键重要的项目做到四级评估，创建其价值证据链，最终向利益各方呈现培训价值就可以了。

（2）确保四级数据收集的可行性

在做数据采集计划时一定要考虑到数据收集的可行性。比如，如果你希望从公司销售部门采集近几个月的销售数据，一定要确保销售部门愿意给你这些数据，同时也要确保你要的这些数据不能太占用业务部门的时间，否则，很难收集到所需要的第四级评估数据。

（3）以"讲故事"的方式呈现培训价值

对于管理层来说，培训是否有效果，培训价值如何，最有说服力的信息来自相关各方的证言证词以及成功案例。这些信息不见得用数字结果表述，而是以"故事"的形式传递。这也是为什么柯氏倡导最有效的培训价值证据的展现方式是采用"价值证据链"，通过"讲故事"的方式表达培训价值。

（4）避免成为业务替代伙伴

有些时候，培训管理者采用一系列复杂的统计学方法，非常认真、严谨地计算投资回报率。比如，计算出一个培训项目的培训投资回报率 ROI=120%，对此的解读必然是：公司花了 1 元钱培训费，为公司挣回来了 1.2 元。业务部门会觉得培训部在和他们抢功劳，这样就把培训部门置于业务部门的对立面，不仅不能成为业务部门的业务合作伙伴，反倒成了业务部门的替代者。

4.4 KBPM^{SM}

自从唐纳德·柯克帕特里克在 20 世纪 50 年代提出柯氏四级评估模型以来，柯氏四级评估模型已经成为培训评估领域的行业标准。经过半个多世纪的理论研究和反复的实践验证，柯氏四级评估模型得到了突破性的延伸与改进，发展成为柯氏业务合作伙伴模型，即 KBPM^{SM}（kirkpatrick business partner model）。

KBPM 在内涵上传承了传统柯氏四级评估模型的精髓，在外延上拓展了评估操作流程和步骤，可操作性更强，效果达到最大化。KBPM 是一种系统的方法，提供了一个柯氏四级评估的流程，用来创造培训价值，并向培训利益相关方呈现培训的价值。

柯氏业务合作伙伴关系模型图如图 4-3 所示。

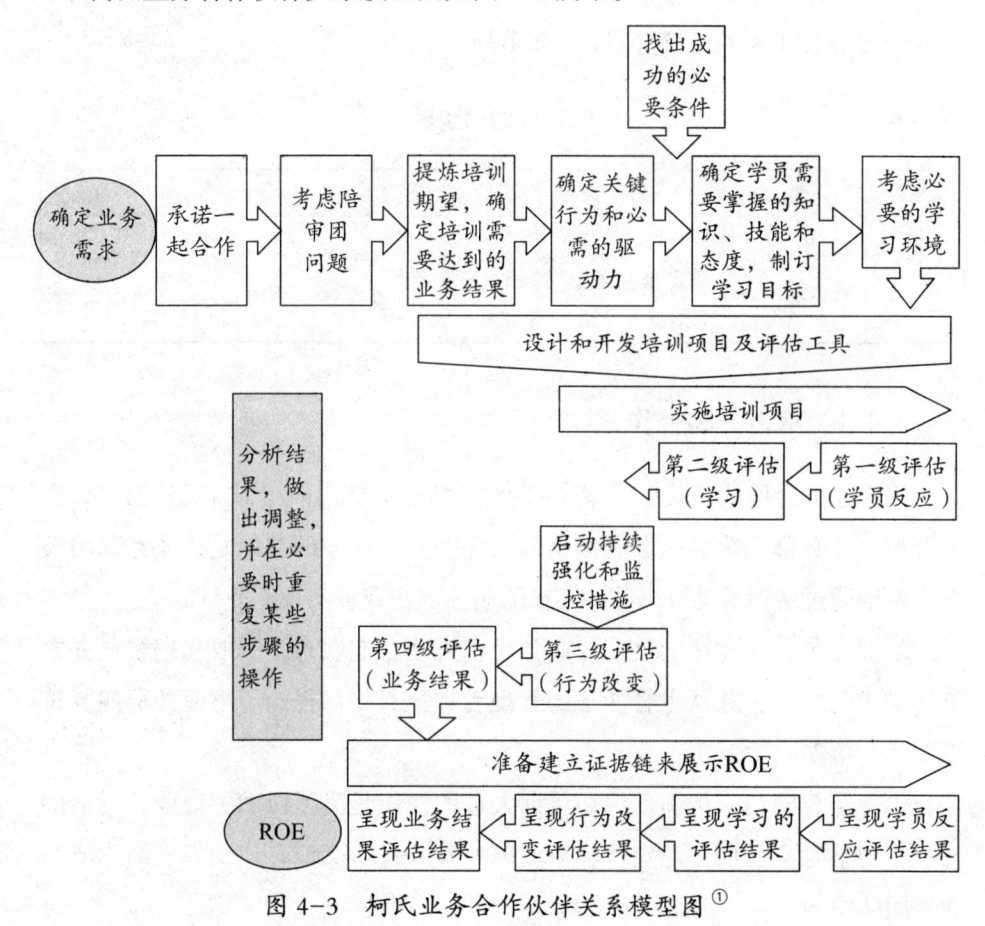

图 4-3 柯氏业务合作伙伴关系模型图[①]

作为培训部门和培训相关人员，要重新定义作为培训专业人士的角色，把影响力从培训项目的开发和实施延伸至业务本身，竭力成为业务部门的战略业务合作伙伴，使自己拥有前所未有的机会，对企业产生重大的影响。

培训评估不是一个独立的工作行为，而是一个系统流程，除了需要依靠培训人员的专业知识和满腔热情，更需要跨部门的合作。培训评估不是培训

---

① 詹姆斯·唐纳德·柯克帕特里克，温迪·凯赛·柯克帕特里克，《培训审判》，江苏人民出版社，2012 年 4 月第 1 版。

之中和培训之后才需要做的事情，而是需要嵌入整个培训流程之中循环往复的工作。

KBPM 的七个步骤正好可以用 P、A、R、T、N、E、R 七个字母来代表，充分体现了 KBPM 的思想精髓如表 4-6 所示。

表 4-6 　　　　　　　　　　　KBPM 的七步骤

P	A	R	T	N	E	R
承诺一起合作	考虑重要的陪审团问题	提炼培训期望，确定培训要达到的业务结果	确定关键行为和必需的驱动力	成功的必要条件	实施培训项目	期望值回报率

4.4.1　承诺一起合作

柯氏业务合作伙伴关系模型（KBPM）从业务部门向培训部门提出培训需求开始。业务部门为什么会有培训需要呢？其实根本的原因是，业务部门负责人希望通过培训活动解决部门存在的业务问题或者实现业务目标。

培训人员首先要做的是，与业务负责人建立起联系，听取和理解业务的整体需求与方向，并从主管业务的管理者那里获得信任，了解业务部门真正需要哪些帮助。

你一定要明白，培训部门和培训人员的作用是为了协助关键业务活动的开展，想清楚自己的角色定位，与业务负责人进行交流，让他们接纳你成为业务团队中的一员，承诺一起合作。

4.4.2　考虑重要的陪审团问题

什么是陪审团？其实就是培训利益相关方，可能是培训需求提出者、业务负责人、公司管理层、培训管理者或者参训学员，你需要为他们呈现培训的价值所在。

在培训设计和实施之前，你必须与陪审团成员充分沟通并确认，他们期望的培训成果是什么，或者说，培训期望值回报率是什么，这个培训成果既是可操作、可实现的，又能满足陪审团成员的业务需求。

4.4.3 提炼培训期望，确定培训要达到的业务结果

在明确了陪审团的培训期望之后，下一步就是将其转化为目标性的、可观察的和可衡量的第四级业务结果。期望和目标性业务结果之间有什么区别？期望是指最先闪现在脑子中的、一时冲动的、笼统的目标；目标性业务结果则是指成功的衡量指标，是可观察和可衡量的。一般来说，需要经过多次讨论才能确定一个培训项目所需要达成的可衡量的指标。

在这一步骤始终要记得"以终为始"，所有的工作都必须聚焦于陪审团期望达成的业务结果。这些业务结果的实现往往需要具体的培训、辅导、支持、责任机制、激励措施，以及其他在培训项目中可能提供的系统或流程。

4.4.4 确定关键行为和必需的驱动力

确定了目标性业务结果后，需要同陪审团成员一起确定两个重要因素：关键行为以及必需的驱动力。

关键行为需要持续稳定地进行操作；否则，培训活动就不会带来期望的业务结果。

必需的驱动力是在培训活动结束后采用的流程和系统，以鼓励关键的行为改变，监控行为改变的实际状况，奖励在工作中成功完成行为改变的人员。驱动力可以包括工作观察、按流程规范操作的季度奖励，以及参训学员对其成长进步的自我监督等。

4.4.5 成功的必要条件

成功的必要条件是指为培训的成功奠定基础，或者在对培训造成负面影响的问题出现之前就帮助解决掉这些问题所需要的先决条件、活动，或者环境。

例如：培训部门将为业务部门举办业务新流程的培训，此项培训成功的必要条件包括为适应新流程的需要，安装相应的软件系统；将工作汇报流程及责任机制清晰化；等等。成功的必要条件通常是培训前相关的一些准备活动或者计划安排，这些活动和计划安排可能会涉及各个部门之间的沟通交流。

4.4.6 实施培训项目

实施培训项目这一步骤包含以下相关内容：
- 确定参训学员需要掌握的知识、技能、态度或者学习目标
- 考虑必需的学习环境
- 设计和开发培训课程和评估工具
- 讲授培训课程
- 实施学员反应评估
- 实施学习评估
- 启动持续的强化措施和监控机制
- 实施行为改变评估
- 实施业务结果评估
- 分析结果，根据需要重复或调整相应的步骤

在 KBPM 中，评估工具和培训课程是同时设计开发出来的，如此一来就可以确保两者的完全融合，使得所开发的评估工具能够真正衡量出培训课程的价值。

4.4.7 期望值回报率

期望值回报率是把柯氏四个评估层级中收集到的数据信息组成一条具有逻辑性的证据链，以令人信服的方式呈现给陪审团。这一步骤包括以下内容：
- 呈现第一级评估结果
- 呈现第二级评估结果
- 呈现第三级评估结果
- 呈现第四级评估结果

如果想让业务负责人视你为一名真正的业务合作伙伴，培训人员必须出色地完成这最后一项工作。这一步骤所做的工作，不仅可能极大地影响到你作为一个培训专业人士的前途，也可能会影响到整个培训部门的命运。

名企案例 4-2：神华集团——多维度全流程培训效果评估体系[①]

案例背景

作为神华集团最高规格培训机构的神华集团管理学院成立于2010年12月，从成立之初就肩负起快速提升神华集团职业经理人的领导力、执行力，铸就神华企业新领袖群体和企业家团队的使命。如何更好地实现培训目标、发挥培训价值，除了需要开发经典学习项目外，更要建立一套完整的培训效果评估体系作为保障。

神华集团管理学院经过四年的探索，从理论研究到实践应用，在充分利用现有资源、保证效用最大化的前提下，提出了"以终为始"的评估理念，逐步建立起与学院发展目标相契合、行之有效的多维度全流程培训效果评估体系。

最佳实践

神华集团管理学院结合企业中高层管理人员学习特点和实际情况，以CIPP模型为基础，添加层次模型加以改进，提出基于多维度全流程的培训效果评估体系的构建思路，开发出一套高效实用的培训效果评估路径图，如图4-4所示。

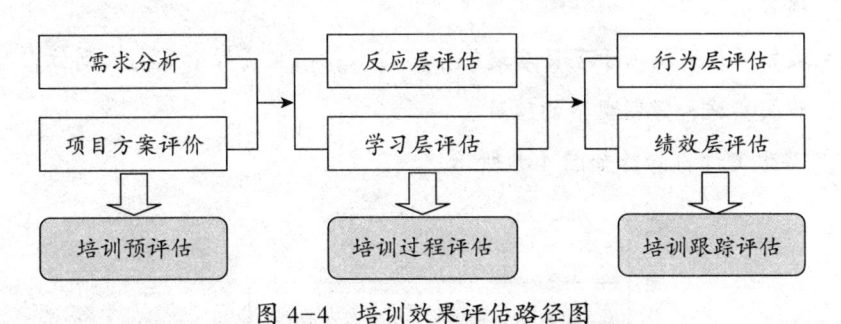

图 4-4 培训效果评估路径图

一、培训预评估

神华集团管理学院的效果评估路径起点定位在培训前，称为"预评估阶

[①] 本案例摘编自《中国人力资源开发》，2014年12月第24期。

段"。神华集团管理学院提出一套具有自身特色的预评估方法：需求分析+项目评价两步法。

1. 需求分析

从节约成本和因地制宜的角度来看，神华集团管理学院的需求分析遵循"弹性灵活"的原则，从三个层次：组织层、任务层和人员层展开。组织层分析是通过以战略为基础的人才能力建构图实现的，任务层分析是通过以战略为基础的人才能力胜任素质模型为基础，而人员层分析则是通过问卷调查的形式实现的。

2. 项目评价

项目评价是对培训项目方案的综合评估和客观定位。神华集团管理学院的研究团队借鉴"波士顿矩阵"设计思路，开发了"项目方案评价矩阵"。该矩阵以"项目重要性"和"资源匹配度"两个维度为划分依据，将学院拟实施项目方案进行评价，评价结果分为四类：明星项目、问号项目、金牛项目、板凳项目。

- 明星项目指的是项目非常重要，完全符合学员的学习需求，而且资源配置合理，能够实现培训价值最大化的项目；
- 问号项目指的是项目重要性程度高，但在项目设计方案中对于培训资源的配置和利用有待完善；
- 金牛项目指的是项目需求紧迫性较低，但可以有效利用各类培训资源的项目；
- 板凳项目则指由于项目启动的紧迫性低，而且资源配置尚不到位，可以暂缓实施、保留观察的项目。

项目方案评价矩阵如图4-5所示。

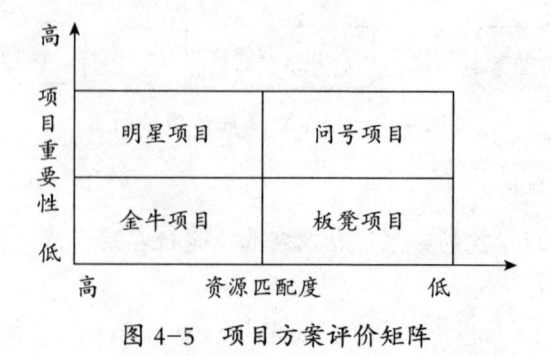

	资源匹配度 高	资源匹配度 低
项目重要性 高	明星项目	问号项目
项目重要性 低	金牛项目	板凳项目

图4-5 项目方案评价矩阵

二、培训过程评估

培训过程评估阶段是抓住培训过程中的关键时间结点，及时了解培训的进展情况以及学员对于整个培训项目的感受和评价，根据学员的意见和建议，对后续培训项目进行修正，以不断完善培训工作。在这一阶段，神华集团管理学院重点关注对学员的反应层和学习层的评估。

1. 反应层评估

反应层的评估是学院和学员进行对话沟通的一个重要途径，如何把握好这一环节，获取高附加值信息，则需要在问卷开发和访谈技巧上做到精心设计、充足准备。学院所开发的问卷避免了传统评估问卷的抽象化、笼统化和形式化等问题，取而代之的是注重学员体验的个性化问题设计，从而激发学员的填答兴趣，保证评估结果的有效性和应用性。

2. 学习层评估

学习层评估主要评估学员通过培训学到了什么知识，以及是否了解这些知识应如何应用到工作中去。对于基层管理人员或技能操作人员的学习评估一般通过书面考试的形式进行理论知识的测试。对于中高层管理人员采用"知识输出"实现学习层评估。知识输出的具体内容包含三类成果，即随笔、论文和案例。在培训项目启动后，由学院专职人员经过专题辅导、成果集编撰、案例论文评选、择优刊载、入库存档五个环节，完成三项成果的评价、考核和转化。

三、培训跟踪评估

培训跟踪评估阶段的主要任务是对培训结果进行实效检验，衡量培训所产生的影响和预期目标的契合度。借鉴柯氏模型，学院从行为层和绩效层两个层次进行跟踪评估。

1. 行为层评估

行为层评估的重点是培训转化结果，针对中高层管理人员，神华集团管理学院借鉴"行动学习"的思路设计行为层评估方案，主要包含学员个人学习目标设定、学员个人学习目标评估、学员行动计划制订以及行动计划实施评估四个环节，需要由学院在培训期间引导学员开展。

2. 绩效层评估

绩效层评估是从企业的角度评估培训对企业绩效的影响。神华集团管理学院采用"学员回访问卷调查"的形式替代僵化、片面的绩效指标评价,通过培训学员自评与上级评价相结合的方式,组织开展该层次的评估。

以上就是神华集团管理学院在解决培训评估的问题上所进行的有益探索,最终形成的神华集团培训效果评估体系从培训的各个阶段、多个角度出发,形成了多维度、全流程的评估方案。

培训预评估		培训过程评估		培训跟踪评估	
需求分析	组织层	反应层评估	项目内容评估	行为层评估	学习目标设定
	任务层		授课教师评估		学习目标评估
	人员层		服务组织评估		行动计划制订
					行动计划实施评估
项目评价	明星项目	学习层评估	随笔评价	绩效层评估	学员自评回访问卷
	问号项目		论文评价		上级评价回访问卷
	金牛项目		案例评价		
	板凳项目				

案例分析

神华集团管理学院的多维度全流程培训效果评估体系不仅为学院更加深入地了解培训对象、掌握学习需求提供了载体,而且为优化培训方案、改善学习体验、提高成果转化率提供了依据。长远来看,在总结经验的基础上,如何通过不断完善优化,更好地发挥该体系的价值是未来对学院培训效果评估工作提出的更高要求。

第五章
新员工入职培训——以企业文化为核心

资源是会枯竭的,唯有文化才会生生不息。

——任正非

华为十分重视企业文化,任正非对此有着精辟的论述:"资源是会枯竭的,唯有文化才会生生不息。"

企业文化是一个企业的灵魂,对企业有着"外塑形象、内聚人心"的作用。围绕企业文化打造新员工入职培训,将为企业文化的传承打下坚实的基础。

◆ 从局外人到企业人
◆ 以企业文化为核心
◆ 入职培训管理实操

5.1 从局外人到企业人

据有关方面统计，国内企业70%以上没有对新进员工进行有效的培训，就匆忙分配到岗位上去正式工作了。就算做了入职培训的企业，很多也不太重视，往往把它当作一个形式，草草而过，不细致、欠规范。

作为人力资源相关人员以及公司管理人员，必须意识到，新员工入职培训是一个良好的契机，使员工对企业产生自豪感和归属感，为员工与企业长远合作奠定基础。企业通过入职培训塑造员工的职业精神，打造一支优秀的队伍也就由此启航。

一名员工入职一家公司，绝不仅仅意味着一纸合同，合同的背后是员工青春年华的投入，是公司兴衰成败的肇因，是权利与责任的对等。你的企业是否像迎娶新人一样迎接新员工的到来？

5.1.1 新员工的心理特征

新员工是注入企业的新鲜血液，是新生力量和后备军。如何做好新员工培训工作，了解新员工的心理特征自然是培训工作的基础，从新员工需求入手设计的培训内容和形式才会真正起到应有的作用。新员工初入企业具有以下三方面的心理特征：

1. 新鲜，充满好奇

对于新员工来说，到了一个新环境，又刚刚接触新工作、新任务，同时还要接触新同事，总之一切都是新鲜的。新员工往往都有干好这项新工作的冲动，或者说有一种自我挑战的欲望。

面对新环境，新员工同时表现出来的是充满好奇。针对新员工的好奇心，需要让新员工了解企业的背景、发展历程、相关制度，在了解企业的同时，能够认同企业文化，产生归属感和荣誉感。

2. 陌生，渴望融入

新员工刚进入企业，工作环境是第一次接触，工作任务是第一次接触，同事也是第一次接触，这些"第一次"，使新员工产生强烈的陌生感。进入到这个完全陌生的环境，新员工会感到焦虑和不安，不知道工作该怎么做，不知道新的同事友善不友善，不知道新的领导好处不好处。

面对陌生的一切，他们从心底里渴望能快速地融入组织，被同事接纳，被领导认可。为了让新员工尽快融入企业，需要让新员工了解团队运作模式、个人岗位职责、工作目标和要求等。

3. 期待，关注发展

来到一个全新的工作环境和发展平台，新员工往往对未来充满憧憬，对工作充满期待，再次激发起强烈的工作热情。新员工特别是知识型员工追求自我价值的实现，他们关心组织提供的发展平台，关注在组织中能否发挥自己的能力。针对新员工的自我实现需求，需要让他们了解企业需要什么样的人才，针对员工企业有什么样的培养和晋升计划。

5.1.2 从"局外人"到"企业人"

对于新员工来说，入职之际还只是个"局外人"，企业对于新员工是完全陌生的环境，新员工对企业的基本情况、组织结构、管理制度、企业文化等内容都不了解也不关心。新员工入职之后即成为企业组织的一员，企业对他们的定位是具有职业精神的"企业人"，他们在实现自身价值的同时，将为企业创造价值，将与企业的发展紧密相连，使企业的使命得到贯彻，使企业品牌得到维持。新员工是否能顺利而快速地实现从"局外人"到"企业人"的角色转换，在很大程度上依赖于新员工入职培训的实施。

新员工刚进入企业，会面临全方位的"文化冲击"。即使是有多年工作经验的员工，也会有或长或短的震荡期。在这个时期，员工既要熟悉工作环境，又要融入企业文化，更要发展自己的人际网络，面临非常大的压力。相比致力于提高员工工作绩效的在职培训，新员工入职培训更多的应该是一种适应性培训，其关注的重点是新员工从"局外人"到"企业人"的角色转换，适应企业环境，认同企业文化。

所以，新员工入职培训关注的重点是"角色转换"而非"提高绩效"。

5.1.3 入职培训，不可小视

入职培训是一种基础性培训，而非个性化培训。作为企业的一员，他必须具有与产品相关的知识，熟悉企业的规章制度。入职培训更多地是为了使新员工能够达到工作的基本要求，而较少考虑他们之间的具体差异。新员工入职培训的目标不是着眼于打造优秀员工，而是打造符合企业基本要求的合格员工。

新员工入职培训的作用就是把企业的价值观、行为准则、岗位职责传达给每一位新员工，以指导新员工快速适应企业环境，使其尽快进入工作角色。

- 使员工对企业的历史、文化、工作环境、岗位情况等有个大概的了解；
- 增强企业的人员稳定程度，降低员工流失率；
- 使新员工能尽快适应工作环境，提高企业的运作效率；
- 向新员工展示企业对个人的发展期望，以及个人在企业的发展平台；
- 使新员工对今后在企业中的发展有清晰的了解，减少抱怨和焦虑；
- 在培训的过程中，使新员工感受企业文化，并融入其中。

入职培训作为企业招聘工作之后的"留人"策略，衡量其工作效果往往不会立竿见影。成功的新员工培训是将企业文化渗透到员工的行为和精神层次，在局外人转变为企业人的过程中，逐渐熟悉、适应企业环境并开始初步规划职业生涯，正确定位在企业中的工作角色，发挥自身才能，满足企业的需要。

名企案例 5-1：入职培训，不可小视

诸多跨国公司与大型企业对于入职培训工作都是高度重视的。比如西门子公司早在1992年就拨专款设立了专门用于培训工人的"学徒基金"，至今

在全球拥有60多个培训场所，如在公司总部慕尼黑设有西门子学院，在爱尔兰设有技术助理学院，不仅配备有最先进的设备，每年投入的培训经费达8亿马克，并且坚持在入职培训期间开展企业文化导向培训，让新员工接受"双轨"教育。这样的培训方法保证了员工掌握熟练技巧和技术，而且拥有适应企业发展需要的工作理念。

海尔作为中国的世界级名牌企业，每年会招录上千名新人加入企业，但海尔可以同时做到的是离职率相对较低，离开的员工大部分是被企业考核淘汰掉的。为了帮助新员工快速融入海尔，海尔大学设计了新员工培养项目——启航计划。启航计划结合了新员工的职业发展规划，包括了课堂培训、在岗培训、导师辅导等多种培养形式，帮助新员工全面提升各方面能力，成长为具有竞争力的人才。

对于腾讯这样的互联网企业，人才更是非常宝贵的财富。新员工入职后将会接受一系列系统的培训，帮助新人快速融入公司，完成向"腾讯人"的转变；帮助新人掌握基本的职场能力，完成向"职业人"的转变。入职后，新员工将接受封闭式培训，在结交新同事的同时，全面了解腾讯的文化、制度以及所处的互联网行业，并获得全面提升职业素养的训练。进入工作岗位后，还会学习一系列岗位培训课程，帮助新员工提升专业技能，拓展知识深度和广度，以便快速适应并胜任本职岗位。一位同领域的资深员工将被任命为新员工的导师，在资深员工的带领下，新员工将更加顺畅地起步，一路披荆斩棘，勇往直前。

5.2 以企业文化为核心

5.2.1 企业文化解析

企业文化是企业的灵魂，是推动企业发展的不竭动力。其核心是企业的精神和价值观。这里的价值观不是泛指企业管理中的各种文化现象，而是企业中的员工在从事生产与经营活动中所持有的价值观念。

企业文化作为一种意识渗透到企业的各个角落，甚至是每个员工的工作和生活当中。企业文化一旦形成，对企业的发展方向起决定作用，同时对企业员工培训起指导作用，使企业焕发出强大的生命力。

企业文化以价值观塑造为核心，以提升企业绩效和管理水平为目的。优秀的企业文化包含两个要素：一是核心理念是否正确、清晰与卓越；二是这种理念是否能够宣传贯彻下去，让每个员工认同并且体现在自己的实际工作中。很多企业其实并不缺乏优秀的文化理念，比如"以人为本、追求卓越、诚信、创新"等核心理念在不同企业间并没有本质差别，但是体现在工作方法与行为上，却有本质的区别，这就需要通过构建完整的培训体系来使全体员工了解企业理念是什么，如何将企业理念与自己的实际工作结合起来。

企业文化对于企业的经营和发展具有非常强大的影响力：

1. 导向功能

导向功能包括经营哲学、价值观念和企业目标的指导。经营哲学决定了企业经营的思维方式和处理问题的法则；价值观念规定了企业的共同价值取向；企业目标代表着企业发展的方向，没有正确的目标就等于迷失了方向。

2. 约束功能

企业制度是企业文化的内容之一，是企业内部的法规，企业的领导者和企业员工必须遵守和执行，从而形成约束力。企业文化对每个企业成员的思想和行为都起着约束作用，这种约束是一种软约束，一种由内在心理约束而起作用的对行为的自我管制。

3. 凝聚功能

企业文化以人为本，尊重人的感情，在企业中营造了一种团结友爱、相互信任的和睦气氛，强化了团体意识，使企业员工之间形成强大的凝聚力和向心力，整个企业步调一致，形成统一的整体，并具有一种强烈的认同感和归属感。

4. 激励功能

共同的价值观念使每个员工都感到自己的价值，自我价值的实现是人的最高精神需求的满足，这种满足必将形成强大的激励。另外，企业精神和企业形象对员工有着极大的鼓舞作用，特别是企业文化建设取得成功，在社会上产生影响时，员工会产生强烈的荣誉感和自豪感，他们会加倍努力，用自己的实际行动去维护企业的荣誉和形象。

5. 调适功能

企业各部门之间、员工之间，由于各种原因难免会产生一些矛盾，解决这些矛盾需要各自进行自我调节，企业哲学和企业道德规范使经营者和普通员工能科学地处理这些矛盾，自觉地约束自己。

名企案例5-2：海尔文化激活"休克鱼"[①]

从1991年起海尔就在实施资产扩张战略，先后兼并了青岛空调器厂、青岛冰柜厂、武汉希岛、红星电器公司等18家大中型企业，盘活存量资产达15亿元之多，成为中国第一家家电特大型企业。

在兼并过程中，海尔始终把管理和文化放在核心地位。用张瑞敏的话说，就是"活的鱼不让吃，死的鱼不能吃，那么就吃休克的鱼"，即兼并那些硬件尚好，但管理不善，企业文化脆弱的处于休克状态的企业，用海尔的企业文化和管理经验去激活这些"休克鱼"。

张瑞敏说："中国的企业现在兼并比较多，像我们就兼并了18个企业，这18个企业当时亏损是5亿多，其他企业也有许多兼并企业，但是如果说你兼并的时候母体没有一个成熟的企业文化，没有一个完全可以操作的管理模式，你想再兼并企业，很有可能不但没有把那个企业救活，连自己的企业也要拖垮。所以我们的这个做法，叫作用海尔的企业文化激活'休克鱼'。所谓'休克鱼'就是把这个企业比作一条鱼的话，它可能还没有死掉，

---

① 本案例摘编自《海尔识人用人管人留人全书》，李毕华，海天出版社2013年版。

也就是说硬件很好，或者比较好，但是软件不行，管理不行，它处于一种休克状态。如果输入这种文化，改变这种观念，要它接受这种理念，可以把这条鱼救活。"

"红星电器原来是生产洗衣机的工厂，被我们兼并的时候净资产只有1个亿，但亏损两亿五千万元！兼并后我们只派了三个人去，人还是原来的人，设备还是原来的设备，兼并第一个月当月亏损700万元，第二个月减亏，第三个月减亏，到第四个月盈利100万元。为什么呢？靠的是我们利用企业文化贯彻组织创新的结果！"

1998年3月25日，"海尔文化激活休克鱼"作为哈佛大学商学院教学案例第一次进入课堂与MBA学员见面时，张瑞敏也应邀出席了。按照哈佛大学教授的安排，张瑞敏当场讲解了案例中的有关情况，并回答了研究生们的提问。有人认为，这件事所显示的意义，决不亚于"中国企业进入世界500强"这个目标的实现。

5.2.2 围绕企业文化打造入职培训

基于企业文化的员工培训，是从企业的使命、愿景、宗旨、精神、价值观和经营理念全面对员工进行塑造，这是一种高屋建瓴的塑造。员工只有真正触摸到企业的灵魂，认同企业的文化，才能在工作中秉持企业的使命和宗旨，追求企业的愿景和价值观。成功的企业并不一定拥有最先进的文化，但一定有最成功的企业文化培训，培训使文化在企业生根。

企业的新员工来自社会的不同阶层。每一个人的成长过程和社会经历都不一样，他们都有着不同的家庭背景、教育背景和社会背景。因此，每个新员工所持的价值观念、工作态度和处事作风都会有所差异。企业要使新员工了解和熟识企业的经营目标管理制度、运作规程和企业文化；另外，新员工在了解企业的经营目标、管理制度和企业文化的过程中，尽可能地将企业的文化、工作的作风融合到自己的工作当中去。

能否成功融合到新的企业文化中去，将企业目标和新员工的个人目标统一起来，对新员工的工作动力和对企业价值观的认同有非常直接的影响：

1. 树立与企业共存亡的观念

这是现代企业的人力资源开发与管理中一种有效的激励方法。员工一旦建立了这种信念，他的潜能就会被激发。

2. 减少新员工的流动性

流动常常意味着企业失掉它不想失掉的人。当流动过度，或流走的是那些优秀员工，就是一个破坏因素，它会妨碍企业的有效运作。

3. 自觉自愿的努力

希望新员工能够按照企业设定的目标，自觉自愿地为企业的发展而努力。同时他们不再满足原有的工作方法和方式，他们愿意想方设法去寻找更加有效的工作方式来完成任务。

对招聘来的新员工进行企业文化方面的培训，往往采取以下三种做法：

（1）在规章制度、工作纪律方面加强教育。企业规章制度是员工在企业生活中的工作标准，获取报酬的标准，个人与企业权利义务关系的标准，是企业文化的实施基础，没有良好的规章制度作为保障，企业文化是很难建立起来的。

（2）进行企业发展史的教育，让员工了解企业发展的历史、现状以及未来前景，接受本企业的优良传统，建立企业主人翁精神。

（3）采取"师傅带徒弟"式的实践手段。在"师傅"的传、帮、带之下，逐步熟悉工作，适应新的身份，完全融入"企业人"角色。

5.3 入职培训管理实操

围绕企业文化打造入职培训，要从梳理企业文化入手，明确企业目标，进而明确入职培训的目标。入职培训管理实操包括以下几个步骤：制订入职培训计划，做好入职培训准备，设计入职培训课程，选定入职培训讲师，选择入职培训方法，组织入职培训实施，评估入职培训效果，如图 5-1 所示。

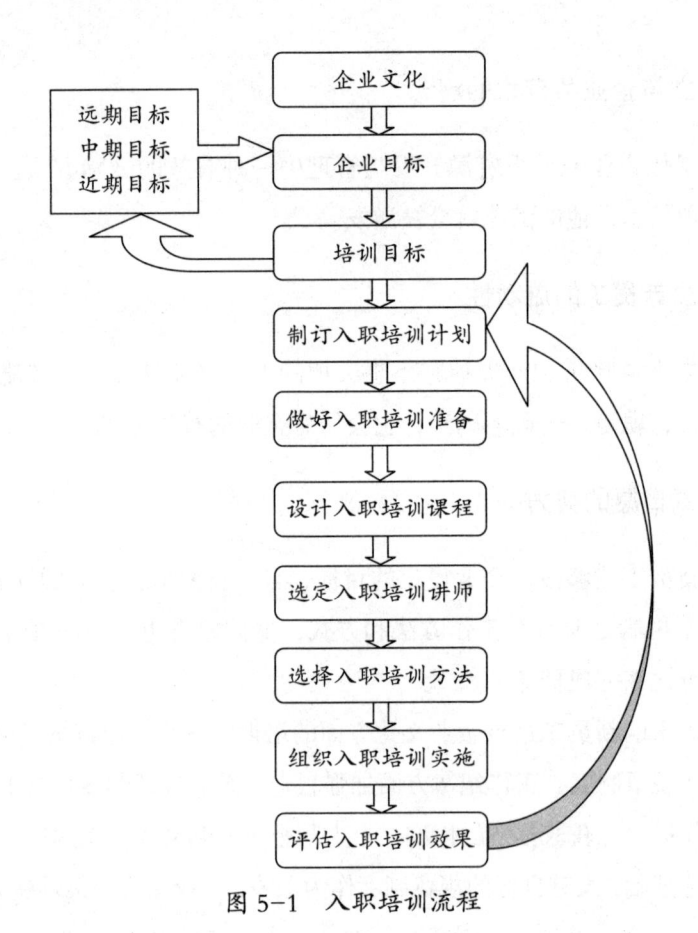

```
                        企业文化
                          ↓
   远期目标
   中期目标  →          企业目标
   近期目标               ↓
      ↑                培训目标  ←┐
      │                  ↓        │
      └──          制订入职培训计划 │
                     ↓             │
                 做好入职培训准备    │
                     ↓             │
                 设计入职培训课程    │
                     ↓             │
                 选定入职培训讲师    │
                     ↓             │
                 选择入职培训方法    │
                     ↓             │
                 组织入职培训实施    │
                     ↓             │
                 评估入职培训效果  ──┘
```

图 5-1 入职培训流程

5.3.1 制订入职培训计划

依据公司《培训管理制度》，结合新员工入职情况，经与用人部门负责人充分沟通，人力资源部要制订出入职培训日程安排表，其中包括入职培训时间、地点的安排，培训课程的设计，培训讲师的选择，培训预算的确定，培训评估方法的设计等事项。

5.3.2 设计入职培训课程

1. 入职培训的四大内容

（1）融入性培训

融入性培训包括文化融入、团队融入和工作环境融入等方面，目标是将新员工由"局外人"尽快转换为"企业人"。

文化融入方面的培训，可以通过组织讲座、座谈讨论、观看宣传片等方式，让新员工深入了解、切身感受并逐步接纳公司的企业文化。

团队融入方面的培训，更多的是通过部门内部组织活动、师带徒、户外拓展活动等形式，让新员工与团队内其他人员互相熟悉，感受到团队的温暖，迅速成为团队的一员。

环境融入方面的培训，通常的做法是由人力资源部门相关人员在新员工入职之初，带领新员工参观公司，介绍部门，认识同事；另外，可以安排部门内部人员带领新员工熟悉工作环境、工作要求，使新员工尽快进入工作状态。

（2）职业化培训

公司希望新员工能够从"普通人"尽快转化为"职业人"，以适应公司的人才发展需求。入职培训中一般会包含职业化培训的环节。

职业化培训主要是指作为一名职业人，对待工作的职业态度，对待工作的责任感，职场中的规则等职业态度、职业意识的培训。

何为职业人？首先，同时也是最重要的一条，你是否拥有一个良好的职业心态；其次，你要具备职场要求的基本职业素养；最后，你当然要有满足岗位要求的基本职业技能。

如何成为一名职业人？关于职业心态，需要审视自己的内心，问问自己，你在为谁工作，只有抱着"为自己工作"的良好心态，才有可能心平气和地把手头的工作做好。关于职业素养，多数公司对人员职业素养的要求是相通的，如正直、诚信、尊重、包容、合作、创新。而关于职业技能，针对某个具体岗位，需要特定的相关知识和技能。

（3）职业发展培训

初入企业，新员工往往对未来充满憧憬，对工作充满期待，这就需要在入职培训时适时地加入公司人才职业发展培训的内容，以更好地激发新员工的工作热情，使新员工的职业发展规划和公司对人才的要求方向相互契合，尽量减少新员工流失，保证人员稳定。

职业发展培训主要是向新员工展示公司的发展愿景，公司对人才的定义和要求，公司对人才的培养方向，各岗位人员的职业发展通道，对新员工进行职业发展规划方面的培训。

（4）岗位技能培训

岗位技能培训主要针对具体的工作岗位，包括岗位职责说明、岗位使命介绍、岗位上下级关系、岗位基础知识、岗位技能要求等，为新员工上岗做技能方面的准备。

一般来说，招聘人员在面试时就经过了考核，新入职人员应该能满足基本的岗位技能要求。进一步的岗位技能培训，往往需要人力资源部、用人部门共同配合，经过一个长期、持续、有规划的培训过程，才能得以不断提升。

2. 入职培训的三大模块

从入职培训内容的相关性角度，可以把入职培训分为以下三大模块：

（1）与工作环境有关的内容

包括组织宏观环境和工作环境与设施两个部分。

- 组织宏观环境：

包括组织的历史，组织的现状，行业地位，发展趋势，发展目标，组织优势及面临的问题，组织机构，部门职能，产品和服务，市场战略，质量方针，企业文化和传统，公司经营理念，等等。

- 工作环境与设施：

包括办公设备、生产设备、办公场所等，人力资源部人员可根据本组织的具体情况选择要参观介绍的地点。

（2）与工作制度有关的内容

公司的工作制度涉及的范围比较广，并且与员工的切身利益紧密相关，常用的工作制度如表5-1所示。

表5-1　　　　　　　　公司常用工作制度

行政人事制度	财务管理制度	岗位管理制度	其他制度
员工行为规范 考勤管理制度 福利待遇制度 人事管理流程 绩效考核制度 培训管理制度 招聘管理制度	报销管理制度 预算管理制度 财务核算制度 出入库管理制度 资产管理制度 现金管理制度	销售管理制度 市场推广制度 安全生产制度 研发管理制度 售后服务管理制度	信息系统管理制度 保密制度 质量管理制度

（3）与工作岗位有关的内容

与工作岗位有关的内容包括岗位职责培训、技术培训和行为规范培训三个方面的内容。

• 岗位职责培训：

根据《员工岗位说明书》的要求，向新员工介绍其所在岗位的主要职责，新员工的主要任务和责任，岗位人员绩效考核的具体规定等内容。

• 技术培训：

对于技术性特别强的岗位，企业可安排新员工到新的工作岗位上进行实地训练，由一位资深员工指导，向其说明操作规范，协助新员工独立完成工作，并指出其应改进的地方。

• 行为规范培训：

行为规范方面主要是针对员工行为标准、着装、工作场所行为规范、工作休息制度、组织礼仪等方面进行培训。

5.3.3 做好入职培训准备

在入职培训正式开始之前，培训组织者要做好如下事项的准备：

1. 准备入职培训相关资料

（1）培训课件

入职培训主讲培训师要提前设计、制作培训课件，如培训 PPT、培训视频、培训文档等，人力资源部或相关管理人员要提前安排试讲，保证课件的质量和效果。

（2）培训教材及资料

如果入职培训过程中需要给新员工发放培训教材，要提前打印并装订，注意确认入职培训参训人员的人数，保证材料人手一份。

培训资料指公司宣传彩页、产品介绍图册、员工手册、岗位说明书等相关资料。根据入职培训需要，提前准备好这些资料，以便在培训时能及时发放给参训新员工。

（3）音视频文件

音频文件主要指入场音乐及课间休息音乐，或者培训师在课程培训过程中需要使用的音频资料；视频文件主要指企业宣传片、产品演示视频、安全操作示范等视频资料。

这些音视频文件也要在培训场所做预演，保证在培训当日能正常播放。

（4）培训签到表

按照入职培训人员名单，提前打印好培训签到表。培训签到表范例如表5-2所示。

表 5-2　　　　　　　　　　入职培训签到表 – 范例

入职培训地点		入职培训时间		年　月　日
序号	所在部门	职务/职称	签名	签到时间

（5）培训师满意度评估表

培训师在培训过程中是否主题突出、内容实用、方法得当？在培训结束时发放培训师满意度评估表，收集参训新员工的反馈意见，以方便培训师不断改善并持续优化培训课程。

（6）培训组织评估表

入职培训由人力资源部的培训专员组织实施，或者由专门的培训部门负责。培训组织工作是否成功？培训服务工作是否到位？需要发放培训组织评估表，收集参训新员工的反馈意见，汇总、分析并持续优化培训组织工作。

（7）培训考试试卷

企业规章制度、公司产品等入职培训项目，适合采用笔试考试的形式对新员工的培训效果做出评估；企业文化、团队合作等入职培训项目适合采用讨论组、行为观察法、提交总结或论文的方式评估；而岗位职责、岗位技能等培训往往只能通过实战法、任务完成法来进行评估。

（8）培训成绩汇总表

培训组织者要提前准备好培训成绩汇总表，在入职培训过程中实时记录每位参训新员工的培训成绩,方便最后的汇总、统计、分析。培训成绩汇总表范例如表5-3所示。

表5-3　　　　　　　　　培训成绩汇总表 – 范例

入职培训成绩汇总表									
姓名	职位	入职日期	序号	1	2	3	4	5	参训次数合计
			课程名						0
			参训时间						
			考核成绩						
			课程名						0
			参训时间						
			考核成绩						
			课程名						0
			参训时间						
			考核成绩						

2. 准备培训所用物料

- 根据新员工参训名单,提前制作水牌,放置到每个培训座位上,方便参训新员工依据水牌有序入座,也方便培训过程中培训师与学员、学员与学员之间的交流和互动。
- 在每个座位上放置纸和笔,方便参训新员工做笔记。
- 如果条件允许,培训组织者可以提前准备一些茶水、咖啡、水果、点心等茶歇物品,营造温馨和谐的培训环境。
- 根据需要,培训组织者要提前统一安排好参训人员的食宿问题,如果有外地新员工前来培训或者培训场所安排在了外地,培训组织者要提前安排好交通工具和行程。

3. 准备培训场所和设施

新员工培训要选择安静、相对封闭的场所,要保证培训过程不被打扰,以保证培训的效果。根据培训方式的不同，培训地点的选择也会有所不同。

- 以理论性和知识性为主的授课式培训一般在安静的室内进行，务必要保证室内干净整洁，温度湿度适宜，光线明亮舒适，使培训在最佳环境下进行。另外，培训组织者要提前准备好投影仪、幻灯机、白板、黑板、麦克风等培训设施，并逐一检查试用，保证设备的使用效果。
- 以体验式和实操性为主的拓展式培训一般在室外或专门的拓展训练场地进行，这时候需要有专业的教练全程安排，使用专业的设施和器材，务必保证拓展训练过程的安全性。

4. 主讲人试讲培训课程

对于新开发的入职培训课程，由主讲培训师制作培训课件，准备课程相关资料。在正式培训之前，要安排课程试讲环节，由培训负责人组织，人力资源部经理、相关管理层人员参与试听，根据试听人员的意见和建议，主讲培训师经过修改和完善培训课件，从而保证入职培训质量。

5. 发布入职培训通知

一般来说，入职培训需要若干天的时间，需要至少提前一周发布入职培训通知，以方便新员工提前做好准备，也方便新员工所在部门提前做好工作安排。

入职培训通知一般包含以下几个要素：
- 入职培训时间
- 入职培训地点
- 入职培训日程安排
- 入职培训纪律要求
- 培训课程相关附件

5.3.4　选定入职培训讲师

入职培训讲师一般由公司内部人员，即内部培训师来承担。公司总经理、公司高层管理人员、行政部经理、人力资源部经理、培训部经理、新员工所在部门负责人、优秀员工代表、技术部门骨干人员等都可以作为入职培训师的人选。

- 企业文化、企业介绍等融入性课程：一般由总经理、公司高层管理人员、人力资源部经理或优秀员工代表负责。
- 公司规章制度培训：一般由人力资源部经理、行政部经理或培训经理负责。
- 职业化及职业发展培训：一般由高层管理人员、人力资源部经理或培训经理负责。
- 岗位职责培训：一般由人力资源部经理、培训经理或部门经理负责。
- 岗位技能培训：一般由部门经理、技术部门骨干人员负责。

5.3.5 选择入职培训方法

培训方法多种多样，根据不同的入职培训内容，要选择最合适的培训方法，以保证培训的最佳效果。当然，在选择培训方法的时候，还要考虑企业的实际情况，保证培训方法的可操作性。

常用的入职培训方法有如下几种：

- 课堂讲授法：培训师通过课堂讲授的形式对新员工进行培训，如企业介绍、规章制度、岗位职责等方面的培训。
- 工作座谈法：管理层人员、优秀员工代表、技术骨干等人员与新员工以座谈的形式进行培训，如职业素质、职业发展、企业文化的培训。
- 工作指导法：由技术骨干或指定代训人在实际工作中对新员工进行一对一的指导，如岗位技能、操作技能、流程方法等方面的培训。
- 角色扮演法：在专业培训师指导下，新员工在模拟环境下扮演特定的角色，如操作流程、工作方法、工作技巧等培训。
- 拓展训练法：通过开展户外体验式活动，锻炼和培养新员工，如团队融入、合作沟通方面的培训。
- 行动学习法：在促动师的带领下，学习相关知识，领悟企业文化，加快员工从"局外人"到"企业人"的转变。

5.3.6　组织入职培训实施

制订了入职培训计划，做好了入职培训的各项准备，接下来进入正式的入职培训环节。

入职培训实施是否成功，一方面取决于前期准备工作是否到位，另一方面取决于现场培训效果。培训师全力负责培训课程质量，而培训组织者负责现场组织、质量监控、预案处理、后勤保证等一系列事项。

- 组织参训新员工签到
- 协助培训师操作设备，播放音视频文件
- 发放培训教材和资料
- 做好参训人员食、宿、行等一系列后勤保障安排
- 培训过程摄像、照相的安排，做好培训过程影像资料的收集整理工作
- 组织参训新员工完成各项评估表格的填写
- 组织参训新员工进行入职培训各科目的考试
- 处理可能出现的计划外情况，协调各方资源沟通解决

5.3.7　评估入职培训效果

在入职培训结束之时以及结束之后的一段时间内，培训组织者需要协同部门负责人和各级管理人员，对新员工入职培训的实施效果进行各项评估，撰写培训总结和评估报告，发布培训结果，并与相关各方进行培训结果的有效沟通。

1. 入职培训评估指标的确定

入职培训评估指标，对入职培训的课程设计、过程实施都具有指导作用，正所谓以终为始，由入职培训最终希望得到的结果和目标来制订入职培训的计划，指导入职培训的课程设计。

只有确定了入职培训的评估指标，才能确定需要收集哪些入职培训评估数据，并据此设计出相应的评估数据收集表格，确定评估数据的分析方法。

入职培训常用的评估指标主要有以下几个方面：

（1）入职培训组织评估

对于培训组织者来说，培训组织安排合理，后勤保障服务到位，培训质

量监督有效,培训纪律井然有序。

(2)培训师满意度评估

对于培训师来说,培训内容丰富实用,授课方法新颖活泼,教学态度积极认真。

(3)入职培训掌握程度评估

对于参训新员工来说,培训内容实时掌握,准确理解,并应用到实际工作中。

(4)入职培训后期转化跟踪

对于参训新员工来说,培训结束以后,培训学习的内容能最大限度转化为行为改变。

2. 入职培训评估数据的收集

针对以上入职培训评估指标,需要在培训之前设计好评估数据收集方式,并在培训过程中收集相应的评估数据。

(1)培训组织评估数据的收集

培训部门的入职培训组织工作是否有效、服务是否到位?在入职培训结束之时,要发放培训组织评估表,要求参加培训的新员工对培训部门的培训组织工作进行评估。一方面,培训组织评估分数可以作为考核培训部门的数据;另一方面,通过收集新员工的意见和建议,可以不断改进和优化培训部门的入职培训组织工作。

表5-4是一个通用的培训组织评估表范例,既可以用于入职培训,也可以用于其他培训。

表5-4　　　　　　　　　培训组织评估表 – 范例

培训名称			培训组织者		
培训讲师			培训日期		
参训人员评估意见					
序号	评估分项	权重	得分	评分标准	评分说明
1	培训及时性	20		严格按培训通知准时开始,拖延十分钟内扣5分,拖延十分钟以上扣10分	

续表

2	培训会场秩序	20	培训过程有条不紊，如培训会场混乱无序扣10分
3	培训服务满意度	40	1）提前3天下发培训通知，保证通知到位，未及时下发扣5分 2）提前准备培训签到表、评估表，未提前准备扣5分 3）提前准备培训会场，未提前准备扣5分 4）提前准备培训用具，未提前准备扣5分
4	培训内容价值性	20	1）培训内容对后续工作有所帮助，没有任何帮助扣10分 2）培训内容对个人能力提升有所帮助，没有任何提升扣10分
6	加分项	20	根据以下几点，由参训者酌情加分： 1）培训形式新颖活泼，寓教于乐 2）培训组织非常完美 3）培训内容价值非凡
总分：		120	
参训者签字：			

备注：1. 此表是对人力资源部等部门和人员培训组织的评估，将影响部门及个人的绩效考核；
　　　2. 评估得分为各项得分总和；
　　　3. 如对本次打分有异议，可向相关部门的上一级领导申诉。

（2）培训师满意度评估数据的收集

一般来说，入职培训由若干门培训课程组成。每门培训课程结束后，都应对主讲培训师做课程满意度评估。一方面，激励培训师认真对待入职培训，保证培训质量；另一方面，通过满意度评估表可以收集新员工的意见和建议，了解新员工的心声，并得以不断改进和优化入职培训效果。

表5-5是一个通用的培训师满意度评估表范例，既可以用于入职培训，也可以用于其他培训。

表 5-5　　　　　培训师满意度评估表范例

培训师满意度评估表

课程名称：_____　　　培训时间：_____

组织部门：_____　　　讲师姓名：_____

说明：

- 请在你认可的选项上打钩
- 请你给予真实的反映批评，以帮助我们对将来的培训计划进行改进

序号	评估项目	差 中 好 2 4 6 8 10
1	讲课内容是否丰富，吸引人？	☐ ☐ ☐ ☐ ☐
2	培训内容对自身全面发展是否有启发？	☐ ☐ ☐ ☐ ☐
3	培训内容是否紧密结合实际？	☐ ☐ ☐ ☐ ☐
4	培训内容是否能应用到工作岗位上？	☐ ☐ ☐ ☐ ☐
5	语言表述是否简练、清晰、重点突出？	☐ ☐ ☐ ☐ ☐
6	是否鼓励学员参与课堂教学？	☐ ☐ ☐ ☐ ☐
7	是否很好地回答学员的提问？	☐ ☐ ☐ ☐ ☐
8	授课时间的掌控度如何？	☐ ☐ ☐ ☐ ☐
9	培训目标是否已达到？	☐ ☐ ☐ ☐ ☐
10	整体上，您对这次课程的满意程度是？	☐ ☐ ☐ ☐ ☐

（注：满分100分，汇总后填入"讲师总得分"里）

讲师总得分：_____

其他建议事项：_____

_____

谢谢合作！　　　　　　　　　评估者姓名：_____

（3）入职培训掌握程度的数据收集

如何考察参训新员工对入职培训各个模块掌握程度呢？不同的培训模块可以采用不同的考核方式。

- 以知识传授为主、理论性较强的授课培训内容,可以采用笔试的方式考察参训人员的掌握情况。
- 以体验式、感受型的拓展培训、操作性培训内容,可以采用观察法,由培训师或培训组织者实时记录参训人员的表现。
- 以座谈、讨论形式进行的培训内容,可以采用提交心得报告、论文、总结的形式考核参训人员的掌握情况。

(4)入职培训后期转化跟踪的收集

在入职培训完成后的一段时间内,人力资源部经理、新员工所在部门负责人可以对新员工在此期间的培训效果和工作表现做出考核与评估,以判断培训的效果。表5-6是一个入职培训效果跟踪表范例。

表5-6　　　　　　　　　入职培训效果跟踪表 – 范例

姓名		所属部门		职位	
岗位类别		入职时间		培训时间	
跟踪项目	主要培训内容	评价方式	评价标准		评价人
公司概况介绍	公司介绍 企业文化 组织机构 部门职责 规章制度	笔试说明	□优,熟练掌握90%以上 □良,较好掌握80%以上 □较好,基本掌握70%以上 □一般,掌握60%以上 □差,尚未达到基本要求		
专业技能培训		实际操作演练	□优,技术熟练达90%以上 □良,技术熟练达80%以上 □较好,技术熟练70%以上 □一般,技术熟练60%以上 □差,尚未达到基本要求		
工作方法培训		操作演练	□优,按标准优质完成 □良,按标准基本完成 □较好,操作中存在小失误 □一般,操作中存在三处失误 □差,操作中存在很多失误		
总体评价					
部门经理签字:					

3. 入职培训评估报告的撰写

经过以上的统计分析，获得了入职培训的评估结果之后，培训组织者有义务将该结果汇报给相关人员，包括参训新员工本人、培训负责人、人力资源部经理、受训新员工所在部门负责人、公司相关管理层人员以及公司总经理。

- 对于参训新员工本人，主要反馈培训成绩评定、成绩分析结果、个人成长建议以及入职培训成绩对试用期转正的影响。
- 对培训负责人和人力资源部经理，主要报告入职培训组织评估、课程评估、新员工整体分析，重点在于提出入职培训不断优化的方案。
- 对于新员工所在部门负责人，主要报告新员工的个人情况评估、个人成长规划、管理方式建议。
- 对于公司相关管理人员及公司总经理，主要报告新员工的整体统计情况以及入职培训的价值和意义。

花费了时间、金钱和精力运作入职培训项目，培训部门有义务向培训相关方汇报他们获得了什么样的回报。公司管理层需要看到入职培训价值所在的关键分析，以证明入职培训工作的必要性，让管理层一如既往地支持入职培训工作；另外，公司管理层也需要看到入职培训存在的不足，以及入职培训不断发展和优化的具体建议与方案。

表5-7为一份入职培训评估报告范例。

表5-7　　　　　　　　入职培训评估报告 – 范例

入职培训需求说明		新员工类型	
		受训总人数	
项　目	内　容		
入职培训目标分析			
培训实施过程说明			
入职培训一般性反馈信息			
培训评估数据			
培训评估分析			
培训评估结果			
评估结果与预期目标的比较			
存在的问题分析			
培训建议			

4. 入职培训的持续改善与优化

入职培训评估流程的最后一步，也是很重要的一步是持续改善与优化。无论评估结果看起来多么完美，也无论培训转化多么有效，入职培训项目总有提升的空间。

- 改善入职培训计划的制订；
- 改善入职培训组织的实施；
- 改善入职培训课程的内容；
- 改善入职培训评估的设计。

名企案例 5-3：华为新员工培训的"721"法则[①]

案例背景

在 2012 年之前的五年，华为新增了 5 万名员工，其中大多数是直接来自高校的毕业生。向新员工灌输管理文化是头等大事，将工业生产和工程实践带给新员工同样重要。华为拥有的新员工培训机制源源不断地为华为培养了成千上万的人才。

众所周知，华为的团队精神崇尚"狼性"文化，再强大的动物，也难以招架狼群的攻击。因此，华为团队精神的核心就是团结、互助。

那么，如何让新员工，尤其是独生子女、自我意识超强的"90 后"员工，快速融入"狼群"？如何通过打造系统的入职培训平台，解决新人的融入问题？以下分享华为的实践经验。

最佳实践

一、新员工培养的三流程

华为公司北京研究所人力资源部负责华北地区的招聘，每年要给华为集团在全球招聘 1600 余人。每年 3~8 月是应届毕业生求职的高峰期，从入职引

[①] 来源：精益标杆，2015 年 9 月 29 日。

导培训开始，到岗前实践培训，最终到在岗培训，这三个环节的周期就要3~6个月。

华为对培训体系进行了颠覆性改变，将授课式培训、网络化授课方式全部取消，采用"721"法则进行员工培训，即70%的能力提升来自实践，20%来自导师的帮助，10%来自真正的学习。那么，如何不让准新员工流失或尽少流失？

华为的做法是，在毕业生进入企业后，把他们分到各个业务部门去，同时一定提前指定好导师。导师会在他入职之前，定期和他进行电话沟通，一个月给他打一次电话，你现在什么状态，毕业论文到什么状态，什么时候毕业，时刻了解他的动态，及时识别出风险。如果毕业生确实想进华为，在这个过程中会安排一些任务，安排一些岗位的知识、书籍、材料让他提前了解，这是在入职前要做的培训。

而接下来的入职培训，就相对简化。2003年新员工入职时，培训周期是两周，而且全部要到深圳总部培训。白天上课、晚上开辩论会，还有演节目、写论文等内容。而如今，这个培训缩减到五天，内容比较聚焦，主要是围绕企业文化展开，讲清楚为什么公司会出台相应的政策和制度，它反映出的企业文化、价值观是什么。华为还有一篇《致新员工书》，是任正非在华为创业之初写的文章，把华为的文化和对新员工的要求全部融入其中。还有一部新员工必看的电影——《那山，那人，那狗》，讲的是一个山区邮递员的故事，影片倡导的敬业精神，正是华为追求的价值观。

二、因"狼"施教的培训

在五天的文化培训后，公司会针对不同职位进行工作实践。

目前，华为有70%的业绩来自海外，但新进的营销类员工，不可能立刻派去海外实践，必须在国内锻炼一下。公司会安排他们在国内实习半年到一年，通过这些实践掌握公司的流程、工作的方式方法，熟悉业务，过一段时间再派到海外去。

对于技术类员工，公司会首先带他们参观生产线，参观产品。尤其是编代码的员工，并不知道代码最终用在什么地方，最终成型的产品是什么样的。公司曾经调查过，发现华为很多员工不知道基站是什么样子的。所以，要让他们对接产品，让他们参观展厅和生产线上组装的机器，让他们看到实实在在的产品。同时，研发人员在上岗前，还会做很多模拟项目，以快速掌握一些工具或一些工作流程。

最后，对于专业类员工的培训，也遵循"721"法则，在能力提升中锻炼"7"的部分。新员工全部在导师的带领下，在一线实践，在实战中掌握知识。入职之前，华为会组织导师和新人奔赴各地，做软件训练营。而训练营设计的内容仍是遵循"721"法则，公司会将研发流程、研发规范、培训材料发给他们先自学两天，训练开始时会由专业讲师进行案例教学，帮助员工了解这些流程规范。之后，再用大约三天的时间去演练，这就是"3"的部分，并且会拿真实的场景和项目，让学生在机房里提前做编程。三天结束后，最后一天会针对之前培训的内容进行考核，检验学生的成果。

检验完之后，还要让学员在一起交流：你在这个过程中掌握了什么知识，还有哪些不足，让他们提前知道自己与岗位的差距。明确期望比提升技能更重要，知道自己的差距是什么，就可以利用这段时间主动学习。

三、思想导师：让"老狼"送一程

培训做完之后就要上岗，而最关键的动作就是"思想导师"的安排。华为设立"思想导师"非常早，也很规范。首先，华为对思想导师的选拔有明确要求，第一，绩效必须好；第二，充分认可华为文化。同时，一个导师名下不能超过两个学生，以保证传承的质量。

思想导师在带学生期间，公司会单独给他发一笔钱，连续发半年，这笔钱做什么用？首先是导师定期请员工吃饭、喝茶，增加沟通；帮助外地员工解决吃住问题，甚至解决情感等问题。总之，思想导师要在员工入职之初，给予他工作和生活上全方位的辅导与帮助。同时，公司也会额外给导师付一笔酬劳。

公司对导师的激励，也有相应政策。比如，如果你没有带过新员工是不允许晋升的。所以，这一方面保证了导师不吃亏，也会使员工踊跃地承担这件事，去带出合格的新员工。在每年公司年会上，还有"一对红"（导师和员工都出色）评选，这也是一种企业文化的宣传。

> 案例分析

让新员工快速融入组织,无非就是要解决好两个问题。一是推动员工产生高绩效,二是让他认可企业文化。现在90后的员工需要尊重,需要你能去倾听,需要你去尊重他个人的一些兴趣。华为认为,除了物质激励之外,还要强调非物质激励,通过激发员工内在的驱动力加速融合。

华为对所有的学员都以同样的标准来要求,培育他们团结合作、群体奋斗的精神,以此有效贯彻集体奋斗的宗旨。其最终目的是让这些学员能更快、更好地适应严格的管理,成长为优秀人才。

很多华为员工总结这段漫长的入职培训过程时用的是这几个字:苦、累、考试多。"如同高考冲刺阶段一般,这一段时间的考试次数远远超过了大学四年的总和。"很多学员对这种痛苦的煎熬铭记终生,但这也是他们日后向他人炫耀的资本,并受用一生。

第六章
管理人员培训——以胜任素质为基础

> 对人的能力进行管理的能力是企业的核心竞争力。
>
> ——任正非

人是企业最重要的资产，而管理人员更是这类资产中最为贵重的。对人的能力进行管理的能力是企业的核心竞争力。领导力模型是对管理人员胜任要素的综合，是素质、能力、态度和行为的统一体。

搭建基于管理人员胜任素质模型的领导力培训体系，将助力企业打造一支精良的管理队伍，是企业提高核心竞争力的一条行之有效的良策。

- ◆ 管理培训构建学习型组织
- ◆ 基于胜任素质的管理培训
- ◆ 管理人员领导力模型构建
- ◆ 搭建领导力管理培训体系

6.1 管理培训构建学习型组织

6.1.1 管理培训,造就核心力量

人是企业最重要的资产,而管理人员更是这类资产中最为贵重的。管理人员是企业的领航者,在应对变革的过程中起着举足轻重的作用。管理人员的综合素质,决定着一个企业的成败,在很大程度上决定着企业未来发展的方向。对企业管理人员的培训可以说是一本万利的投资,通过培训使管理人员成为全才、通才,是企业在激烈竞争中获胜的关键。

令GE(美国通用集团)人最引以为豪的就是对企业领导人的培养,领导人与对领导人的培养是GE成功的重要原因之一。GE单靠经营管理方法的改进和提高就使生产能力提高了50%,经营和管理人员的技能会直接影响到企业的生产能力,使企业获得较高的工作效率和竞争能力,进而为企业的生存和发展提供物质基础。

在戴尔,挖掘核心管理人员的领导潜力被视作企业发展的一项重要战略。戴尔的核心人才管理体系囊括了一系列人才培养项目和方案,旨在系统性地对人才进行评估、规划和开发。其中,戴尔"组织人力资源规划""人才规划"和"个人发展规划"堪称戴尔核心人才管理体系的代表性项目。此外,戴尔的最高管理层必须定期审查核心人才的培养进程和轮岗情况,亲身传授指导计划课程,并持续跟踪企业内部管理人才通道的建设情况,来保证核心人才的培养和建设。

管理干部和后备队的培养,是华为全球化发展进程中的重中之重。如何打造一支真正职业化的铁军和专业化的管理队伍以支撑华为全球化的发展,成为华为各级部门和管理者的首要任务,也是华为赋予华为大学的重要使命。

建立后备干部资源池是一套动态的、例行化动作的后备干部选拔、考察、培养、淘汰、使用的机制。它就像一只不停摆的筛子，是一个宽进严出的系统，进来的后备干部，将接受更多、更艰巨的任务与挑战，以及更严格的考察与约束，这个过程就是培养。只有那些始终能够通过严格考验的人，才能真正走上各级管理岗位。华为对后备管理干部的培养工作做得十分精细：

- 通过专人辅导，解决在课程学习中学不到的知识；
- 设计很多副职，让后备管理干部有机会到关键岗位上锻炼；
- 实行岗位轮换，让后备管理干部到一线锻炼，提高其综合素质和能力。

后备管理干部培养的目的在于产生一批能够理解、执行、传播华为核心价值观和文化，并且具备公司战略发展所需的胜任素质能力的干部队伍，以支撑公司业务快速增长的需要，迎接国际化过程中干部队伍建设面临的巨大挑战。显然，华为在这点上做到了。

6.1.2 管理培训，构建学习型组织

1. 学习型组织理论

任何一个有机体要想生存下来，其学习（L）的速度必须等于或大于其环境变化（C）的速度，借用生态学的一个公式，即 L>C。因此学习型组织就是能积极主动地持续进行组织学习，且组织学习的速度高于环境变化的速度。

在新的经济背景下，企业要持续发展，必须增强企业的整体能力，提高整体素质。未来真正出色的企业将是能够使各阶层人员全心投入、不断学习的组织——学习型组织。学习型组织的核心在于拥有强大的组织学习能力，通过组织快速学习成长，完善组织的运作方式，从而取得组织的成功。

管理笔记6-1：彼得·圣吉的学习型组织理论

麻省理工学院的彼得·圣吉是学习型组织之父，1990年出版《第五项修炼》（*The Fifth Discipline*）。《第五项修炼》是理论与实践相配套的管理技术方法，是继"全面质量管理""生产流程重组""团队战略"之后出现的又一管理新模式，被西方企业界誉为"21世纪的企业管理圣经"。

彼得·圣吉认为，学习型组织是这样一种组织，在这样的组织中，组织成员有着共同认可的愿景，能够不断学习，培养系统思考能力，不断突破员工个体和组织的能力上限，全力追求实现共同的愿景，从而创造出真心向往的结果。

学习型组织的战略目标就是提高组织学习的速度和能力，改进组织的思维模式，完善组织的行为，最终实现共同愿景。他从系统动力学角度提出建立学习型组织必须进行五项修炼，即自我超越、改善心智模式、建立共同愿景、团队学习、系统思考。

彼得·圣吉认为虽然构建学习型组织的这五项修炼都是从抽象的角度来谈的，但却不能脱离组织结构、管理模式和组织文化而孤立存在，需要作为一个整体来考虑。只有通过整合这五项修炼，使融合的整体得到大于部分总和的效力，才能促进学习型组织的发展。

2. 学习型组织与人力资源培训开发

学习型组织与人力资源培训开发之间是一种辩证统一的关系。

首先，学习型组织是知识经济时代人力资源培训开发与管理的内容和目标之一。知识已成为知识经济时代企业的主导资源，是决定企业成功发展的关键变量，因此，开发与管理作为知识载体的人力资源，培养与造就具有高智能和创新能力的新型人才，是建立学习型组织的目的所在。

其次，学习型组织有利于对知识型员工的激励。随着知识经济时代的到来，知识型员工在组织中的数量和比例越来越大，而他们也是维持组织生存与发展的最重要的资源。

最后，学习型组织是对传统人力资源管理体系的创新。为适应全球化的市场竞争和创新企业经营战略，企业必须从传统的"控制"型管理走向现代化的"指导与激励"型管理。

3. 管理培训构建学习型组织

彼得·圣吉在其著作《第五项修炼》中提出，学习型组织的建立必须基于五种技能的培养：系统思考、团队学习、共同愿景、自我超越、改善心智模式，此即五项修炼。只有经常进行五项修炼，组织才能真正成长为学习型组织。

（1）培养企业系统思考的能力

在彼得·圣吉的五项修炼中，系统思考是其中最核心的部分。所谓系统思考，是通过用系统、整体、动态的思维模式来代替人们过去机械、片段、静态的思维方式。在一个企业当中，无论是领导者还是一线员工经常会犯片面性的错误。如何使企业领导者增强系统思考的能力是企业面临的一个重要课题。

通过加强企业管理人员的相关培训，促使其具备系统思考的能力是企业整体具有系统思考能力的前提。实际上，企业中不同层次的人员具有不同性质的要求。作为高层领导者，应具备战略性眼光，认清形势，把握全局，带领企业员工向前发展。中层领导者，既要具有较强的上下协调能力，还要具备横向的沟通能力。而基层的员工，按照企业战略方向分解后的小目标，确定明确的方向，提高执行力，完成自己的任务即可。

（2）培养团队学习力

比尔·盖茨曾说过："打败竞争对手最有效的手段就是比对手学得更快。"随着知识经济时代的到来，人力资本将加速陈旧，知识的折旧率会越来越高。而未来唯一持久的优势，是有能力比你的竞争对手学习得更快。组织学习能力的主体是整个组织，组织的信息、知识不能只停留在个体头脑中，而要转化为组织的知识。组织成员的学习能力具有互补性，整合得当就能达到组织学习能力大于个体学习能力之和的效果。

一个团队学习的成果，特别是管理人员的团队学习成果，可以推广和扩散到其他团队中，并且通过传播团队学习的方法、技巧、成果，不断培养出更多的学习型团队，进而建立整个组织共同学习的氛围，提高整个组织的学习能力。

（3）建立共同愿景

建立共同愿景是增强组织学习能力、激发组织活力的重要途径。共同愿景就如同企业的灵魂，唤起人们的希望，令人欢欣鼓舞，是企业的凝聚力所在。一个没有共同愿景的企业，组织学习能力不会很强。

共同愿景可以源自企业最高决策者的个人愿景，但是由企业的决策者和中层管理人员共同探讨、共建愿景会更好些，有利于共同愿景在企业中的传播推广、落地生根。因为一方面企业管理人员直接向企业高层领导者负责，对其思想学习掌握得较透彻；另一方面，企业中层管理人员比起决策者更了解企业实际，更容易看到现实的变化及方向，能够提出合理的建设性意见。

（4）自我超越

对企业来说，自我超越指的是积极培养企业的创新能力。当今社会的发展使得市场竞争愈演愈烈，一个企业要想在这激烈的市场竞争中占得一席之地，靠的就是企业的不断创新与完善，而企业的创新必须依赖管理人员以及一线员工的创新。

通过管理人员培训与开发，建立企业创新战略，不断积累新的核心知识，应用核心知识从而获得企业竞争优势。企业的核心知识决定企业新产品开发的能力，新产品能够帮助企业占领和保持市场份额，并使企业从中获利。企业的核心知识就是企业创造竞争优势的关键所在。

（5）改善心智模式

通过企业人力资源培训与开发手段，尤其是针对管理人员的培训与开发，可以改善管理人员的心智模式，在企业内部建立以人为本的管理理念。只有管理人员的思想在不断更新，持续改善心智模式，才能带领企业在纷繁复杂的环境变化中不断突破和创新，使企业具有前瞻性，科学地预测未来，更好地把握未来。

所以说，针对企业管理人员的培训工作是一项关系到组织命运与前途的工作，对企业管理人员的培训是培训工作的重中之重，也是构建学习型组织的关键所在。

6.2　基于胜任素质的管理培训

管理培训对于企业如此重要，那么究竟应该如何设计、实施、开展管理培训工作呢？根据企业的实际情况和管理者的需求，每个企业都有自己独特的实施思路和方法。

6.2.1 跟风炫酷型管理培训

可以说，这类公司基本没有建立起一套科学合理的培训管理体系，不会花时间认真负责地深入分析管理人员的真实培训需求，不会制订符合公司战略发展的培训目标和培训计划，往往是领导想起什么就培训什么，或者市面上流行什么课程就跟风式地盲目引入，听起来很炫酷，看起来很时尚，但是实际上会不会产生希望达到的效果就不一定了，可谓行云流水，不过是昙花一现。

6.2.2 分层分类型管理培训

基于组织分析、工作分析、人员分析的管理人员分层分类培训法是比较传统、普遍的管理人员培训方法。

1. 组织分析

通过对组织的目标、资源、特质、环境等因素的分析，找出组织存在的管理问题以及问题产生的根源，寻找可能解决的办法，为管理人员培训提供参考。

2. 工作分析

管理人员工作分析的目的在于了解与绩效问题有关的工作的详细内容、标准，和达成工作所应具备的知识和技能，是设计和编制管理人员培训课程的重要资料来源。工作分析以管理人员工作说明书和工作规范表为依据，确定管理岗位的工作条件、职责及管理人员素质，界定管理培训的内涵。

3. 人员分析

人员分析主要是通过分析管理人员个体现有状况与应有状况之间的差距，来确定谁需要接受培训以及应该接受培训的内容。人员分析的重点是评价管理人员实际工作绩效以及工作能力。

基于组织分析、工作分析和人员分析的分层分类型管理培训方法只是大体上对管理人员做了分层和分类。例如，把管理人员分为高层管理人员、中层管理人员和基层管理人员，实际上各公司最后应用的管理培训课程大同小异，没有从根本上满足不同管理人员的培训需求，当然也不会真正地实现管理人员的培养目标，可谓照本宣科，不过是隔靴搔痒。

6.2.3 基于胜任素质的管理培训

笔者比较推崇基于胜任素质模型的管理人员培训体系。

基于胜任素质的管理培训体系是以管理人员的关键胜任素质为出发点，将胜任素质模型作为培训的重点内容。什么是管理人员关键胜任素质呢？其实就是高绩效管理人员比普通绩效管理人员表现突出的特征。管理培训的目的是增强管理人员取得高绩效的能力、适应未来环境的能力和胜任素质发展潜能。

（1）基于胜任素质的管理人员培训体系能够量身定做培训计划，按照管理人员胜任素质要求设置各种培训课程，帮助管理人员弥补自身的"短板"。

（2）基于胜任素质的管理人员培训体系能够有的放矢地突出关键内容，杜绝不合理的培训开支，提高培训的效果，增强管理人员适应未来环境的能力，为企业创造更多的效益。

（3）基于胜任素质的管理人员培训体系能够增强人力资源培训的有效性，可以帮助企业从自身发展需要出发，通过学习训练等手段提高管理人员的管理能力、知识水平和发展潜力，有效地改善企业经营业绩。

构建基于胜任素质的管理人员培训体系是一个系统的、有序的过程，按照逻辑顺序分为管理人员胜任素质模型构建、基于胜任素质模型搭建管理培训体系两个重要环节，后一个环节以前一个环节为基础，形成一般性的、可分解的流程。

6.3 管理人员领导力模型构建

胜任素质模型是整个人力资源管理框架中的关键环节，作为人力资源管理的一种有效工具，可以应用于人力资源管理几乎所有的模块中，如员工招聘、员工培训、员工发展、绩效考核等。

6.3.1 胜任素质与胜任素质模型

胜任素质模型，是为了胜任某项工作，达成某一绩效目标所要求的一系列不同能力素质的组合。

正如著名的冰山模型所示（图6-1），人的能力结构就像浮在大海上的一座冰山，露出海面的部分是一个人的行为、知识、技能等一些外在的、可观察的特征，处于海面以下的是能力的另一部分，包括自我认知、个性特质、动机和内驱力等，而真正决定一个人能否在工作中做出突出绩效的，往往是水面以下的潜在的个人特征。个体的知识是更为表层、易学习的部分，而自我认知、个性特质、动机和内驱力则是更为潜在、难学习的部分。

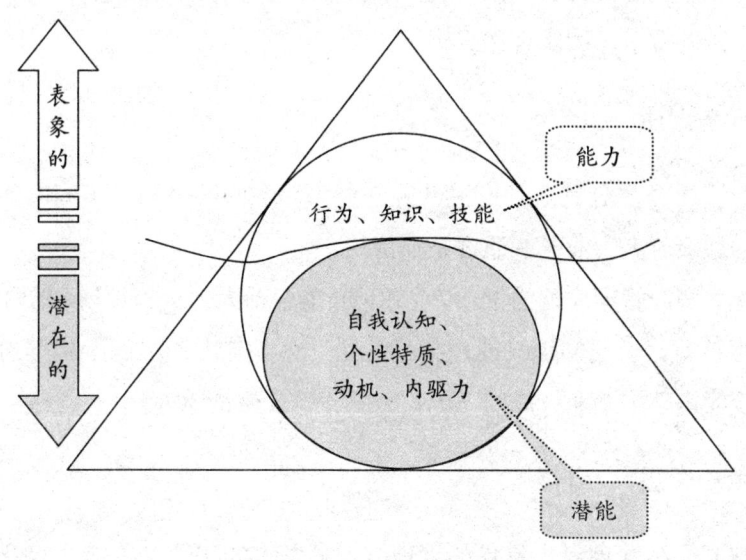

图 6-1 冰山模型

如果把员工在工作中所需要的各种知识、技能、能力、胜任素质都统称为"素质"的话，那么任职资格针对的就是能基本从事某岗位的"门槛素质"，而胜任素质模型针对的是能胜任该岗位的"差异素质"。

对于管理人员来说，最重要的胜任素质能力是领导力。领导力模型是专门针对中高层管理人员的胜任素质模型。领导力模型是对管理人员胜任要素的综合，是素质、能力、态度和行为的统一体。

6.3.2 领导力模型构成

领导力模型通常是通过一个严格的程序建立起来的，运用观察法、行为事件访谈法、座谈会等方式收集卓越领导人的知识、技能、行为和个性特点等资料，对这些资料进行有效的归纳和整理，建立起一套领导力模型。

一般来说，管理人员的领导力胜任素质包括三个部分：通用素质、业务素质和管理素质。

1. 通用素质

通用素质由企业文化、价值理念和发展战略推导而来，适用于企业的所有员工。例如通过对公司的发展目标、企业精神、核心理念、价值理念、服务宗旨和竞争优势的分析，推导出一系列通用能力：爱岗敬业，诚实正直，学习创新，理解尊重，团队合作，国际视野。

2. 业务素质

业务素质是与分管业务有关的胜任能力，不同的公司、不同的部门，甚至不同的层级所需的业务素质都是独特的。

以人力资源管理序列为例，专业知识技能包括人力资源计划、招聘、培训、薪酬、考核等，一般知识技能包括劳动法、企业制度和组织架构等内容。专业知识技能占整个专业技能的70%，一般知识技能占30%。

3. 管理素质

管理素质是管理者应具备的管理方面的基本知识、基本能力以及良好的品性，根据行业的不同，以及具体的运营情况不同，每个公司的领导力模型都不完全一样。

例如，运用上文所述的领导力建模流程，并采用适当的建模方法，某公司提炼出了一套适合于本公司发展战略和企业文化的领导力模型，具体如表6-1所示。

表 6-1　　　　　　　　　某公司管理人员领导力模型

要素	维度	定义
知识	经营管理知识	所有企业管理中必备的工商管理知识，如战略管理等
	政策法规知识	行业相关的政策法规知识等
	专业技术知识	与所处的岗位密切相关的行业知识和岗位知识
能力	学习能力	通过快捷、简便、有效的方式增加学识，提高技能，吸取经验教训，并转化为实际的工作能力
	计划组织	有大局观，能找到部门目标与公司战略相匹配的实现方式和落实方法
	贯彻执行	理解组织意图，针对工作目标调配资源、落实计划、达成目标
	表率作用	以身作则，向团队成员示范组织所期望的行为，使团队成员达成工作目标
	问题解决	面对突发问题，充分了解问题现状，采用正确的方法分析问题，努力寻求解决问题的有效方法，并使问题得到圆满解决
	团队管理	激励团队成员，鼓励团队协作，营造团队良好的合作氛围，推动团队目标达成
	人际沟通	准确倾听，把握他人话语背后的想法和情感，清晰地表达自己的想法和意见，促进人与人之间相互理解
	指导下属	关心下属的成长和发展意愿，能够给予必要的指导和帮助，提升下属绩效，在组织内部形成良好的职业发展氛围
品性	责任心	具有使命感，把自己的工作职责与企业发展结合起来，全身心投入到工作中，并勇于承担工作后果
	进取心	不断设定具有挑战性的工作目标，努力追求工作成功的强烈愿望

名企案例 6-1：GE、IBM、宝洁的领导力模型[①]

GE、宝洁、IBM（国际商用机器）公司均以卓越的领导力培养工作而享

---

① 来源:《培训杂志》,2015 年 6 月 12 日。

誉全球。那么他们的领导力模型是怎么样的，是否有共同点呢？

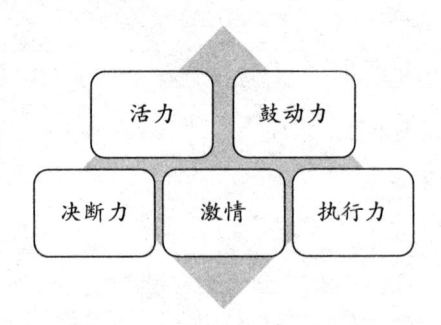

一、GE 的领导力模型

GE 的领导力模型如图 6-2 所示。

图 6-2　GE 的领导力模型

前 CEO 杰克·韦尔奇认为，领导人应该具备的关键素质可以用"4E+P"来概括：

- energy——活力

活力是指巨大的个人能量，对于行动有强烈的偏爱，干劲儿十足。意味着不屈服于逆境，不惧怕变化，不断学习，积极挑战新事物的充满活力的人才。

- energize——鼓动力

鼓动力是指激励和激发他人的能力，能够活跃周围的人，善于表达和沟通自己的构想与主意。韦尔奇认为，这也是一种积极向上的活力，它可以让其他人加速行动起来。懂得激励别人的人能鼓舞自己的团队，承担看似不可能完成的任务——并且享受战胜困难的喜悦。

- edge——决断力

决断力即竞争精神、自发的驱动力、坚定的信念和勇敢的主张，也即对问题作出决定的勇气。

- execute——执行力

执行力即提交结果，能够将构想与结果联系起来。将构想变成切实可行的行动计划并能够直接参与和领导计划的实施。执行力是一种专门的、独特的技能,它意味着一个人知道怎样把决定付诸行动,并继续向前推进,最终达成目标,其中还要经历阻力、混乱,或者意外的干扰。

- passion—激情

所谓激情,是指对工作有一种衷心的、强烈的、真实的兴奋感。充满激情的人特别在乎别人(如同事、员工和朋友们)是否取得了成功。

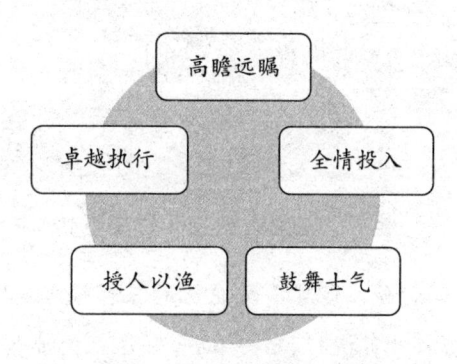

二、宝洁的领导力模型

宝洁的领导力模型如图 6-3 所示。

图 6-3　宝洁的领导力模型

宝洁公司认为领导力的要素可以概括为 5 个 E:

- envision—高瞻远瞩

更多是指一个领导者构筑愿景的能力,给整个组织指明方向,从而激发团队内心的激情。

- engage—全情投入

从人和资源两个角度,能够很好地将利益攸关者—员工、同事、客户、甚至老板,纳入自己的愿景,达成支持梯队。

- energize—鼓舞士气

鼓舞团队的热情和士气,使团队始终保持在高昂的工作状态。

- enable—授人以渔

是构建团队整体的能力,培训与教授,重在授人以渔。

- execute—卓越执行

要率先垂范,亲身投入完美执行的推动,结果导向。

在宝洁看来这 5 个要素是相互交融但又先后有别的。这是一个完善而科学的模型，同时具有很强的可操作性，宝洁坚信领导能力不是与生俱来的，而完全是可以通过后天培养的。综观企业与政治军事领袖，无一不是具有这一模型所界定的领导力要素。所以，要提高个人的领导力，就必须修炼这些素质。

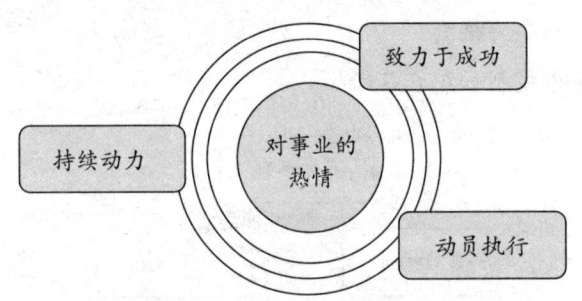

三、IBM 的领导力模型

IBM 的领导力模型如图 6-4 所示。

图 6-4　IBM 的领导力模型

对于领导力素质的评价，IBM 有着自己的三环模型："对事业的热情"处在环心，"致力于成功、动员执行和持续动力"这三大要素围绕环心运转。

- 环心：对事业的热情

对事业的热情指标包括：充满热情地关注市场的开拓；能描绘出一幅令人振奋的 IBM 未来图景；接受企业的现实，并以乐观自信的方式做出反应；表现出对改造世界的技术潜力的理解；表现出对 IBM 解决方案的兴奋感。

- 1 环：致力于成功

IBM 以三大要素来考察领导者是否致力于成功，它包括对客户的洞察力、突破性思维、渴望成功的动力。

- 2 环：动员执行

一位杰出的领导是否能动员团队执行，达到目标，IBM 认为可以从四个要素加以考察：团队领导力、直言不讳、协作、决断力和决策能力。

- 3 环：持续动力

判定一个杰出的领导者是否能为组织带来持续的动力，IBM 也有三条标准：发展组织能力、指导开发优秀人才、个人贡献。

四、好领导到底什么样

通过这些公司的领导力模型比较，可以发现优秀领导者应该具备的素质，分别是：passion 激情、execute 执行力、envision 高瞻远瞩、energize 鼓动力、edge 决断力。

1. passion——激情

凡是事业成功的人，都非常热爱自己的工作。不会有一个人对自己的工作毫无兴趣，甚至讨厌，却能在事业上成功。激情，不单单是领导者，也是每个员工应具备的素质。只不过，领导者应具备的激情又多了一层含义，不仅仅是指领导者本身要热爱自己的工作，对事业怀有激情，还要把这份对工作的激情传达给下属，在团队中营造积极工作的氛围。

如果领导者自身，并带动下属都拥有对工作的极大热情，能从工作中获得极大的满足感和成就感，甚至能为自己的工作而感到幸福，就一定会为公司创造更多的价值。

2. execute——执行力

执行力就是把决定付诸行动，公司要求员工能高效率办公，保质保量按时完成工作。

当公司确定战略目标后，把目标细化分配给部门，部门再把目标细化分配给员工。当领导者得知目标后，必须采取一系列的行动来实现目标。领导者要做的不仅仅是根据目标提出构想，更重要的是把构想变成切实可行的行动计划，并带领下属执行计划，实现目标。

在行动的过程中，会遇到困难或意外的干扰，领导者要和下属同心协力，克服困难，找到解决问题的办法，完成计划。

3. envision——高瞻远瞩

领导者能否为组织建立一个有效合理的发展目标和战略规划，直接关系到组织的发展绩效。领导者能敏锐地发现有利于利润增长的创新变革及其征兆，同时能够提出实现这一变革的设想、战略和切实可行的计划，也就是要有战略思维。成功的领导者能够广泛听取、吸收信息意见，审时度势，从时间、战略和全局上考虑和分析问题，抓住时机，确立目标。高瞻远瞩是成功领导的必要条件。

4. energize——鼓动力

领导者个人确立了组织目标对于组织发展是远远不够的，更重要的工作是要使这一目标成为组织共同的信仰和追求，在组织内形成共同的价值观。只有组织成员共同拥有真心遵从的群体目标，才能产生群体行动，并激发起更大的责任感和创新精神，从而使目标产生激励作用。所以，领导者必须拥有鼓动、激励员工的能力，让员工努力工作，积极奉献。

5. edge——决断力

领导者在工作中，需要时常做出决策，决断力就是领导者做出决策的关键。如果一个领导者拥有优秀的决断力，他能沉着冷静地面对内外部变化，迅速地做出最正确的决策。

即使在信息不完全的情况下也能果断地行动，也就是说能处理复杂和不确定的情况。在企业陷入危机时，领导者也能通过自己的判断力和决策力化解危机。

作为一个优秀的领导者，当然还需具备更多的素质，比如创新、组织能力、沟通能力、接受公司的价值观和企业文化等，但最核心的素质是哪些？GE、IBM、宝洁都是世界一流的企业，他们拥有世界上最优秀的领导者，他们的领导力模型，一定具有极大的借鉴意义。

6.4 搭建领导力管理培训体系

领导力培训体系和传统的培训体系在构成上基本一致，也是由培训需求分析、培训设计实施、培训效果评估以及培训保障体系几大部分构成，不同点在于领导力管理培训体系是建立在胜任素质模型的基础之上的。

6.4.1 管理培训需求分析

基于领导力模型的培训需求分析，以管理者的胜任素质为基础。用管理者现在的技能、知识、态度以及价值观、个性、动机等与胜任素质相对照，它们之间的差距就是管理培训的需求。

培训需求的具体分析，可以先做传统的培训需求调查，根据各管理人员提交的培训需求调查表，结合企业的人力资源人才发展战略，初步确定培训需求。然后，利用提前构建的企业管理人员领导力模型，同时参考绩效考评结果以及人员测评表，可以再次印证需求，微调需求。

表6-2是一份基于领导力模型的培训需求调查表：

表 6-2　　　　　　　　基于领导力模型的培训需求调查表

姓名：		部门：		岗位：			
具备的领导力类型	需要发展的领导力类型	领导力发展目标	领导力发展的衡量标准	发展计划			计划完成时间
				培训课程	上级辅导	其他	
培训计划确认情况		培训参与人： 上级主管：					
培训计划执行情况		培训参与人： 上级主管：					

基于领导力模型的管理人员培训需求分析总体上分三个步骤进行：

（1）收集管理人员目前胜任素质数据，对领导力现状进行评估，对照领导力胜任素质模型，找出差距。

（2）找出产生差距的原因，导致差距产生的原因有很多，并不是所有的原因都可以通过培训的手段加以解决。

（3）确定培训需求，就能判断是否能够通过培训来消除差距，那些能够通过培训消除的差距就是培训需求的重要组成部分。

6.4.2　管理培训课程设计

基于领导力模型的管理培训课程设计，要从组织与人员两个角度进行。组织方面主要是对企业未来的发展方向和战略进行分析，确定为了满足组织目标，迫切需要进行哪些内容的培训。人员方面主要是对管理人员的领导力评价结果进行分析，找出在工作中存在的问题。

基于领导力模型进行管理培训规划和设计的过程要遵循以下几条指导思想：

（1）干什么学什么。根据领导力模型的素质要求设计培训课程。

（2）差什么补什么。根据领导力模型差距分析，以管理人员普遍存在的"短板"为重点设计培训课程体系。

（3）急用先学。根据企业战略发展需要，迫切需要管理人员快速提升哪些方面的能力,将之体现在课程体系的设计之中。

(4)学以致用。培训不仅仅是为了让管理人员获得新知识、新技能和态度的转变,更重要的是通过学习逐渐改变行为,提高工作绩效。

(5)先管理,后专业。先解决普遍问题,再解决个性化问题。首先开展地基式的通用管理能力课程,再充实管理人员应具备的专业管理知识和技能。

(6)先总后分。由对管理者普适的通用管理课程过渡到针对具体岗位管理人员的个性化课程,相互结合,循序渐进。

6.4.3 管理培训课程体系

领导力培训课程旨在系统解决管理人员,尤其是中层管理人员的思想意识、理论知识以及管理技能等方面的问题,同时要结合企业所在的行业、企业战略和管理人员特点等进行有针对性的调整和优化。

例如,某公司依据构建的领导力模型,经过系统的管理人员培训需求分析,梳理出了管理人员领导力提升的四阶段培训课程体系:

第一阶段:管理思想

分析管理人员的企业定位和角色认识,明确管理人员应具备的思想意识、态度理念和知识技能,探讨如何成为一名优秀的管理干部。

第二阶段:管理理论

明确"管理学"的基本理论和管理的含义,管理职能在实际工作中的体现,以及如何在实际工作中开展各项管理工作。

第三阶段:管理技能

(1)人员管理:培养下属的原则和方法,有效指导下属的技巧,激励下属积极性的方法,改进下属的不良行为,人际关系与冲突管理,如何建立高效团队。

(2)事务管理:部门工作目标的设定与管理,部门工作计划制订,工作授权的技巧和方法,有效执行与业务指示,控制与协议的方法,工作改善和问题解决。

(3)自我管理:拥有积极的心态,培训最佳的职业习惯,塑造良好的职业形象，协助上司共同发展，提升自我领导能力。

第四阶段：职业技巧

自我展示及演讲，会议主持，沟通技巧，时间管理，绩效面谈等。

领导力四阶课程体系列表 6-3 所示。

表 6-3　　　　　　　　领导力四阶课程体系列表

阶　段	课程方向	课程体系
第一阶段：管理思想	分析管理人员的企业定位和角色认识，明确管理人员应具备的思想意识、态度理念和知识技能，探讨如何成为一名优秀的管理干部	• 管理风格的自我认知 • 管理的权变领导方式 • 中层管理者的角色定位 • 中层管理者的职责界定
第二阶段：管理理论	明确"管理学"的基本理论和管理的含义，管理职能在实际工作中的体现，重点在于如何在实际工作中开展各项管理工作	• 什么是管理 • 管理学的作用与价值 • 管理学理论体系 • 管理的要素 • 管理者的四项基本技能：计划、组织、协调与控制 • 管理意识与管理实践 • 管理者需要具备的习惯
第三阶段：管理技能	培养下属的原则和方法	• 培养下属的时机 • 培养下属的常用方式 • 培养下属的原则 • 管理者对培养下属的职责
	有效指导下属的技巧	• 员工绩效不佳的原因 • 提高下属学习技能的兴趣 • 指导下属的流程 • 好教练的特点 • 有效教导 10 步法
	激励下属积极性的方法	• 内在激励模式 • 激励员工的基本理论 • 企业常用的激励方法 • 激发下属工作动机的要点 • 哪些行为不可取 • 优秀案例共享

续表

阶　段	课程方向	课程体系
	改进下属的不良行为	• 习惯的养成过程 • 改善习惯的 7 个步骤 • 管理者承担的责任 • 课堂演练：实施面谈 • 批评和表扬部属的技巧 • 优秀案例共享
	有效处理人际冲突	• 为什么产生人际矛盾和冲突 • 管理不同性格的员工 • 建立良好工作关系的基本原则 • 建立人际关系的情感账户 • 与人相处之道 • 优秀案例共享
	建立高效的团队	• 团队的构成要素 • 建立团队的好处 • 高效团队的特征 • 团队领导的作用 • 老化团队的五个突破口 • 优秀案例共享
第四阶段：职业技巧	以沟通技巧为例	• 表达的技巧 • 倾听的艺术 • 如何赞美 • 沟通指南 • 沟通原则 • 推进技巧

需要说明的是，以上只是通用领导力课程培训模板，具体到每位管理人员，还需要根据其自身特点和实际需求，定制相应的配套课程体系。

6.4.4　管理培训效果评估

基于领导力模型的管理培训效果评估通常从两个层次入手实施，一个层次是反应层次评估，通过培训课程满意度调查来实施；另一个层次是行为层次的评估，通过领导力素质培训前后差异调查来实施。

1. 管理培训满意度调查

满意度调查问卷主要涉及对课程本身、对教授老师两方面的评价，学员根据自身学习的经历对培训课程做出客观的评价，一般为非记名调查。培训课程满意度调查，一方面可以看到课程本身对于学员的帮助程度，也就是说参训管理人员认为培训课程对于改善自己的管理工作是否有利；另一方面能够比较客观地显示出培训设计和实施过程中存在的问题，为管理培训的优化提供更好的借鉴。

2. 领导力素质培训前后差异调查

通过邀请上级领导、同级同事和下级员工共同打分以及自评打分的方式，来考评培训前后领导力的差异情况，评估领导力培训的最终效果。领导力素质变化调查表如表6-4所示。

表6-4　　　　　　　　　领导力素质变化调查表

部门		姓名		岗位	
测评要素	强度、程度		影响范围		主动性	
	培训前	培训后	培训前	培训后	培训前	培训后
责任意识						
成就驱动						
沟通协调						
决策能力						
指导与监控						
计划执行力						
团队领导力						
服务意识						
协同发展意识						
品牌意识						

管理笔记 6-3：基于胜任素质模型的培训体系与传统培训体系的区别

和传统的培训体系比较，基于胜任素质模型的培训体系具有一些突出的特点。表 6-5 从培训需求分析、培训设计实施和培训效果评估三方面来对照两者之间的区别。

表 6-5　基于胜任素质模型的培训体系与传统培训体系的对照表

	传统培训体系特点	基于胜任素质模型的培训体系特点
培训需求分析方面	1. 以岗位分析为基础，局限于知识、技能层面，范围比较窄； 2. 没有明确企业、任务、人员之间的相互联系； 3. 没有将企业战略放在培训分析的重要位置	1. 从分析一般业绩者与优秀业绩者的特征出发，范围比较广，不仅包括知识、技能层面，而且包括自我认知、个性特质、动机等更深层面； 2. 在培训需求分析时通过绩效考评确定胜任力差距，进而提出培训需求，同时考虑企业、岗位和人员的潜在需求，将培训与整个企业的产出和绩效改进相挂钩； 3. 通过分析企业发展环境与优秀员工的关键特征来确定岗位的培训需求，以未来为导向，是一种战略导向的培训需求分析方法
培训设计实施方面	1. 培训内容和课程设计主要针对技能和知识层面，欠缺胜任素质层面的考虑； 2. 培训方法多以传递知识的传统方法为重，针对提升胜任素质的培训方法较少； 3. 较难针对具体个人能力和发展计划制订不同的培训计划。	1. 不仅关注知识、技能的培训内容和课程设计，更关注胜任素质层面的培训内容和课程设计； 2. 以参训管理人员为中心，注重管理人员的培训体验和参与模式，针对技术、技能以及胜任素质会采用不同的培训方法； 3. 针对具体个人能力和发展计划制订不同的培训计划
培训效果评估方面	多数集中在所授予的知识和技能层面的考核，很少涉及受训者的工作行为及态度的改变、能力的提高、工作绩效的改善和为企业带来的效益的层次，即评估工作多停留在初级层次，不够全面	1. 从内容上讲，主要集中在受训者掌握情况及企业绩效改善两方面； 2. 从评估参照标准上讲，主要以胜任特征模型及培训需求分析中人员分析结果为依据，评估受训者学习和掌握情况； 3. 从评估设计上讲，与以往的培训效果评估设计没有区别，主要是通过前测与后测、增加对照组、随机取样等方法减少非培训因素的影响
受训者的参与	培训过程主要由培训部门来操作，受训者参与度低	以受训者胜任素质分析为基础，受训人员参与度较高，使得培训方法和培训内容更适合受训者

名企案例 6-2：苏泊尔的分级领导力培训体系[①]

苏泊尔是中国最大的炊具研发制造商和小家电领先品牌，非常注重员工知识、技能的培训，以及员工能力和价值观的培养。苏泊尔大学于 2009 年成立，宗旨是培养领导能力、传播核心能力、提升专业能力。其中，领导力是苏泊尔管理人员培训和开发的重点。

苏泊尔对不同层级、不同职能的管理人员，分层定义所需要的能力：第一个层级是个人领导力，第二个层级是团队领导力，第三个层级是组织领导力。

个人领导力是从自我认知出发，定义个人的领导力内容与风格；团队领导力需要加入影响力，比如如何影响团队共同达成目标；组织领导力则需要考虑如何共启愿景，指导或教练下属，承接公司和部门战略。

苏泊尔大学对应所有中高层人员的领导力等级，设计了分层分级的领导力课程体系和多种培训培养方式：培育新任经理和后备管理人才的启航班，面向中层管理者的远航班，针对高管培养的领航班。

一、分级领导力培训体系

1. 启航班，培育高潜人才

启航班的学员主要是现任高级主管、基层主管和科员等高潜质人才。进入启航班的学员首先会被安排参加角色认知课程，通过课程的学习和测试报告让学员清楚地进行自我角色认知，清晰地了解自己，学习如何更好地与他人沟通。

在角色认知之后，学员将正式开启领导力课程。其中，"周一清晨领导课"是经典课程，涵盖目标设定、绩效管理、团队管理、变革管理、时间管理、冲突管理六个模块，让学员明白作为经理需要具备的能力素质。讲师会结合不同班级学员的情况适当调整教授的内容深浅度，实现定制化培养。

2. 远航班，助力中高层成长

远航班针对的学员是部门经理、总监、部门副经理以及职能经理，是苏泊尔大学领导力培养项目中人数最多的班级。由于每个班的学员所处的职位

[①] 本案例摘编自《苏泊尔：分级领导力培养有一套》，高佳琪，《培训杂志》2015 年 4 月 26 日。

不同，学习能力也不同，对他们的要求自然也会有所不同。

远航班的课程在启航班的基础之上，结合能力素质模型与课程体系，由管理者必须具备的基本能力逐步分解到每一个细项，比如有效沟通和团队管理、绩效管理、逻辑思维、情境领导、无边界管理和群策群力，以及教练式领导力和行动学习。

3. 领航班，聚焦战略管理

领航班面对的是苏泊尔所有的高管，包括VP、总部总监、事业部基地总经理等人员。对于这些人群，苏泊尔大学更聚焦于战略管理、新思维新理念的开拓，既有引入专家授课，更多的是"送出去"，送他们去中欧商学院、香港科技大学、上海交通大学、复旦大学等知名院校学习。

二、课后演练，知行合一

苏泊尔大学的领导力培养坚持"知行合一"的理念。"知"可以通过多种方式来补充，而"行"才是学习的目的，力求让学员能够将知识转变为行为。

为了做到"知行合一"，每年从3月到9月，每个班级每两个月都需要在苏泊尔大学进行2~3天的集中轮训。课程结束后，大学与讲师共同设计围绕课程知识点和工具相结合的课后练习。自课程结束后的7天到30天和30天到60天之间，由班主任和各班班委共同跟进学员的完成进度。

课后第一周，班主任会与学员的直属领导讨论学员的能力提升点。一个月后，考核学员对知识的实际运用情况和能力提升效果。比如，要求他们至少对三个对象运用所学工具进行沟通或指导，并将过程和感受记录在学习本上。学习委员负责汇总整理整个班级的学习报告。90天后，苏泊尔大学会组织一次小结和回顾，对比学员在学习结束后的第一周和90天后的行为改变。

通过课后不断的演练，学员重复的行为渐渐变成习惯，最终将所学知识转化成日常工作中的好习惯，能力也就在潜移默化中提升。

三、课程开发，内化是核心

苏泊尔大学的人才培养方案极具个性化，所有的课程都是结合苏泊尔能力素质模型的要素和人员的特点进行设计的。

课程开发需要经过内部研发、外部甄选、模板课程再设计、内化的过程。从课程设计到大纲和教材的撰写，都由苏泊尔大学进行首次开发；确定课题之后，将需求发给合作机构，根据设计的方案选择相应的课程和讲师。其中，苏泊尔对讲师的选择尤为慎重。苏泊尔大学会派工作人员现场试听每位讲师的课，通过讲师的授课方式与风格，判断其是否适合，但最终决定讲师去留的是学员。在苏泊尔，任何一位讲师讲完第一堂课后都将面临学员打分，课程结束现场进行评价，如果讲师第一次得分在4.5以下，将会面临淘汰。

每年年底，苏泊尔大学和人力资源部会与管理者面谈，了解管理者这一年的工作、绩效、团队合作、学习、能力成长等方面的情况，发现员工的能力差距，决定未来的培养方向。根据苏泊尔对未来人才发展体系的规划，人才培养与职位晋升相结合。在苏泊尔要想获得职位晋升，必须通过苏泊尔大学的领导力培养。

第七章
销售人员培训——以职业生涯为导向

真正的管理是去管理人的情绪。

——顾修全

从某种角度来说,销售人员的具体工作就是管理由各种因素造成的客户和自己的情绪变化。

销售人员的职业生涯周期与情绪存在着密切的对应关系,企业要有的放矢地开展销售人员的职业生涯与情绪管理,加强销售人员的归属感。

一般而言,人们更愿意为那些能够帮助自己实现职业发展目标的公司效力,因此,令人长久为企业服务的上策是企业能够根据销售人员的具体情况,提供与其职业发展阶段相匹配的培训。

- 无培训不销售
- 激励式销售培训体系
- 销售人员的职业生涯
- 销售培训的管理实操

7.1 无培训不销售

销售活动是企业实现经营目标的基本活动，销售人员是企业实现经营目标的一线承载者。销售人员俨然企业发展最关键的核心人员之一。

这就导致企业赋予销售人员更多的责任，要求销售人员接受更多的教育和培训，以便在当今竞争激烈的市场上更有效地参与竞争。销售人员也可以通过不断的绩效改进获得更高的报酬、更好的就业保障和更多的发展机会。

7.1.1 销售人员的特质

销售人员与企业内其他工作人员相比，特质非常突出。

（1）销售是个人主义色彩浓厚的工作。销售人员的个人作用直接影响工作的最终结果，销售人员很难把自己在工作中的过错推给他人，别人也很难去抢功。尽管现代企业管理中强调团队销售，销售工作仍然无法回避个人色彩突出的特征。

（2）销售是强烈结果导向的工作。衡量销售工作结果的标准是最终的数据，数据化的标准客观明确，没有丝毫可以模糊的空间。

（3）销售是高度自觉性的工作。销售工作对自觉性有很高的要求，业绩衡量标准的客观性和不可妥协性又给个人造成很大的压力。优秀的销售人员不是靠外力压出来的，而需要极强的自驱力。

（4）销售是情感体验丰富的工作。从某种角度来说，销售人员的具体工作就是管理由各种因素造成的客户和自己的情绪变化。销售人员要做的工作就是采取各种措施把客户的情绪调整到有利于做出购买决定的状态。

7.1.2 无培训，不销售

在激烈的市场竞争中，销售人员好比是前线拼杀的"士兵"，直接影响到企业的安危。未经专业培训的销售人员投入销售战场，就如同未经训练的士兵去打仗一样可怕。

许多企业存在跟单难、谈判难、签单难、回款难、终端控制难的现象，其根本原因在于销售人员缺乏专业的训练，不懂得如何运用专业销售技巧去有效提升销售绩效。完善的销售培训能够提高销售人员的整体素质，增加销售技能，培养长远的企业认同感。

7.2 激励式销售培训体系

销售培训如此重要，是企业人力资源管理的重中之重，那么应该从哪个角度入手来构建针对销售人员的销售培训体系呢？根据所在行业的不同，企业所处发展阶段的不同，以及企业的人力资源战略发展目标的不同，企业会采用不同的销售培训体系。

7.2.1 常见的销售培训体系介绍

比较常见的、传统的销售培训体系有以下几种：

1. 基于岗位职责的销售培训体系

由人力资源培训中心和销售部门对公司目前的销售部门和销售关键岗位做工作分析，从岗位职责说明书入手，通过分析岗位职责，明确销售人员的工作性质，清楚需要怎样的能力与之匹配，并且根据企业的发展而更新。在进行销售培训方案设计前，先给出岗位的职责与其工作的关系，所需的知识和技能以及完成岗位工作所需的工作条件，进而设计针对岗位职责的销售培训课程体系。

2. 基于业务流程的销售培训体系

销售业务流程指的是销售人员针对销售机会进行销售活动并产生结果的过程，是企业整体业务流程的一个部分。

例如，某IT终端产品销售商的销售业务流程由以下10个步骤构成：①约见客户→②访客前准备→③建立信赖感→④客户需求分析→⑤介绍产品→⑥竞争对手分析→⑦异议的处理→⑧合同签订→⑨客户服务→⑩客户转介绍。

培训部门可以从销售业务流程的各个环节入手，抓住重点的关键环节，开展有针对性的销售培训。

3. 基于绩效提升的销售培训体系

销售绩效是企业对销售人员的工作行为过程和业绩贡献情况的量化考核，直接反映出一线销售人员对企业的价值贡献。

销售行为绩效，是销售人员在完成工作的过程中所产生的一系列行为动作，如遵守企业的规章制度、与同事之间保持良好合作、认真对待工作等行为。销售行为绩效是销售人员的工作行为要求，并不直接对企业效益产生影响。

销售结果绩效，是销售人员销售企业产品的最终结果，如成功销售公司产品、完成企业下发的销售目标等。销售结果绩效不同于销售行为绩效，它对企业效益的达成起到直接作用。

基于绩效提升的销售培训体系关注销售人员的销售行为，通过培训提高销售人员的工作效率，同化销售人员的个人价值观，促进销售人员绩效的提高，最终提高企业的整体业务绩效。

4. 基于企业战略目标的销售培训体系

基于企业战略目标的销售培训体系会根据企业整体战略目标分解出企业营销战略目标，由人力资源部、市场部、销售中心同时参与培训需求的确定。根据企业未来在技术、市场、经营领域、组织结构上的可能变化分析企业的长期目标、短期目标、销售目标，来确定企业对销售人员知识和技能的需求，判断将来人才的需求状况。结合公司目前人力资源配置状况，把现有销售人员的知识和技能水平与企业近期和远期的需求相比较，还要结合销售人员绩效考评记录，分析影响绩效的内、外部因素，进而根据这些因素来确定销售培训需求，制订销售培训计划，组织销售培训实施，进行销售培训效果评估。

5. 体验式销售培训体系

体验式培训强调"做中学"，学员与培训师之间充分互动，通过学习活动体验，将培训变成学员的乐趣而不是压力，能有效地促进学员高级认知能力的发展，使学员能够实时运用所学知识，达到学用结合的效果。

体验式培训方法非常适合用于销售培训，体验式销售培训的目的不仅仅是让销售人员提高知识、增强技能、改进态度，它的最终目的是让销售人员将培训所得应用于日常的销售工作当中，来提高销售绩效。与传统培训以知识的掌握为目的不同，体验式销售培训是以应用为导向的。

7.2.2 激励式销售培训体系

不论是基于岗位职责、业务流程的销售培训，还是基于绩效提升、企业战略的销售培训，更多的是以企业需求为主体，从企业的角度出发来规划、设计销售培训，围绕企业的战略目标，考虑企业需要什么样的销售人员，对销售人员的具体要求是什么，通过培训如何使销售人员符合企业战略目标、绩效目标、工作任务以及业务流程的要求。因为是从企业利益出发，培训的成效多是短期的销售业绩，这就有可能造成销售人员对企业忠诚度不高，也有可能因为没有很好地顾及员工利益而导致销售人员的大量流失。

而激励式销售培训体系创新性地从销售人员的职业生涯发展需求出发，关注销售人员的个人追求、个人意愿和个人感受，针对销售人员的培训不仅仅局限在知识和技能的培训，更有心态的治疗、行为习惯的培养、潜能的开发和激励。激励式销售培训体系更多地从员工的角度出发，从团队互助、家庭式关系、职业素质规划出发，基于销售人员的职业生涯发展建立科学的培训体系。在这样的销售培训模式下，销售团队的稳定性会大大加强，销售效果成为个人追求的意愿，销售人员的心理挫折将会得到及时治疗，销售人员从内心感受到"快乐工作，快乐生活"，个人成长和企业绩效均获得大踏步前进，实现双赢。

具体来说，激励式销售培训体系，以职业规划管理和员工情绪管理为基础，以培训评估监督激励为关键控制点，实施培训内容和培训方式的个性化，实现员工管理与企业管理的一体化，不断提高销售人员的素质。

搭建激励式销售培训体系分两步走，首先要为销售人员做职业生涯发展规划，然后再立足职业生涯发展规划构建销售培训体系，前一个步骤是后一个步骤的基础。

7.3 销售人员的职业生涯

7.3.1 职业生涯发展理论

广义上，职业生涯是指一个人一生中所有与工作相联系的行为与活动，以及相关的态度、价值观、愿望等。狭义上，职业生涯仅指直接从事职业工作的这段时间，即就职的这段时间。

唐纳德·舒伯特是美国一位有代表性的职业管理学家，他把人的职业生涯分为五个主要阶段：成长阶段、探索阶段、确立阶段、维持阶段和衰退阶段，如表7-1所示。

表7-1　　　　　　　　舒伯特职业生涯五阶段理论

阶段	主要任务
成长阶段（0~14岁）	逐渐建立起自我概念，形成对自己兴趣和能力的基本看法，逐步有意识地培养职业能力
探索阶段（15~24岁）	认真探索各种可能的职业选择，完成对自己能力和天资的现实性评价，并尽可能地了解各种职业信息
确立阶段（25~44岁）	这一阶段是大多数职业生涯周期中的核心部分。人们希望尽快找到合适的职业，并全力以赴地投入到职业中以求长久发展
维持阶段（45~64岁）	人们一般都已经在某工作领域中占据一席之地。开发新的技能，希望保持这一位置。维持家庭和工作这两者之间的和谐关系
衰退阶段（65岁以上）	逐步退出职业和结束职业，面临权利和责任减少的现实，学会接受一种新的角色，成为年轻人的良师益友

职业生涯发展阶段理论认为，虽然每个人所拥有的职业经历都不相同，具有相当程度的独特性，但在一定阶段所面临的问题却具有很大的共同性，职业生涯发展阶段理论反映了不同年龄阶段的员工在职业生涯中所面对的问题。

管理笔记 7-1："职业锚"理论

美国学者 E.H. 施恩在职业生涯发展中提出了"职业锚"理论。所谓"职业锚"，是指员工在早期工作中逐渐认识自我，发展出更加清晰全面的职业自我观，包括自省的才华与能力、自省的动机与需要、自省的态度与价值观。它是职业生涯的主导价值方向，也就是当一个人不得不做出选择时无论如何也不会放弃的原则性东西，是职业选择和发展所围绕的中心。

对于"职业锚"这一概念我们需要了解以下几个方面的问题：

- 职业锚不是企业招聘过程中对能力、才干、价值观所做的各种测试结果，而是员工在工作实践中依据自身已被证明的才干、动机、需要、价值观，所做的现实的选择和准确的职业定位。
- 职业锚一定是员工自身去实现动机、需要、价值观、能力后，通过相互作用和整合之后的结果。
- 虽然职业锚是个人稳定的职业选择和职业定位，但是这并不意味着个人将停止变化和发展。员工以其职业作为稳定源，可以获得该职业工作的进一步发展。施恩提出了他认为能涵盖所有职业类型的五种基本职业锚，包括技术或功能型、管理能力型、安全稳定型、自主独立型和创造型。施恩的职业锚理论如表 7-2 所示。

表 7-2　　　　　　　　施恩的职业锚理论

职业锚	表现
技术或功能型	不喜欢管理工作，喜欢能保证自己在既定的技术或功能领域不断发展的职业
管理能力型	有强烈的管理动机，认为自己有较强的分析能力、沟通能力和心理承受能力
安全稳定型	极其重视职业的长期稳定和工作的保障性
自主独立型	喜欢摆脱依赖别人的环境，希望自己决定自己的命运
创造型	喜欢建立或创设属于自己的东西——艺术品或公司

根据职业发展理论和职业锚理论，员工职业发展的目标与其所处的职业发展阶段和个人的职业锚紧密相关。

比如，同时进入公司的大学毕业生，职业锚为管理型的员工希望公司提供管理技能方面的培训；而职业锚为技术型的员工则希望得到某一领域专业技能的培训。同样是职业锚为安全型的员工，刚进入职场的年轻人比较看重稳定的收入，适中的工作压力，而中年人则更需要体面的职位和充足的休息假期，以此保证其家庭生活不受影响。因此，在公司培训员工时，可以依据职业生涯发展理论确定具体的方法，这样才能达到最佳的培训效果。

一般而言，人们更愿意为那些能够帮助其实现职业发展目标的企业效力，对于销售人员来说更是如此。

7.3.2　销售人员的职业生涯规划

我们可以采用调查问卷或当面访谈等形式，了解销售人员的职业生涯发展需求，根据个人职业生涯发展规划结合素质要求，经归纳整理形成销售人员的职业生涯发展结论和培训需求表。通过这种方式能够保证销售培训的内容能最大限度地结合企业的实际情况和销售人员的职业生涯需求。

根据职业生涯发展理论，销售人员的职业发展方向分为四种主要类型：技术型、管理型、独立型、创造型，如图7-1所示。

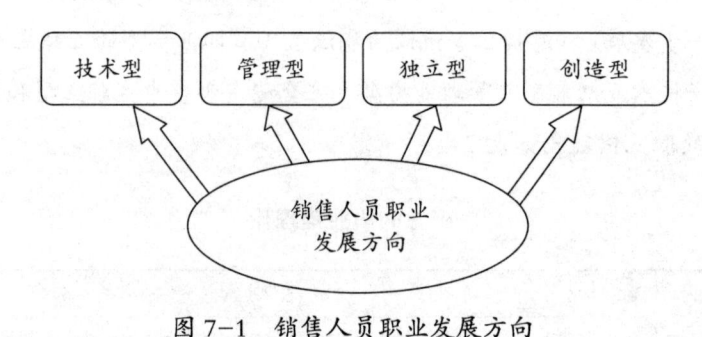

图7-1　销售人员职业发展方向

1. 技术型：成长为高级销售经理

这类销售人员定位于一直从事销售工作，目标是成为高级的销售人才。实现这一目标可以通过不断改进和提升工作方法与能力，从低级的非专业化的销售人员成长为高级的职业销售高手。

2. 管理型：转向管理岗位

当销售人员做到一定阶段的时候，可以结合职业锚，通过轮岗的方式，转向相关的专业化职能管理岗位。根据不同的职业意愿，可以从三个角度考虑选择：

（1）如果还是对销售业务或相关的工作感兴趣，不愿意完全离开市场营销工作，公司的人力资源安排也允许，可以选择横向的相关岗位，如市场分析、公关推广、品牌建设与管理、渠道管理、供应商管理等。

（2）如果有管理专业背景或者对管理感兴趣，可以发展的方向包括市场信息或情报管理、行业研究、战略规划、人力资源管理、项目管理等。

（3）如果通过销售工作在产品或行业的生产制造、运营、研究开发、设计等技术方面积累了优势，则可以往技术含量较高的岗位流动，如运营管理、售前技术支持、产品测试、售后技术服务等。

3. 独立型：转做管理咨询和培训

有些销售人员做到一定阶段，会选择离开本行业，开始新的事业空间，这也是一种新的职业方向选择。比如有经验的销售人员改做管理咨询和培训也是不错的选择，因为他们有丰富的销售经验和行业背景，更理解企业实践的营销环境，在做相关行业的营销管理咨询、战略咨询和专业培训时，尤其显得有优势。

4. 创造型：个人创业

有过销售背景的人出来创业，可以说是最适合不过的。企业要生存，首先要有市场，做好业务工作是很多创业者必须自己先行解决的难题。许多令人羡慕的成功人士都是从销售人员开始做起，在积累了一定的资金、经验和资源后进行独立创业而获得成功的。

7.3.3 销售人员的职业生涯与情绪表现

经过调查研究发现，销售人员的职业生涯周期与情绪存在着密切的对应关系，并且在工作中时时处处得到体现。如果从销售人员的情绪角度考虑，销售人员的职业生涯周期可以分为兴奋期、稳定期、抱怨期和游离期。

1. 兴奋期

兴奋期是销售人员职业生涯的进入和探索阶段，典型代表是刚加入公司的新员工。兴奋期销售人员的特征包括：

- 对工作及周围的人和事充满了憧憬和期望；
- 工作热情、积极，主动性高；
- 主动承担工作中的困难，往往会有创造性的工作举动；
- 需要加深对行业和企业的了解，加强对公司业务和政策的熟悉；
- 销售技术和销售能力有待进一步提高。

2. 稳定期

稳定期是销售人员职业生涯的成长和确立阶段，典型代表是加入公司 1~2 年的员工。稳定期销售人员的特征包括：

- 积累了一定的工作经验，比较熟悉企业的实际情况和产品情况；
- 建立并维护了自己的一批客户群，多次接触客户，并进行过多次沟通；
- 销售量和销售收入相对平稳；
- 情绪比较稳定，少了一些热情，不再充满幻想；
- 思维逐渐成熟，开始步入惯性思维。

3. 抱怨期

抱怨期是销售人员职业生涯的维持阶段，典型代表是加入公司 3 年以上的员工。抱怨期销售人员的特征包括：

- 非常熟悉公司的各种业务和产品；
- 开始负面思考，经常会抱怨公司在产品及服务中存在的问题；
- 越来越喜欢比较，总能够给工作和生活中的困难找到借口；
- 业绩下滑，工作积极性降低；
- 开始向企业内外散发负面信息。

4. 游离期

游离期是销售人员职业生涯的衰退阶段，抱怨期的销售人员在条件适宜的情况下随时会步入游离期。游离期销售人员的特征包括：

- 业务知识非常丰富；
- 部分人员开始向企业外部寻求发展机会；
- 会散布企业产品的不利信息；
- 感觉到自己努力工作也无法得到心理平衡；
- 消极怠工，缺乏工作热情，甚至不遵守工作纪律。

销售人员在企业中的流动性相对比较强，企业除了在考核机制、绩效管理、物质奖励等方面给予明确的指导外，更要引导销售人员主动对自己的职业生涯做出规划、管理，找到对应的情绪面，有的放矢地开展销售人员的职业生涯与情绪管理，从而使销售人员始终保持一个好的情绪状态，加强销售人员的归属感。

7.3.4　销售人员的职业规划与情绪管理

在了解了销售人员的职业生涯与情绪表现之后，如何通过销售培训更好地对销售人员进行职业生涯和情绪规划管理呢？

1. 在不同的情绪周期采取不同的培训策略引导员工

积极的期望促使人们向好的方向发展，消极的期望则使人向坏的方向变化。企业要充分表现出对销售人员、业务团队的支持和信任。一线人员得到的信任与支持越多，他们干得就越好。他们也会将这种正向良好的情绪带到企业的其他部门和企业外的市场及客户处，将企业发展推入高速发展的快车道。

（1）对于兴奋期的销售人员

要鼓励而不是打击他们的工作热情和积极性，尽量增加他们以专业身份与客户见面、进行销售的机会，让他们用自己的情绪去带动客户。对于业务不熟悉的地方，尽量多安排一些学习空间和学习机会。一方面可以安排一些进修机会；另一方面可以指定受过专业培训、精通业务知识、具有较高工作绩效的资深人员给予指导和帮助，实行"一帮一""师徒制"等培训方法。

（2）对于稳定期的销售人员

最重要的是寻找他们情绪中的兴奋点与关键点，利用各种有形的物质奖励、无形的制度和文化去调动他们的热情，让他们与新进来的销售人员互相激励。要充分肯定并感谢他们对企业发展所做出的贡献，同时为他们提供更大的职业发展平台与空间，激励他们做得更好，与企业同步发展。

（3）对于抱怨期的销售人员

不断地将他们强制性地踢回兴奋期，找回当初的积极与兴奋，找到他们对产品服务中肯定的地方，防止进入游离期。销售团队中如果出现了抱怨期的销售人员，在管理上必须引起足够的重视。抱怨或其他负面情绪就像流感一样，很容易在人群之间散布开来。管理人员要及时与抱怨期的销售人员进行沟通，了解造成抱怨的原因，是正常的职业倦怠，还是由于工作压力太大，或者是其他个人的原因所造成的压力。了解原因之后，对症下药地进行疏导，进行沟通。

2. 帮助销售人员不断反省、调整自己的情绪状态

企业要通过销售培训、管理访谈等方式积极帮助销售人员主动反思、自省，时常对自己的心态情绪进行调整，管理压力，为自己的成长加油。在不断自我挑战、自我突破的同时，保持健康、快乐的心态。在不同情绪阶段销售人员要自省的重点有所不同。

（1）兴奋期，不断冲刺

兴奋期的销售人员要拟订短期目标，快速展开销售行动，放大自己积极、正面、乐观的情绪，在日常工作中注意技巧与方法的积累。每达到一个短期目标，就要进行自我激励。

（2）稳定期，自我激励

稳定期的销售人员要不断自我挑战，找到自己的情绪热键。试着制订具有挑战性的阶段目标，不断突破自我。思考自己的职业方向，制订长期目标。

每实现一个阶段性目标，采用各种方式进行自我激励。企业也可以通过各种方式激励达成目标的销售人员，给予物质和精神层面的鼓励。

（3）抱怨期，换位思考

抱怨期的销售人员最容易看到的是竞争对手的优势，如果发现自己一直在这种思维模式中，可以找个时间静下来，试想自己是竞争对手的销售人员，现在正在面对客户进行销售，客户不断拒绝挑剔，情况又会是怎样，再试着用这种眼光来看看现在这家企业的产品与服务。企业可以组织产品战略、产品新功能等方面的培训，让销售人员重新发现自己企业的产品和服务的优势。

（4）游离期，从头再来

游离期的销售人员不妨先暂停一下自己手上的工作，想一想自己当初为什么选择这个职业，想创造什么样的价值，取得什么样的成就，现在都有哪些目标是达到了的，哪些还没有达到，没有达到的目标中哪些是目前的工作可以实现的，哪些不能促进个人产生前进的动力。企业要不断地向销售人员传递公司的战略目标和阶段性工作安排，对销售人员进行职业生涯设计的帮助和教育。

7.4 销售培训的管理实操

7.4.1 销售培训流程

构建基于职业生涯发展的销售培训体系，要以职业生涯规划为指导，以丰富的课程模块为内容，以多样化的培训方式为途径，以完善的培训制度为保证。

销售培训流程包括以下几个部分：销售培训的需求分析，销售培训的计划制订，销售培训的组织与实施，销售培训的效果评估，销售培训的优化与提高。基于职业生涯发展的销售培训流程图如图7-2所示。

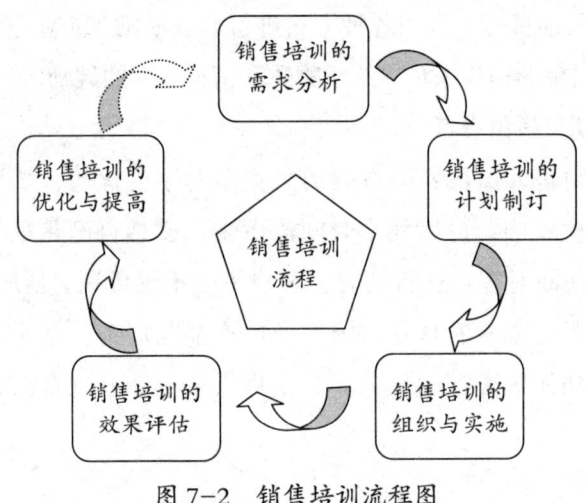

图 7-2　销售培训流程图

7.4.2　销售培训课程设计

销售培训的课程体系是整个培训体系中的软件部分，根据公司的企业文化、发展战略及销售人员职业生涯发展规划和职业锚的改变，设计符合公司需要的销售培训课程。

销售培训课程设计的原则：

1. 挖掘动机

研究表明，如果在培训前学员有强烈的学习愿望，要求改变行为或获得知识，就会在培训过程中保持学习的热情。如果学员有某方面的个人需要，而培训能满足其需求的时候，学习热情会容易被激发。因此，能够在培训的初期让销售人员意识到培训能带给他的收益，并且与他的职业生涯发展规划相符合时，销售人员就能够更为主动地投入到学习过程中。

2. 因材施教

在培训开始前，对销售人员做全方位的了解，最好能够深入到销售工作一线，共同总结在实际过程中的问题，在培训期间能够针对销售人员的个体差异、不同的职业发展阶段进行有针对性的培训内容设计，能够更大程度上满足培训期望。

3. 强化原则

人们往往更倾向于保持那些得到奖励的行为，而避免那些受到惩罚的行为。在培训中，给予销售人员积极正向的反馈，反复强调和强化那些鼓励的行为，能够更大程度上保证销售人员在培训结束回到工作岗位后重复那些得到鼓励的行为，从而达到培训的目标。

4. 实践原则

理论和实践相结合的方式在成人学习中被得到广泛的验证，通过角色演练、经验分享等方式，加深销售人员对理论知识的理解，激发学习的兴趣。

5. 分层培训

不同级别、不同岗位的销售人员，公司的要求不尽相同，人员的需求也不尽相同，因此不加区分地"一刀切"是行不通的。针对不同岗位、不同级别的销售人员设计分层培训课程。只有这样，培训才更有目的性和针对性，培训的效果才能实现最大化。

7.4.3 销售培训课程内容

从销售培训的不同模块角度来看，销售培训包括以下五方面的内容：新员工培训、产品知识培训、管理知识培训、销售技能培训、沟通技能培训，如图 7-3 所示。

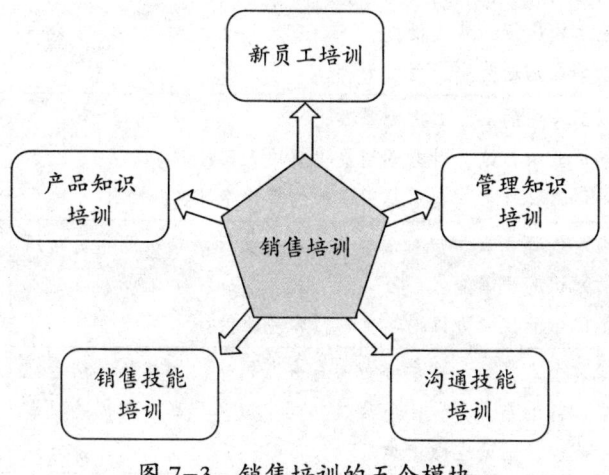

图 7-3 销售培训的五个模块

从培训目标的要求和销售人员所需要提升的知识、能力需求来看，销售培训包括以下三个层次的内容：基本知识培训、技能培训、素质培训，如图7-4所示。

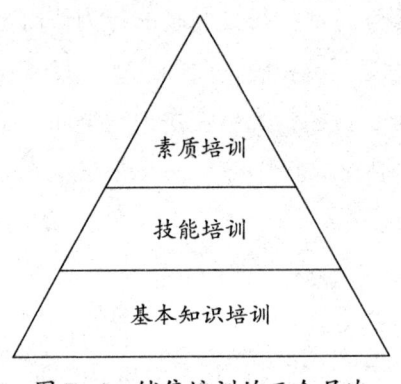

图7-4 销售培训的三个层次

7.4.4 销售培训方法

关于销售培训的方法有很多，合适的培训方法意味着培训效果的事半功倍。销售工作具有实操性较强的特点，所以销售培训所采用的方法最好以互动式培训为好，如体验式培训、角色扮演、案例教学、行动学习、微课实践、微信培训等方式，如表7-3所示。

表7-3 常用的销售培训方法

培训方法	方法简介	培训内容
课堂教学	由培训师讲授相关知识； 应用较广泛，费用低； 以单向沟通为主，互动为辅	产品知识 企业文化
案例研讨	以工作中的实际案例为基础； 学员分组讨论，针对问题提供解决方案； 培训师和学员一起总结出一般的规律指导实践工作	销售技巧 销售心态
角色演练	由培训师或者学员扮演客户，根据实际场景检测学员对所学知识的运用能力； 类似于测试，可以对学员进行客观评估	销售技能培训
体验式培训	通过个人在活动中的充分参与来获得个人的体验，然后在培训师的指导下，团队成员共同交流，分享个人体验，提升认识，强调在做中学	销售技能培训

续表

培训方法	方法简介	培训内容
行动学习	将销售人员组成学习团队，分享知识和经验，解决实际工作中遇到的棘手难题，是理论与实践相结合的有效学习方法	销售问题解决
参观学习	现场体验产品的生产工艺及流程	工厂参观
移动互联培训	不受时间、地点限制，学习成本较低	公司政策、业务流程；销售技巧分享；销售问题解决

管理笔记 7-2：销售培训风险及防范

企业中的销售人员通常是流动性最大的一个群体，经过培训的销售人员每年都会有人才流失现象。人才流动是正常现象，销售人员自己有选择的自由，这种择业的自由是符合市场经济条件下人才自由流动原理的，是社会进步的表现。但是，有些流失现象却不是善意的，会给企业带来一定的危害。因此，在公司的销售培训体系实施过程中，应采取必要措施加强防范，规避风险的发生。

1. 培育销售人员对企业的认同

销售人员的流失往往是因为在企业中缺乏归属感而选择离开，因此，企业要用优秀的企业文化提高他们对企业的信心，用良好的企业形象和团队精神增强企业对他们的亲和力，用共同的价值观消除他们对企业的背离念头。

2. 个人职业生涯与企业发展相结合

对企业的销售人员要有完整的职业生涯规划，使其个人利益与企业利益、个人发展期望与企业成长结合在一起，帮助员工根据企业发展变化的需要进行自我学习与调整，实现自我设计，自我发展。这样对他们既是一种精神激励，有利于产生工作满足感，又能让他们明确自己的努力方向，使自身的发展目标与企业的预期目标相一致。企业因此可以稳定军心，降低销售人员的跳槽率。

3. 建立有竞争力的薪酬体系和分配制度

建立有竞争力的薪酬体系和分配制度，给一流的销售人才一流的待遇，是企业吸引、留住高素质销售人员的重要手段。销售人员需要的报酬，应包括物质报酬和精神报酬两部分。

首先，在物质报酬方面，企业应将销售人员的薪酬与其岗位职责和工作绩效紧密挂钩，实行差别化的薪酬制度，使收入分配向优秀销售人员倾斜。

其次，销售人员除了有物质报酬的需求外，还有工作的胜任感、成就感、责任感和受重视等精神报酬。在如今的社会中，导致销售人员离职的原因往往不是对物质待遇不满，而是他们觉得自己的许多建议和想法得不到重视，才能无法施展，工作没有成就感。因此，公司必须认清精神报酬的重要意义，创造一切机会和条件保证销售人才能够施展他们的才华，给他们更大的工作自由和权限，用优厚的精神待遇防范销售人员的流失。

4. 分担部分培训费用

对于重要的培训项目，可以要求参加培训的销售人员分担部分培训费用，这样既能使他们更认真地对待培训，促进培训效果，又有利于减少培训资金的投入压力。在培训结束后，销售人员拿到证书或考核合格后可以报销部分费用。

5. 签订培训合同

对重要的培训项目在接受培训前对学习后的服务年限、工作质量做出规定，减小培训收益风险的发生。

总之，在认识了来自各方面的培训风险之后，对企业来说，更重要的是要做好有效的防范和规避风险的准备，采取一系列积极主动的措施，防止培训风险的发生或将其降至最低点，让培训真正对企业和销售人员发挥巨大的作用。

名企案例 7-1：无培训，不销售 —— 浅析 IBM 的销售培训

案例背景

IBM 是一家拥有 40 万名中层干部、520 亿美元资产的大型企业，其年销售额达到 500 亿美元，利润为 70 亿美元。它是世界上经营最好、管理最成功的公司之一。在计算机这个发展最迅速、经营最活跃的行业里，其销量居世

界之首，曾经多年在《幸福》杂志评选出的美国前500家公司中名列榜首。

最佳实践

IBM公司追求卓越，特别是在人才培训、造就销售人才方面获得了成功的经验。具体地说，IBM公司决不让一名未经培训或者未经全面培训的人到销售第一线去。销售人员们说些什么、做些什么以及怎样说和怎样做，都对公司的形象和信用影响极大。如果准备不足就仓促上阵，会使一个很有潜力的销售人员夭折。因此该公司用于培训的资金充足、计划严密、结构合理，一到培训结束，学员就可以有足够的技能，满怀信心地同用户打交道，不合格的培训几乎总是导致频繁地更换销售人员，其费用远远超过了高质量培训过程所需要的费用。

IBM公司的销售人员要接受为期12个月的初步培训，主要采用现场实习和课堂讲授相结合的教学方法。其中75%的时间是在各地分公司中度过的，20%的时间在公司的教育中心学习。

销售培训的第一期课程包括IBM公司经营方针的很多内容，如销售政策、市场营销实践以及计算机概念和IBM公司的产品介绍，第二期课程主要是学习如何销售。在课堂上，学员了解了公司有关后勤系统以及怎样应用这个系统，他们研究竞争和发展一般业务的技能。学员在逐渐成为一个合格的销售代表的过程中，始终坚持理论联系实际的学习方法。

现场实习之后，再进行一段长时间的理论学习，这是一段令人"心力交瘁"的课程，紧张的学习每天从早上8点到晚上6点，而附加的课外作业经常要使学员熬到半夜。

课程开始之前，像在学校那样，要对学员分班，分班时的考试是根据他们的知识水平决定的。经过一段时间的学习之后，考试便增加了主观因素，学员还要进行销售演习，这是一项具有很高价值和收益的活动。一个用户判断一个销售人员的能力时，只能从他如何表达自己的知识来鉴别其能力的高低，商业界就是一个自我表现的世界，销售人员必须做好准备去适应这个世界。学员在艰苦的培训过程中，在长时间的激烈竞争中迅速成长。每天长达14~15个小时的紧张学习压得人喘不过气来，然而，却很少有人抱怨，几乎每个人都能完成学业。

IBM公司市场营销培训的一个基本组成部分是模拟销售角色。在公司第一年的全部培训课程中，没有一天不涉及这个问题，并始终强调要保证演习或介绍的客观性，包括为什么要到某处推销和希望达到的目的。

同时，对产品的特点、性能以及可能带来的效益要进行清楚的说明和演习。学员要学习问和听的技巧，以及如何达到目标和寻求订单等。假如用户认为产品的价钱太高的话，就必须先看看是否是一个有意义的项目，如果其他因素并不适合这个项目的话，单靠合理价格的建议并不能使销售员得到订单。

IBM公司采取的模拟销售角色的方法是，学员在课堂上经常扮演销售角色，教员扮演用户，向学员提出各种问题，以检查他们接受问题的能力。这种上课接近于一种测验，可以对每个学员的优点和缺点两方面进行评判。

特别值得一提的是阿姆斯特朗案例练习，由饭店网络、海洋运输、零售批发、制造业和体育用品等部门组成，具有复杂的国际间业务联系。通过这种练习可以对工程师、财务经理、市场营销人员、主要的经营管理人员、总部执行人员等的形象进行详尽的分析。这种分析使个人的特点、工作态度，甚至决策能力等都清楚地表现出来。由教员扮演阿姆斯特朗案例人员，从而创造出了一个非常逼真的环境。在这个组织中，学员需要对各种人员完成一系列错综复杂的拜访，面对众多问题，他们必须接触这个组织中几乎所有的人员，从普通接待人员到董事会成员。由于这种学习方法非常逼真，每个学员的表演都十分令人信服。所以，每一个参加者都会认真地对待这次学习机会。这种练习的机会就是组织一次向用户介绍发现的问题、提出该公司的解决方案和争取订单的模拟用户会议。

IBM公司从来不会派一名不合格的代表会见用户，也不会送一名不合格的代表去接受培训，因为这不符合优秀企业的概念。

案例分析

IBM以员工为企业最重要的资产，以"尊重员工，协助自重；适才适职，发挥潜能；人才培养，技能提升"为原则，在平等及受到尊重的环境中，向员工提供充满挑战性的工作、系统的学习和培训以及成功的机会，强调员工工作中的价值与满足感。IBM致力于把每位员工实现自身价值的过程，凝聚为企业发展源源不断的强大动力，让员工与公司一起成长。

IBM对员工的成长有很大的期望，每个员工也都有自己的发展需要，但能升到经理、总监的只是少数人，所以，IBM向员工提供管理和专业两种成长渠道，使员工有多种机会和广阔的空间去发展自己的职业生涯，实现个人的职业理想。

美国《时代周刊》曾这样评价IBM："没有任何企业会这样对世界产业和人类生活方式带来和将要带来如此巨大的影响。"这恐怕是对一个企业的最高评价，也从另一个角度说明IBM的成功。关心和积极帮助员工的个人成长，并把员工自身价值的实现与企业的发展有机地结合起来，让员工与公司一起成长，这应该是IBM成功的真正奥秘。

第八章
研发人员培训——以创新发展为驱动

研发人员的培训和教育是使研发人员不断成长的动力和源泉。

——彼得·德鲁克

哪一家企业的技术创新了,哪一家企业的产品就能引领市场,获得市场的竞争力,取得更多的超额利润。而研发人员是企业创新的源泉和发展的动力。

通过研发培训,提高研发人员的创新精神和创新能力,才能真正提高企业的创新力和发展力,使企业在残酷的市场竞争中保持相对优势。

◆ 研发人员四大工作特征
◆ 研发培训驱动企业创新
◆ 研发人员培养"五力模型"

8.1 研发人员四大工作特征

8.1.1 研发人员是企业动力之源

管理学家彼得·德鲁克认为，知识型员工属于那种"掌握和运用符号和概念，利用知识或信息工作的人"。而研发人员属于典型的知识型员工。

不同于传统上按规定程序操作的员工，研发人员具备了专门的知识和技能，是某一领域的专家，因此他们更注重工作上的自主性和创新性、工作中的个性化和多样化，更重视自己的尊严和自我价值的实现，在个性、工作、需求、价值观等方面都有自己的独特性。

1. 研发人员是企业的动力之源

研发人员是企业中利用知识进行创新活动的员工，是企业技术变革的主体。他们是企业最活跃的核心资源，是创新的源泉和发展的动力。通过研发人员的创新，使企业不断占领技术的制高点，以较低的成本制造出科技含量更高、更符合社会需要的产品，从而赢得市场，不断发展和壮大。因此，从某种程度上讲，拥有了具有创新能力的研发人员，就拥有了企业发展的动力之源。

2. 研发人员是企业的发展之基

企业创新对于企业发展，特别是可持续发展来说具有决定性作用的因素。也正是如此，研发人员必须以市场为指导，通过技术创新来不断满足顾客的要求，使企业持续稳定地发展。可以说，研发人员及其创新活动为企业的可持续发展奠定了坚实的基础。

3. 研发人员是企业的价值之本

企业的价值不仅仅体现在企业物质资本的价值上，还体现在企业人力资本的价值上，人力资本是企业员工的知识、能力和健康，可以被用来提供未来收入的一种资本，是企业经济增长的发动机。作为典型知识型员工的研发人员，其创新活动不仅提高了物质资本的技术含量，而且促进了人力资本的价值增值能力，从而提高了企业的竞争力。所以说，研发人员是企业价值增值的根本。

8.1.2 研发人员四大工作特征

研发人员一般具有四大工作特征，即创新性、复杂性、专业性和协同性。

1. 创新性

创新是知识型员工最重要的特征，敢于创新的力量来自知识型员工深厚的理论功底、丰富的实践经验、敏锐的洞察力、缜密的分析和过人的胆略，他们不愿因循守旧，不愿意受制于物，强调工作中的自我引导，依靠自身的专业知识和技能进行脑力劳动，充分发挥个人的智慧和灵感，创造出具有高价值的产品和成果，推动技术的进步和产品的更新。因此，研发人员的工作是创新性和挑战性并存的岗位。

2. 复杂性

（1）劳动过程复杂

研发人员从事的工作是复杂的大脑思维过程，较少受时间和空间的限制，工作过程没有确定的流程和步骤，呈现相对的随意性和自主性，很难根据员工的行为识别出他们所付出的努力，工作说明书和劳动规则并没有实际的作用，对研发人员劳动过程的监控既没意义，也不可能。

（2）劳动考核复杂

研发人员的工作一般并不独立，经常出现跨团队、跨专业、跨职能、跨部门合作，通过跨越组织界限以便获得综合优势。产品价值体现周期长，难以准确度量。一些科技含量高的产品，往往是众多研发人员集体智慧和努力的结晶，难以进行分割，无法采用一般的经济效益指标加以衡量，因此在考核个人绩效时比较困难，导致薪酬价值分配困难。

（3）劳动成果复杂

研发劳动成果本身也是很难度量的，知识性劳动往往以团队为单位进行，个体离不开团队，又要发挥个体的能动性，所以难以确定个体与团队的劳动成果、报酬与绩效具有明确的相关性，这就需要企业建立科学的价值评价体系。

3. 专业性

作为典型的知识型员工，研发人员的工作依靠的是自身精深的专业知识和专业技能。对于研发人员，不仅要求有较高的学历，接受过系统完整的专业知识的学习，而且需要接受过企业正规的、有针对性的技术培训，另外还需要在工作中不断地积累经验并领悟提升。唯有如此，研发人员才能凭借特定的技术和经验担当起艰巨的研究开发工作。

4. 协同性

研发人员大多是某一领域的专家，受其专业知识的限制，仅凭一己之力无法完成任务，他们必须形成相互协作、技能互补的工作团队，完成研发的技术创新工作。所以说，研发工作最本质的属性就是协同性。研发工作是以研发团队的方式进行的创新工作，是一种高级的脑力劳动，更加需要思维上的协作和互助，而思维上的协作才是根本的协作。

8.2 研发培训驱动企业创新

8.2.1 研发人员流失分析

研发人员是典型的知识型员工，他们通常可以独立于组织之外而获得聘用，建立个人声誉，实现个人价值。因此，研发人员对企业的忠诚度相对较低，而更多地忠诚于他们的专业。出于对自己职业的感觉和发展前景的强烈追求，导致研发人员在企业间的流动比较频繁。

企业每年有一定比例的人员流动有利于企业造血，一般而言，15%以内的离职率是正常的。但是有调查显示，北、上、广等一线城市的高科技企业中，研发人员的离职率在25%以上，有的甚至达到了40%。

研发人员的频繁流动对企业的持续发展会造成巨大的冲击，在一定程度上阻碍了我国高科技产业向国际顶级水平进军的进程。如何让掌握核心技术的研发人员留在企业，忠诚于企业，是所有企业管理层都在深入思考和密切关注的问题。

研发人员流失对公司的消极影响，主要体现在以下几个方面：

1. 降低了公司的信誉度

研发人员流失率过高，对公司的信誉会造成很大的影响，研发人员的频繁流失会造成公司外部顾客对企业稳定性的怀疑，甚至失去对企业的信任，长此以往，必然会使企业失去客户的认可。

2. 阻碍了公司的发展

首先，研发人员的流失会使项目的研发进度延误，甚至会使一些项目中途夭折。其次，一旦客户信任的研发人员离职，尤其是客户信赖的项目负责人离职，客户的合作关系会随之中断，给公司带来沉重打击。最后，有些项目会因为研发人员的流失而转移到竞争对手的公司，不仅削减了公司的发展实力，还增加了竞争对手的发展机会，使公司处于竞争劣势。

3. 打击了研发人员的工作积极性

研发人员流失的消息在研发部门内部快速传播，必然会对研发部的同事造成一定的心理冲击，导致效率下降、人心不稳，甚至会引起研发人员对领导管理能力的怀疑，激起对公司不满情绪的爆发，进而引发"多米诺骨牌效应"，演变为大面积的人员流失。这种消极影响会使公司人心涣散，凝聚力减弱，给公司带来的损失是无法估量的。

4. 增加了企业的人力资源重置成本

研发人员的流失会导致工作岗位的空缺，公司必须通过各种渠道去选拔能够胜任空缺岗位的研发人员。但无论是从公司内部现有研发人员中提拔，还是对外招聘，都会产生巨大的人力成本。尤其是对外招聘中，产生的重置成本一般会远远大于流失研发人员的薪水，流失的研发人员越优秀，重置的成本越高。

影响研发人员流失的因素有很多，包括社会层面、行业层面、公司层面和个人层面，常见的原因可能是薪酬待遇低、个人发展空间小等，而缺乏培训、学习机会也是导致科技公司研发人员流失的主要原因。

企业需要的就是上进好学的员工，尤其是研发人员，更需要不断学习，提高自身的专业技能，更新个人的专业知识。只有当研发人员学习的意愿得到满足时，才能更好地推动企业的进步。因此，科技公司必须给研发人员创建学习的平台，提供培训的机会。

8.2.2 研发培训的作用

1. 提高研发人员的职业能力和综合素质

培训最直接的作用是提高研发人员的技术专业能力，激发创新意识和创新精神，改善研发人员的工作状态，使他们可以更高效率、更高质量地完成自己的工作任务，提高研发人员的劳动生产率，适应企业的快速发展。

2. 增加研发团队的稳定性，降低研发人才的流失率

研发人员的离职对企业来说损失是巨大的，尤其是掌握核心技术的成熟人才如果离开，造成的影响难以用金钱来衡量。而技术研发人员在工作5~10年后，大部分人会面临一个业务水平提高和自身职业发展难以突破的"瓶颈"，如果企业不能很好地协调和解决这个矛盾，就会带来技术研发成熟人才的大量流失。通过培训，可以帮助员工更好地规划职业生涯，为员工收入的提高和职位的晋升提供更多的机会与平台，增加员工的忠诚度和满足感，使员工

队伍更加稳定。

3. 增强企业的创新能力和竞争力

企业的竞争最终要落到人才的竞争，研发人员是企业最核心的竞争力。哪一家企业的技术创新了，哪一家企业就能提前引领市场，获得市场的话语权，取得更多的超额利润。通过培训，提高研发人员的创新精神和创新能力，才能真正提高企业的创新力和竞争力，使企业在市场竞争中保持相对优势。

8.3 研发人员培养"五力模型"

华为是全球领先的信息与通信技术（ICT）解决方案供应商，目前有17万多名员工，业务遍及全球170多个国家和地区，服务全世界三分之一以上的人口。截至2015年12月31日，华为累计获得专利授权50377件，累计申请中国专利52550件，累计申请外国专利30613件。其中，90%以上的专利为发明专利。华为坚持每年将10%以上的销售收入投入研究与开发。2015年，从事研究与开发的人员约79000名，占公司总人数的45%；研发费用支出为人民币5960亿元，占总收入的15.1%。近十年累计投入的研发费用超过人民币24000亿元。

纵观华为研发人员的管理模式，一流的组织结构模式打造了一流的研发学习平台，研发人员的胜任素质模型为企业挑选了最优秀的研发人才，完善的任职资格体系疏通了研发人员的职业发展道路，科学合理的考核方法保证了研发队伍中既团结又竞争的公平评价，高效的激励政策保持了研发人员不断创新的斗志。

深入研究华为的研发人员培养体系，可以提炼出研发人员培养的"五力模型"。"五力模型"是研发人员培养过程中的五种决定因素，依次为学习力、激励力、发展力、资格力和胜任力，如图8-1所示。

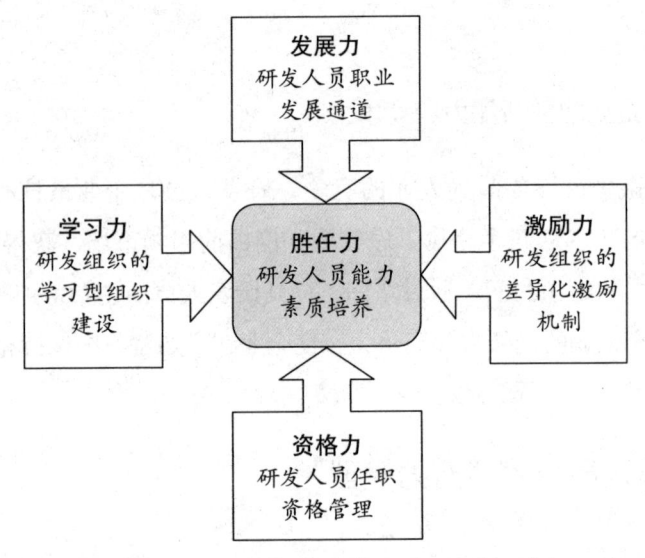

```
                    发展力
                  研发人员职业
                   发展通道
                      ↓
  学习力                         激励力
研发组织的    →    胜任力    ←    研发组织的
学习型组织         研发人员能力        差异化激励
  建设            素质培养          机制
                      ↑
                    资格力
                  研发人员任职
                   资格管理
```

图 8-1 研发人员培养的"五力模型"

下面将结合华为研发人员的培养案例,分别论述研发人员培养的学习力、激励力、发展力、资格力和胜任力。

8.3.1 学习力

研发组织是研发人员构成的集合体,在研发组织中,研发人员具有开阔的视野、广泛的知识面、强烈的求知欲和较强的学习能力。为了不断提升自身的能力和价值,研发人员需要不断地学习,不断地与他人交流和共享知识,这就要求研发组织为研发人员创造一个良好的学习环境。研发组织的学习型组织建设就是为研发人员搭建一个学习平台,构建组织学习氛围,提升组织学习力。

名企案例 8-1:华为研发人员的学习力

华为在研发人员内部推行职业训练与职业牵引,使得研发人员能够迅速成长起来。通过设计专门针对研发人员的培训体系,牵引其系统全面的提高技术能力;通过外请技术专家进行技术培训,帮助技术研发人员了解相关领域最新技术知识,开拓眼界;通过内部培训机制,组织同事定期演讲,交流知识与经验,加强内部交流;同时建立导师制度,并将新人成长的成果纳入对导师的考核指标中，加强其传、帮、带意识。

1. 研发组织能力目标的确定

通过对组织研发能力分析，确定提升研发组织能力目标，引导研发人员参与组织培训活动。对于以开发为主的组织而言，组织的研发能力是非常重要的核心，一个有研发能力的组织可以让组织在多变而复杂的环境中，快速应变与创新，具备竞争的优势。华为研发团队重视对需要具备的专业知识技能、基础知识技能的分析、总结、确认，使每位团队成员能够清楚认识自己已经具备的技能以及欠缺的技能，据此进行相应的提升。

2. 研发培训课程体系设计

培训课程包括适应性培训与提高性培训两大类。适应性培训促进每一个角色适应现有的岗位，课程体系主要包括角色意识，岗位职责与关键行为，工作方法与技能三个部分。提高性培训为需要向更高层次发展的员工提供素质技能提升的机会，课程包括更高级别的套餐培训、相关领域的套餐培训等。研发培训系统站在全流程培养的高度，对每一种角色从任职要求与职业发展两方面进行规划，并提供系统化的培训培养措施，使人才成长与公司发展相互促进，培养职业化的工程师。

3. 研发人员的培训管理

研发人员拥有自己的培训档案，记录在不同阶段所接受的不同培训。进行岗前培训时档案中记录培训内容、考试结果、教官评语和培训状态，到岗时你的主管首先看到的就是你的岗前培训成绩。在岗培训时档案中会记录你在实际业务操作中的各类应用能力，试用期结束时主管会参考你的记录和表现决定是否给予转正。

4. 研发人员的思想导师制

新进入公司的研发人员采用新员工导师制，部门负责人指定一个技术能力强的老员工作为导师，一对一地负责新员工的技能提升及文化、制度、流程上的适应，导师负责制定新员工试用期的工作计划、学习计划，并定期与新员工交流沟通。通过该制度，导师不仅从技能上对新员工进行辅导，同时也会宣讲公司的文化、流程，是新员工了解公司及团队的最有效捷径，保证了新员工有效地吸收公司的经验和文化，能够比较快速地成长起来。

5. 研发平台

为了给广大研发人员创造一个技术学习和交流的网络平台,华为成立了互动学习的借力机制:研发支撑体系的求助网,以满足各部门员工学习的需要。该网络平台一方面鼓励大家把自己工作中的"宝贵经验"贡献出来,使得一个人的经验变成大家的经验,同时对员工提出的问题进行讨论及解答;另一方面研发专家小组还定期下载有用的技术文章供员工参考,这样,员工可以充分地利用公司资源进行自我学习,使个人能力得以快速提升。

8.3.2 激励力

研发人员属于典型的知识型员工,比起其他员工,他们更关注工作的自主性和创新性,以及需求的个性化和多样性,尤其重视自我价值能否得以实现。这就需要建立研发组织的多元化激励机制,对研发人员实行多样化激励,形成巨大的吸引力,构筑强大的凝聚力。

名企案例8-2:华为研发人员的激励力

华为根据研发人员所在的职业生涯的阶段不同,对研发人员的激励方式也各不相同。

1. 华为公司第一阶段(实习期)的激励策略

华为公司在研发人员实习期采用的首选激励策略是薪酬激励,次选策略是个人成长与发展,备选策略按重要程度由高到低分别为环境激励、决策参与、产权激励。华为公司处于实习期的研发人员绝大多数是刚毕业的大学生,他们往往偏重于以货币性薪酬的高低来衡量自身的价值与实力,并以此作为与其他同学比较的唯一标尺。华为公司曾提出"高薪聘用优秀应届毕业生"的激励策略,计算机、通信等专业类本科毕业生进入华为公司在整个行业中处于90%以上的薪酬位。除了薪酬激励作为首选激励策略之外,华为公司还为处在实习期的研发人员提供了有助于个人成长与发展的培训计划,提前为他们潜力的发挥做好铺垫。因此,华为公司成为国内绝大多数重点大学电子信息、计算机类专业优秀毕业生的首选单位。

2. 华为公司第二阶段（过渡期）的激励策略

华为公司在研发人员过渡期采用的激励策略按重要程度和被采用的频次由高到低依次是个人成长与发展、薪酬激励、环境激励、决策参与激励、产权激励。处于过渡期阶段的研发人员一般都会考虑自身未来的发展方向，对于今后几年究竟是从事代码编写工作、安全测试、结构分析，还是从事系统设计、公司行政管理或市场开发与售后技术服务等工作，必须做出一个明确的选择，并且接受相应的专业培训与指导。鉴于此，华为公司首选能够大力推动员工个人快速成长与发展的培训激励策略，派驻研发人员在美国硅谷、达拉斯、印度班加罗尔、瑞典斯德哥尔摩等地进行学习和培训。另外建立了完善的华为认证培训体系，包括华为认证网络工程师、华为认证高级网络工程师、华为认证网络互联专家等。与此同时，华为采用了带薪学习的激励策略，极大地调动了处于过渡期研发人员的工作积极性和学习动力。许多优秀的研发人员因此"跳槽"加盟华为，以谋求更大的发展空间。

3. 华为公司第三阶段（发展期）的激励策略

华为公司在研发人员发展期采用的激励策略按重要程度和被采用的频次由高到低依次为环境激励、个人成长与发展、决策参与策略、薪酬激励、产权激励。华为公司处在发展期阶段的研发人员基本上已经接受了相当完善的职业技术培训，他们具备完善的知识结构，掌握着企业当前的前沿性技术，渴望公司能够鼓励他们开展风险型研发工作，并能容忍他们的失败，他们也希望通过职位晋升以求更大的个人成长与发展空间。鉴于此，华为公司首选能够快速孵化创新成果的环境设施激励策略，成立了"华为科技基金"，大力鼓励和引导发展期阶段的研发人员开展创业活动。另外还成立了技术等级晋升制度，保证处于"发展期"阶段的研发人员随着自身经验的增加，不断地获得地位提升，并增配和优化工作设施与条件，从而不断拓展处于发展期阶段研发人员的个人成长与发展空间。华为公司正是通过创业与晋升激励这条"金枷锁"牢牢地锁定了大量优秀人才不外流。

4. 华为公司第四阶段（稳定期）的激励策略

华为公司在研发人员稳定期阶段采用的激励策略按重要程度和被采用的频次由高到低依次为决策参与、环境激励、薪酬激励、个人成长与发展、产权激励。华为公司处在稳定期阶段的绝大多数研发人员已经晋升到自己理想的岗位，基本上都承担着研发管理任务，如担任着研发部门经理、项目总监、技术总监、区域总裁、副总裁、首席指导师等职务。他们希望获得公司的尊重，同时他们不想受到过多的约束，而是凭一种原有的工作惯性去工作，喜欢弹性工作制以及工作自主。鉴于此，华为公司创造条件积极引导这些研发人员参与公司决策。

8.3.3 发展力

知识经济时代广阔的发展空间为知识型员工的职业发展提供了多种选择，加上知识型员工自身知识性竞争优势的存在，他们更强调组织与自身职业发展的统一和协调，追求多元化的职业发展通路。研发人员有双阶梯的职业生涯路径可供选择，即管理阶梯和技术阶梯这两条职业发展通道。通过对研发人员的职业发展通道进行管理和规划，有利于提升研发人员的职业认可和专业水准，塑造出研发人员强有力的发展力，并在一定程度上吸引外部研发人员加入，并成为激励其长期与企业共发展的重要因素。

名企案例8-3：华为研发人员的发展力

1. 建立针对研发人员要求的发展空间环境支持系统

根据研发人员的特点，要使研发人员满意，必须给他们一套完整的个人发展空间计划。要具备这个环境和氛围，就需要部门有一套针对研发人员的发展空间环境的支持系统。这种环境支持系统能够了解每个研发人员的真实想法、发展诉求，并且能够结合部门的实际情况，针对每个研发人员的发展规划提出相应的建议或者意见，帮助他们成长。研发人员的特点，决定了环境支持系统是部门针对研发人员的内部营销所必不可少的，华为的员工可以根据自身特点，结合业务发展，为自己设计切实可行的职业发展通道，逐步实现职业发展规划。

2. 双重资格晋升制度确保个人职业发展通道畅通

华为研发人员的发展通道是多通道晋升模式，员工至少可以选择两条职业发展通道，如图8-2所示。

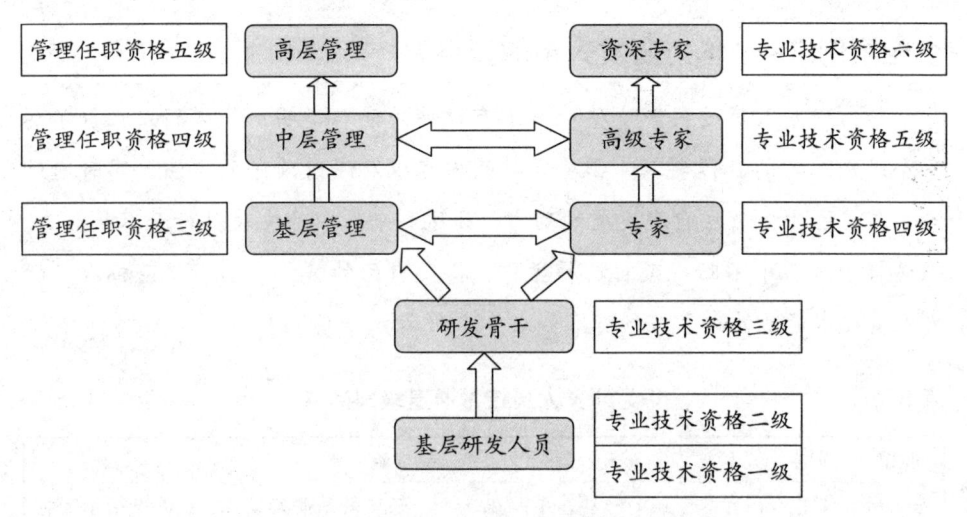

```
管理任职资格五级    高层管理         资深专家    专业技术资格六级
管理任职资格四级    中层管理 ⇔      高级专家    专业技术资格五级
管理任职资格三级    基层管理 ⇔      专家        专业技术资格四级
                        ↑  ↖  ↗
                         研发骨干      专业技术资格三级
                           ↑
                        基层研发人员   专业技术资格二级
                                       专业技术资格一级
```

图 8-2 华为研发人员任职资格晋升通道

从图中可以看出，当研发人员具备专业技术级别三级资格之后可以选择管理通道发展，也可以继续选择技术通道发展。管理三级对应专业技术四级，同时，"管理者"和"技术专家"之间设置岗位互动通道，以保证优秀的研发人员随时尝试新的角色、新的挑战来实现自己的价值。因此，除了个别外聘的"特殊人才"外，华为的管理者一般都是从优秀的专业骨干中选拔产生的。另外，如果成长为资深专家级别，即使不担任管理职位也可以享受公司副总裁级别的薪酬与职业地位。这样通过设计管理和技术的职业发展双通道，突破研发人员的晋升"瓶颈"，设计薪资的双通道，确保技术专家的收入高过部门管理者。同时在观念上，倡导向专业领域发展，鼓励研发人员安心做好技术研发工作，而华为也得以充分保留一批具有丰富经验的技术人才。

8.3.4 资格力

研发人员任职资格的有效管理，有助于企业搭建研发人员的资格力，在相应的职位上找到符合上岗资格的人员，并且对其进行相应的任职资格评价。针对研发岗位资格要求，企业千方百计去吸引并挑选那些具有任职资格条件的人员，这就是对研发人员的招聘；对那些低于任职资格要求的研发人员，企业要对他们进行训练与开发，这就是研发人员的培训；对于那些高于任职资格要求的人员，企业要对他们提拔与开发，这就是研发人员的晋升。

名企案例8-4：华为研发人员的资格力

华为研发人员的任职资格标准中有详细的任职说明，使得研发人员了解每个级别工作的具体要求、需要学习的内容以及绩效改进的方法。同时通过自己与自己比，激发自我发展的动力，为达到个人职业发展目标而不断努力。在达标的过程中不断规范自己的操作，提高自己的技能，形成规范标准。研发人员技术通道的每个级别标准如表8-1所示。

表8-1　　　　　　　　华为研发人员技术通道级别标准

职位	级别	标准
基层研发人员	技术一级	具有本专业的一些基本知识或单一领域的某些知识点；在适当指导下能够完成单项或局部的业务
基层研发人员	技术二级	具有本专业基础的和必要的知识、技能，这些知识和技能已经在工作中多次得以实践；在适当指导的情况下，能够完成多项复杂的业务，在例行情况下能够独立运作
研发骨干	技术三级	具有本专业某一领域全面的良好的知识和技能，在某一方面是精通的；能够独立、成功、熟练地完成本领域一个子系统的工作任务，并能有效指导他人
研发核心骨干	技术四级	精通本专业某一领域的知识和技能，熟悉其他领域的知识；能够指导本领域内的一个子系统有效地运行，对于本子系统内重大的、复杂的问题，能够通过改革现有的程序、方法来解决，熟悉其他子系统的运作
研发专家	技术五级	精通本专业多个领域的知识和技能，能够准确把握本领域的发展趋势，指导整个体系的有效运作，能够指导本领域内的重大、复杂的问题解决
研发资深专家	技术六级	能够洞悉本领域的发展方向，并提出具有战略性的指导思想

华为任职资格管理体系将公司的目标使命化，建立了以责任、员工能力、贡献为核心的任职资格标准，完善了相应的评价手段和价值分配机制，通过将公司的目标与员工的个人需求捆绑在一起，将公司的整体目标内化为员工个人的使命和责任，员工自然会积极努力。

8.3.5　胜任力

对于研发人员，由于其工作的特殊性，对胜任工作的能力素质要求更为严格。通过建立研发人员胜任素质模型，一方面，可以用来判断和发现优秀研发人员；另一方面，也为以后的研发工作，特别是自主研发做好必要的准备。研发人员的能力素质培养，可以打造出研发人员强大的胜任力。在对研发人员培养过程中，研发人员自身的能力素质培养作为其内在的要素，也是最为核心的要素，是研发人员培养五大决定性因素中最关键、最重要的因素。

名企案例 8-5：华为研发人员的胜任力

华为研发人员胜任力模型是公司通过长期针对研发人员各方面的研究而逐步完善的素质模型，主要从思维能力、成就导向、团队合作、学习能力、坚韧性和主动性六项能力来考察研发人员的综合素质。在这六项能力描述中，每一项都由四个从低到高的评价级别组成，在面试招聘、人员培养和职位晋升过程中运用这些模型综合分析，选拔出最具潜在价值的研发人员，如表 8-2 所示。

表 8-2　　　　　　华为优秀研发人员胜任力素质模型

素质项	定　义	等级	评价描述
思维能力	指对于问题的分析、归纳、推理和判断等一系列认知活动，主要包括分析推理和概念思维方面，是在优秀研发人员身上表现最多的素质	0	不能准确而周密地考虑事物发生的原因，或者不能根据已有的经验或知识对当前所面临的问题做出正确的判断
		1	将一个复杂问题分解成不同部分，使之容易把握，根据经验和常识迅速发现问题的实质
		2	发现事件多种可能原因或行为的不同后果，或找出复杂事物之间的联系
		3	恰当应用已有概念、技术、方法等多种手段找出最有效解决问题的方法
成就导向	指具有成功完成任务或在工作中追求卓越的愿望，具有高成就导向的人希望出色地完成他人布置的任务，在工作中极力达到某种标准，愿意承担重要的且具有挑战性的任务	0	安于现状，不追求个人技术或专业方面的修养和进步，或在产品开发中不尽力达到优质的标准
		1	努力将工作做得更好，或达到某个更高的标准
		2	想方设法提高产品性能或工作效率，为自己设立具有挑战性的目标，并为达到这些目标而付诸行动
		3	在仔细权衡利与弊的基础上做出某种决策，为了使公司获得较大利益，甘愿冒险

续表

素质项	定 义	等级	评价描述
团队合作	愿意作为团队中的一名成员，与团队中的其他人一起协作完成任务，而不是单独地或者采取竞争的方式工作	0	在工作中单独作业，不与他人沟通
		1	愿意与他人合作，与团队中的其他人共同交流，分享信息
		2	愿意帮助团队中的其他人解决遇到的问题，或无保留地将自己所掌握的技能传授给其他人
		3	主动与其他成员沟通，尊重并寻求他人对问题的看法和意见，鼓励团队中的其他成员，促进团队成员之间的合作，或提高团队的合作氛围
学习能力	在工作中积极获取和工作有关的信息和知识，并对获取的信息进行加工和理解，从而不断地更新自己的知识结构，提高自己的工作技能	0	在专业上停滞不前，不愿意更新自己的知识结构，工作中不注重向他人学习
		1	在工作中愿意并善于向其他同事学习
		2	从事自己不太熟悉的任务时，能够钻研资料，获得必备的工作知识或技能，从而尽快适应新的工作要求
		3	深入了解当前最新的知识和技术，并能够意识到它们在产业界的应用
坚韧性	能够在非常艰苦或不利的情况下，克服外部和自身的困难，坚持完成所从事的任务	0	经受不了批评、挫折和压力
		1	面对挫折时克制自己的消极情绪，保持情绪的稳定
		2	在比较艰苦的情况下或巨大的压力下坚持工作
		3	有效地控制自己的压力，通过建设性的工作解除压力
主动性	在工作中不惜投入较多的精力发现和创造新的机会，提前预计到事件发生的可能性，并有计划地采取行动提高工作绩效，避免问题的发生，创造新的机遇	0	不会自觉地完成工作任务，需要他人的督促，不能提前计划或思考问题，直到问题发生后才能意识到事情的严重性
		1	自觉投入更多的努力去从事工作
		2	及时发现某种机遇或问题，并快速做出行动
		3	提前行动，以便创造机会或避免问题发生

华为以优秀研发人员胜任素质模型为主线的管理模式，为华为选拔出了

大量高质量的研发人才，打造出一支支高绩效的研发队伍，是华为实现技术创新、产品创新的根本所在，是华为能够站在国际前沿市场与通信巨头们同台竞技的最有效资本。同时通过优秀研发人员素质模型的对照，能够有效地促使研发人员不断地进行培训学习，努力提高自身各方面的能力，积极完善自己的任职资格要求，不断打造研发人员职业生涯上升的空间。

第九章
内训师的修炼——从新手到高手

每个企业都是一个不断"教与学"的组织。

——彼得·德鲁克

通过建立科学合理的内训师培养体系和相应的内训师管理制度，组建一支稳定、专业的内训师队伍，针对性地培养、提高内训师的培训技巧和培训能力，让越来越多的企业内训师"闪亮登场"，将为企业的基业常青注入勃勃生机。

- 内训师八大能力模型
- 内训师的选拔与评估
- 内训师从新手到高手
- 让领导者成为内训师

9.1 内训师八大能力模型

9.1.1 让内训师闪亮登场

企业培训中常常会出现这样两个场景：一个是从企业外部请来的培训大师，旁征博引，滔滔不绝，大家听得时而热血沸腾、时而开怀大笑，可是听完后仔细一琢磨，发现讲的内容跟自己的工作关联并不大，和企业的实际情况离得也比较远，至于培训大师独具魅力的形象，随着时间的推移也逐渐淡忘了。另一个则是企业安排某个专业方面突出的骨干人员担任内训师，承担专业技能方面的培训，但是往往存在这样的问题，选中的骨干人员要么因为本职工作繁重抽不出时间，要么怕惹来招摇之嫌不愿意做，要么是表达能力和培训技巧欠缺，可谓"茶壶里煮饺子——有料倒不出"。企业管理者和培训负责人面临两难选择：外部培训师的讲授内容"隔靴搔痒"，内部培训师的讲授技巧"捉襟见肘"。

相对于外部培训师，内训师更加了解企业，培训更能针对企业的实际需求，培训的内容很可能往往就是企业急需解决的问题，而且费用一般较低；同时人力资源部对内训师的专业技能和培训技巧等方面也比较了解，培训质量更容易把控；内训师制度还有利于营造内部学习交流的氛围，构建学习型组织。内训师的重要性和企业培训内容的独特性成正比，企业需要的培训内容越具体、越特殊，内训师越具有不可替代的作用。

现代企业打造核心竞争力的一道亮丽风景线就是内训师队伍。国际知名公司大都拥有自己的内训师队伍，通过"培训培训师"（training the trainer to train，TTT），在公司内部设立一个固定的流程来培训自己的骨干人员或管理人员，使之成为内训师。上海通用汽车采用TTT的方式来开发培训课程，开展内部培训；宝洁公司90%以上的培训都是通过TTT的方式完成的。

如果仅仅因为内训师的培训技巧不高而因噎废食，绝非明智之举。只有通过建立科学合理的内训师培养体系和相应的内训师管理制度，组建一支稳定、专业的内训师队伍，针对性地培养、提高内训师的培训技巧和培训能力，让越来越多的企业内训师"闪亮登场"，方能为企业的基业常青注入勃勃生机！

9.1.2 内训师八大能力模型

为了建立一支能打硬仗的内训师队伍，企业需要构建一套科学有效的内训师胜任能力素质模型，一方面为企业内训师的选拔提供依据，为企业内训师的考核和激励树立评判标准；另一方面有助于企业内训师的快速培养和知识传承，是建立阶梯培养内训师方案的基础。

内训师的胜任素质模型包含 8 个维度，分别是：专业知识、沟通表达、授课技巧、以学员为中心、应变能力、个人影响力、创新求知、责任与奉献，如图 9-1 所示。

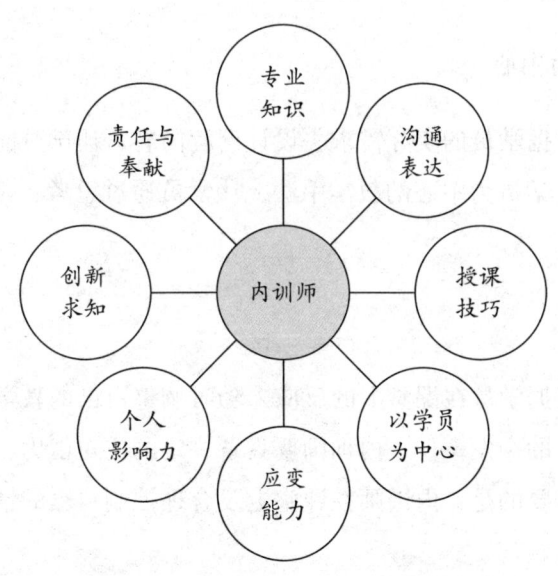

图 9-1　内训师的八大能力模型

1. 专业知识

有自己擅长的领域和一技之长，在自己所在的专业领域不断钻研与改进。内训师应该多阅读培训方面的书籍，积极参加 TTT 培训，有意识地提升自身的培训教学能力。

2. 沟通表达

内训师要注意讲课的音量、语气、语速、节奏、清晰度等。内训师要具备快速的语言组织能力，表述尽量清晰准确。在课堂上要安排适当的互动环节，与学员之间要多交流。

3. 授课技巧

内训师要引导学员的思维方向，不偏离课程主线。要善于运用提问的方式引发学员思考和讨论，并鼓励学员提问。可以恰当使用视频、音频、动画、演示等辅助教学手段，贴近主题。合理使用各种激励手段，鼓励学员参与到课堂当中来。另外，内训师对于时间要有一定的把控能力，合理控制每一阶段教学的进度，在规定时间完成教学任务。

4. 以学员为中心

内训师应根据学员的实际需求去设计课程内容，让学员能够真正做到学以致用。掌握以学员为中心的教学手法，让学员通过思考、讨论、探究得出最终的结论。

5. 应变能力

内训师要根据学员在课堂上的反应来随时调整自己的教学进度和教学方式。对于课堂上的突发事件，内训师要具备一定的应对能力，做出迅速、巧妙的处理。更重要的是，内训师在课堂上要合理控制自己的情绪，要有职业化的表现。

6. 个人影响力

内训师要具有一定的亲和力，能够得到学员的充分信任，学员愿意同内训师进行交流。授课要富有感染力，能够调动课堂气氛，提高学员的积极性。每个内训师都可以塑造自己独特的授课风格，增强对学员的吸引力。内训师需要有丰富的工作经验和生活阅历，并能够将其融入课程中形成自己独特的观点。

7. 创新求知

内训师要勇于质疑，对事物和观点的判断要有独立思考的能力，而非人云亦云。内训师应不仅满足于在自己的专业领域发展，还要努力探索未知的领域，时时做到与时俱进，开拓新的教学方法，尝试新的教学手段。当然，内训师不仅自身要有创新的精神，还要鼓励学员大胆创新，对学员的创新行为给予表扬和肯定。

8. 责任与奉献

内训师要有主人翁精神，肩负企业人才培养的责任和重担。工作态度认真，按时、高质量完成教学任务，积极参与各项学习活动。能够牺牲自己的个人时间和利益，在培训教学方面肯花时间和精力去钻研和学习。

9.2　内训师的选拔与评估

9.2.1　内训师的选拔

内训师的选拔是内训师管理体系的重中之重，选拔适当的人才就好比选择一颗优质的种子，直接关系到内训师后期的成长，直接影响到企业培训的效果。

1. 内训师的选拔渠道

内训师选拔的渠道通常有以下三种：
- 部门主管推荐。部门主管比人力资源部更了解下属员工的专长和特点，如果由他们来推荐，被推荐人在日后的培训工作中能够得到更多的便利和支持。比如，部门主管会更愿意给内训师的课程设计提出建设性意见，当部门工作与培训时间冲突时会更容易协调。
- 自荐。员工自荐表示他愿意投入时间和精力来做内训师，这样的员工具有主动意识，更容易融入到内训师的角色中，责任感会更强。
- 公司管理人员。管理人员是内训师的最佳人选。领导亲自授课，意味着不仅仅是一堂单纯的培训课程，而且能够传达企业管理层的思想与理念，传播企业文化，增强员工对企业的归属感，对企业的文化塑造和管理提升能起到非常重要的作用。

2. 内训师的选拔流程

内训师的选拔流程一般分为三个步骤：发布信息、推荐候选人、筛选内训师。
- 发布信息。在选拔内训师之前，人力资源部门要在公司内部进行广泛宣传，发布内训师选拔的通知，做好报名动员工作。
- 推荐候选人。通过自荐、部门主管推荐或者人力资源部门举荐等形式推荐候选人。被推荐人除了要在企业有一定年限的工作经验外，还要考虑在工作上是否有突出表现，是否接受过专业的授课训练，是否有过讲授课程的经历。
- 筛选内训师。人力资源部门根据推荐情况整理好所有候选人的资料，组织由人力资源部门、推荐部门、相关管理人员组成的专家小组对候选人进行试讲考核，考察是否具备内部培训师的基本素质。最后由专家小组确定是否录取为内训师。

3. 内训师的选拔标准

内训师的选拔标准应该以内训师的能力模型为基础，制订科学的评价标准，准确地进行评价和选拔。在选拔时，不仅要评价被推荐人的个人素质和资历，看他们能否将自身丰富的实践经验和深厚的专业理论结合起来，同时还要考察其是否具备良好的沟通表达能力。

如果是选拔入门级内训师，标准要更多地放在人员的意愿和基本能力上，只有从内心热爱培训这份工作，才能在后期遇到各种困难时坚持下去。如果是选拔高级别的内训师，标准要重点放到人员的资历、资质上，在专业领域有所建树的人才，培训过程中会更多地融入自己丰富的工作经验，长期的经验积累也会为讲师增加个人影响力，保证授课不会出现偏差。

9.2.2 内训师的评估

内训师的能力和态度会直接影响企业培训工作的实际效果。有的内训师精心准备授课内容，努力提高培训水平；而有的内训师却敷衍了事，不顾学员的接受情况。所以有必要对内训师进行考核与评估。

1. 内训师的三个评估原则

- 全面：从培训前的准备工作到培训后的效果，都要全面评估。
- 客观：要保证评估项是内训师正常能力范围内可实现的。
- 系统：从培训内容、培训形式、培训技巧到培训教材，系统评估影响培训效果的关键因素。

2. 内训师的五个评估维度

- 前期准备：培训教材和培训案例的开发和编写要规范充实，并提前准备完毕。
- 培训内容：培训内容全面系统、条理清晰，能结合学员实际，有助于学员学以致用。
- 培训形式：能够使学员参与到培训中来，具有较强的互动性，培训形式符合培训内容的需要。
- 培训技巧：具备足够的背景知识和专业素质，能激发学员的学习兴趣，创造良好的学习氛围，根据学员特点，做到因材施教。
- 培训教材：培训教材内容详尽、易于理解，培训案例清晰，培训课件有助于学员对培训内容的掌握。

9.2.3 内训师的激励

担任内训师并不是一件轻松的差事，要花时间准备培训内容，要花力气讲授培训课程，要花心思接受培训评估……于是乎很多员工并不情愿做内训师。如何激发这些员工的积极性和兴趣呢？这就需要做好内训师的激励工作。

激励手段可以多种多样，具体可以采取以下方式：

- 不定期地举办"内训师技能训练"等相关培训；
- 为内训师提供课件开发、教材编写、课程讲授等方面的资源与支持；
- 给予内训师一定金额的书报、资料等学习费用补助；
- 内训师优先参加相关领域的外部培训；
- 给予内训师灵活调整工作时间、适度增加休闲时间方面的政策；
- 为内训师设计从"培训师"到"高级培训师"再到"资深培训师"的职业发展通道。

名企案例 9-1：中国移动通信公司内训师管理体系

以下为中国移动通信公司（以下简称"中移动"）内训师管理体系文件，本管理体系作为中国移动各省公司内训师管理的标准化体系文件，每年由各省公司培训中心修订一次，不断完善。

中移动内训师职务说明书如表 9-1 所示。

表 9-1　　　　　　　　　　中移动内训师职务说明书

中国移动通信 CHINA MOBILE 移动通信专家	内训师职务说明书			
职位基本信息				
职位名称		职位编号		所属职级
所属部门		直接主管		管理幅度
职责概述				
协助制订培训计划，开发培训课程，按计划实施培训，达到所拟订的培训目标				
主要工作内容				
岗位职责	1. 培训需求调查，发掘公司内在的培训需求； 2. 协助人力资源部门编制培训规划； 3. 制订与实施专项培训计划； 4. 开发培训课题，编制培训教材及培训课件； 5. 跟踪外部培训市场变化，发掘并利用外部培训资源； 6. 不断创新培训课程，开发新课程，讲授培训课程； 7. 设计学员乐于接受的培训形式和方法； 8. 设计培训评估体系，并组织或协助评估培训效果			

续表

职位要求	
教育水平及工作经历	人力资源、管理或相关专业本科以上学历，专业功底扎实
身体素质	个人形象较好，具备讲师特质
培训经历	接受过现代人力资源管理技术、人员培训与开发、职业教育与课程开发等方面的培训
沟通能力	具备较强的与公司各级人员沟通的能力，发现公司内部深层次培训需求
业务技能	掌握中国移动的基本运营模式，熟悉移动业务；熟练制定移动公司培训课程规划及培训课件；较强的移动公司业务和服务分析能力及对应的课程研发能力；熟练使用各种办公软件
专业知识	具备人力资源管理知识；能够熟练使用现代培训工具
其他要求	具备敬业精神、团队精神；优秀的口头和书面表达能力；良好的沟通能力

中移动内训师管理体系由内训师招聘/选拔流程、内训师受训及认证流程、内训师培训执行流程、内训师资质年审流程四个流程构成，如图9-2所示。

```
┌─────────────────────┐
│  内训师招聘/选拔流程  │
└──────────┬──────────┘
           ▼
┌─────────────────────┐
│  内训师受训及认证流程 │
└──────────┬──────────┘
           ▼
┌─────────────────────┐
│  内训师培训执行流程   │
└──────────┬──────────┘
           ▼
┌─────────────────────┐
│  内训师资质年审流程   │
└─────────────────────┘
```

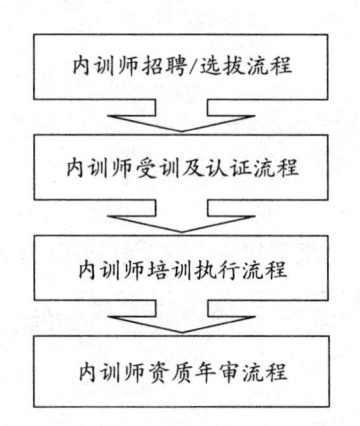

图9-2 中移动内训师管理体系

一、中移动内训师招聘/选拔流程

（1）省公司人力资源部培训中心依据内训师职务说明书的要求及公司内训师需求状况拟定内训师选聘说明书。

（2）省公司培训中心拟定内训师选聘文件，发文省公司各部门及各地市分公司人力资源部，内训师选聘说明书作为发文附件。

（3）省公司各部门和各地市分公司人力资源部认真传达省公司培训中心

的文件精神，鼓励优秀员工竞聘内训师。

（4）省公司各部门和各地市人力资源部在收到文件5个工作日内，将竞聘者名单及个人简历通过电子邮件的形式发送省公司人力资源部。

（5）省公司培训中心对竞聘人员进行初步审核，初审标准参照内部培训师选聘说明书。如果初审合格，通过电话通知本人，并发放面试通知书。

（6）省公司培训中心成立3人面试评审团，重点评估竞聘者的身体素质、语言能力、对投身中国移动培训事业的热情，并进行现场十分钟演讲。如果面试合格，则提请人事行政副总审核，审核同意后，正式列入内训师受训名单。

二、中移动内训师受训及认证流程

1. 编制培训大纲

培训大纲包括内训师必须要具备的素质与技能，即"基本素质""培训技能""进阶技能"及"管理技能"四大模块，并对各个子模块进行功能展开，形成各自的培训纲要，每个子模块主要包括"知识结构/技能结构""知识要点/技能要点""受训意义""培训方法""培训课时"。

2. 制定培训课程

根据内训师培训大纲，规划内训师培训课程及培训周期，培训课程与培训周期的规划要充分考虑省公司的实际情况，进行灵活排班。中移动内训师培训课程及培训周期规划表如表9-2所示。

表9-2　　中移动内训师培训课程及培训周期规划表

培训对象	技能要点	培训课程	学分	课时
内部培训师	基本素质	企业文化	3	2
		中国移动业务知识	4	4
		制度规范	3	2
		基本法律常识	3	3
		职业培训基本知识	4	3
	培训技能	现代培训技术应用	4	4
		实用沟通技巧	4	4
		培训教材开发	3	2
		实用授课技巧	4	3
		工作指导	5	5

续表

培训对象	技能要点	培训课程	学分	课时
	进阶技能	培训计划制订	3	2
		培训项目开发	3	3
		培训课程开发	3	2
	管理技能	时间管理	3	3
		情绪管理	3	2

3. 组织受训

受训工作小组按照培训课程及培训周期规划表的要求，对竞聘成功的内训师进行集中培训，制订详细的培训进度规划。在培训之前要做好充分的培训准备工作：培训课程及时间规划表，教学器材准备，确定培训讲师，培训场地选定，培训食宿安排，制定培训纪律，等等。

4. 培训实施

由培训讲师执行授课，授课形式采用互动式案例教学的形式，每门课程结束后，学员需完成受训心得报告，并利用1小时左右的时间谈感受、谈体会，提高受训效果。

5. 受训考核

每门培训课程的笔试试题由该课程培训讲师命题，试题由受训工作小组审核。每一培训阶段结束后，将集中进行笔试。学员修完全部培训课程，通过考核，拿到全部学分后，即通过培训考核，进入资质认证阶段。

6. 认证考核

资质认证工作小组组织已通过培训考核的学员进行综合笔试。阅卷工作由内训师资质认证小组组织人员统一进行，阅卷成绩由资质认证工作小组审核。

7. 认证评估

资质认证评估方法是综合笔试成绩与课程试讲成绩的加权平均。学员通过认证后，由省公司颁发内训师资质认证证书，证书有效期一年。

三、内训师培训执行流程

（1）市场经营部协助，由人力资源部成立渠道人员培训及资质认证工作小组，项目工作小组由人力资源部领导，市场经营部提供业务及人力支持。

（2）培训组根据渠道人员培训项目的规划选定专业及经验对口的内训师，被选定的内训师将成为培训项目组织中的一员，承担培训组交办的预定培训任务。

（3）内训师对承担的培训任务进行详细的分析，培训之前，深入基层，与待训人员深入交流，结合渠道人员培训大纲的要求，进行培训需求分析，准确把握培训重点。

（4）内训师结合自己的课程特点及授课风格，编制逻辑清晰、简明扼要的培训课件。同时编制培训测试题。

（5）根据培训项目总体规划表，内训师按期执行授课，授课方式要充分发扬培训师个人风格，以互动式案例教学为主。

（6）培训项目中阶段性的培训工作结束后，培训组统一组织学员笔试，以测试学习效果。

（7）内训师负责学员答卷的批阅工作，阅卷地点设在省公司培训中心，阅卷完成后，由培训组审核存档。

（8）培训项目全部结束后，培训组将学员培训情况和考核成绩提交资质认证组，由资质认证组组织认证考核工作。

四、内训师资质年审流程

（1）省公司培训中心于每年12月上旬组织成立内训师资质年审工作小组。并即时开展工作，于12月下旬完成内训师的年度评审工作，将评审结果于12月下旬通知内部培训师。

（2）资质年审工作小组设定内训师资质年审的评估指标，主要有三项关键指标，分别是：年度培训工作总结（权重20%）、年度培训课时数（权重30%）、学员平均满意度（权重50%）。

（3）资质年审工作小组催收内训师年度培训工作总结。

（4）资质年审工作小组调阅内训师年度培训课时记录与学员的满意度评估记录，结合工作总结报告进行综合评审，分别计算出内训师的年度综合得分。

（5）资质年审工作小组将内训师年审结果上报人事/行政副总审核，人事/行政副总将全面审核资质年审工作小组的工作过程，并最终做出批示，资质年审工作小组根据批示予以执行年审结果。

（6）培训中心对资质年审工作小组的工作予以存档备案。

9.3 内训师从新手到高手

经过层层选拔，你终于成为一名光荣的内训师。在兴奋之余你一定也会感到些许困惑：上台讲课面对那么多学员紧张怎么办？如何开场又如何结尾？怎么才能更好地调动学员的培训积极性？如何更好地把握课程的重点？如何针对培训需求量身定制培训内容？如何做好后续的培训落地工作以做到学以致用？

一名内训师从新手入门，经过刻苦的学习和艰辛的磨炼，才能最终成长蜕变为一名培训高手。

9.3.1 如何缓解紧张情绪

作为一名新手内训师，最常见的反应就是紧张。为什么会紧张呢？担心自己会忘词，担心准备不充分，担心学员比自己强，担心讲不好被别人笑话……

那么如何克服紧张情绪呢？有以下一些行之有效的方法，不妨一试。

1. 课前充分备课

上台紧张最主要的原因是对课程内容准备得不够充分，所以缓解紧张最好的方法就是在课前下足功夫，认真备课。梳理课程脉络，熟悉内容知识点，熟悉所用案例，做到所有要讲解的内容都烂熟于胸。面对非常熟悉的东西，我们会增添许多自信，大大缓解紧张情绪。

2. 多做几次试讲

充分备课之后，一定要多做几次试讲。如果有条件，最好在真实的授课环境中试讲，请人力资源培训部门相关人员、有经验的资深内训师、部门同事等来听听，收集他们的意见，不断地改进。没有条件，也可以自己对着镜子做练习，讲给自己听，或者用摄像机、手机等设备录下来，在回放的过程中自我改进。无论如何，一定要试讲、试讲、再试讲，这是缓解紧张情绪、保证培训效果的不二法则。

3. 培训设备检查

对于新手内训师来说，如果在培训过程中突发资料遗漏、设备故障等问题，往往会紧张失控、乱了方寸。所以在正式培训前，一定要认真检查培训过程中用到的各种设备是否准备完备，保证其能正常工作，做到心中有数。

比如要检查电脑、投影仪、电子白板、麦克风等电子设备是否可以正常工作，课程讲义、学员教材、培训资料、评测表格等是否准备好了，签名表、签字笔、白板笔、座位牌等其他辅助器具是否带齐全了。

4. 正确看待"老师"

对于内训师这个岗位，要树立一个正确的认识，"老师"和"学生"是相对的两个概念，"老师"不可能处处比学员强，没有永远的老师，也没有永远的学生，主动放低姿态，切记教学相长。针对成人的企业内训，其实是一个互动交流、相互学习、共同分享的过程。

5. 生理调节方法

有一些生理调节的方法也可以达到缓解紧张情绪的作用，比如上讲台前照照镜子，面对自己微笑，让自己更加自信；做几次深呼吸，调节紧张情绪；上台前做做热身运动，将身体调节至备战状态。

6. 提前到达会场

还有一个缓解紧张的好办法，就是提前半小时到达培训会场，这样会有充足的时间熟悉会场环境，还可以跟早到的学员聊聊天，提前铺垫好情感基础。

9.3.2 好的开场是成功的一半

对于一次成功的内训课程来说，好的开场非常重要，能够快速暖场打破僵局，建立和谐友爱的师生关系，营造平等快乐的学习氛围，可以说是培训课程的"龙头"。常用的开场方式有很多种,要根据培训课程内容、内训师个性特点、学员类别等因素灵活选择合适的方式。

(1)问题开场:选择培训要解决的关键问题作为开场,最能引起学员的学习欲望和学习兴趣。

例如在做一场销售培训的时候,可以选择以这样的问题开场:"在座的各位,谁能告诉我,作为一名顶尖销售高手需要具备哪些关键的销售技能呢?"

(2)故事开场:选择与培训内容紧密相关的、有意义的故事作为开场,能够发人深省,也是一种不错的开场方式。

例如一场关于员工职业心态的培训,以"三个工人"的故事开场:"有三个工人在一处建筑工地上费力地敲着石头,这处工地正准备建造一座大教堂。有一位传教士分别走近他们,问他们在做什么。第一个工人悻悻地说:'你没看到吗?我在敲这些可恶的石头!'第二个工人无奈地回答:'我在工作,好养家糊口。'而第三个工人眼睛里发出神圣的光芒,回答说:'我正在参与一项伟大的工作,当这座教堂建成,将会有成千上万的人来这里聆听上帝的教诲!'五年之后,第一个工人可能连敲石头的工作也丢掉了,第二个工人仍然是一个普普通通的打工者,而第三个工人则成为了公司的领导者。"这样的故事紧扣主题,并且会引起学员的深入思考。

(3)游戏开场:选择新鲜有趣、易于操作的游戏开场,能够迅速打破陌生局面,营造轻松活泼、和谐快乐的学习氛围。

例如在一次新员工的入职培训中,内训师以名字接龙的游戏开场,先请大家围成一圈站立,从第一位新员工开始介绍自己的名字、家乡、部门和爱好:"我是王一,来自湖南,任职行政部,爱好打篮球。"紧挨着他的下一位新员工要说:"我是来自湖南、任职行政部、爱好打篮球的王一旁边的李四,我来自山东,任职市场部,爱好听音乐。"以此类推,直到最后一名新员工。通过这样轻松有趣的游戏环节,新员工会快速地彼此熟悉,为后面的培训环节创建轻松愉悦的环境。

(4)数据开场:采用真实、具体的数据开场,最好是具有强烈对照作用的数据开场,有时候也可以取得非常震撼的效果。

例如,在一次主题为"工匠精神"的培训中,内训师采用这样的一系列数据开场:"曾经有咨询机构研究统计过,截至2012年,寿命超过200年的企业,日本有3146家,德国有837家,荷兰有222家,法国有196家。而中国呢?屈指可数!为什么这些长寿的企业扎堆出现在这些国家,是一种偶然吗?他们长寿的秘诀是什么呢?他们都在传承着一种精神——工匠精神!"

(5)案例开场:选用贴近学员工作实际的案例开场,能够极大地调动学员的学习积极性,激发学员的学习主动性。

例如,在一次针对公司管理人员的领导力培训中,以这样的案例开场:"李明最近刚刚由部门骨干人员升任部门经理,部门的另一个业务骨干王强对李明的升任心有不满,总是公然挑衅李明的领导权威,甚至偶尔会有言语上的冲撞。但是王强的业务能力很强,业绩依然位居部门前列。如果你是李明,针对王强这样的下属你会采取什么样的管理措施?"这样的案例开场,会一下子抓住学员的注意力,很好地激发学员的学习兴趣。

9.3.3 好的结尾是圆满的保证

对一次内训课程来说,完美的结尾同样重要,可以起到梳理学员思路、了解掌握情况、重申重点内容、加强学习记忆、激励行为改变、引入下次课程等作用,可以说是培训课程的"凤尾"。

结尾的方式也有很多种,分别介绍如下:

(1)首尾呼应法:在课程设计和开发的过程中埋下伏笔,使培训开场和培训结尾遥相呼应。比如,在培训开场的时候提出一个关键问题,且悬而未决,直到培训结尾的时候给出最终答案;或者,在培训开场的时候引入一个实际工作案例,而在培训结尾的时候由培训内容导出完美的解决方案。这样的结尾方式使得学员最初的疑惑得到彻底的解决,令人印象深刻,久久不能忘怀。

(2)要点回顾法:在课程的结尾,内训师回顾培训过程和培训内容,总结出培训的要点一、二、三,重申重点,强调要点,加深印象,强化记忆。

(3)小组竞赛法:可以就培训的重点内容设计竞赛题目,在课程的结尾,采取分组竞赛的方式,引入竞争机制,激发大家的好胜心,通过灵活应用培训的知识、技能,赢得比赛。这样的结尾方式要求学员即时应用所学内容,促进学以致用,最大限度地实现培训内容的行为转化。

（4）分组讨论法：在课程结尾的时候，根据培训的主要内容，拟定合适的主题，分组进行讨论，深化并升华培训精神。比如，在完成了"工匠精神"的培训内容讲解之后，拟定这样的主题："你将如何在后续的工作中修炼工匠精神？"将培训学员分成几个小组，进行小组讨论，最后由每个小组选派一名代表上台陈述本组的讨论结果。这样的结尾方式，会促使学员深入思考培训内容，并与自己的实际工作相结合，为后续的培训效果转化奠定良好的基础。

（5）培训调查法：提前设计好培训调查表，在课程快要结束的时候，留出时间发放调查表，组织学员填写调查表，收集学员的意见和建议，完成后续的培训评估工作，不断改进和优化培训过程。

9.3.4 如何做到轻松控场

1. 互动控场方法

内训师可以借助各种互动工具，通过师生互动、小组互动充分沟通交流，掌握带动、鼓动、发动、推动、调动、轰动、感动、震动等技巧，吸引学员参与，营造互动气氛，使培训过程更易于被学员接受，更有效果。

内训师要掌握一些常用的互动方法，比如可以预埋一些较难掌握的知识点让学员讨论，也可以在培训中故意弄错或搞混一些问题让学员辨别，或者准备几个容易引发争论的知识点让学员展开辩论。

2. 提问控场技巧

"讲得好不如问得巧，问得巧不如答得妙。"学习是发现问题的过程，培训的关键在于能够帮助学员解决实际问题，释疑解惑，所以问题解答对学员的影响甚至超过了课程的精彩演绎。

内训师要掌握问题设计的方法，能配合课程纲要设计问题。常用的问题类型有主题性问题、关键性问题、观念性问题、操作性问题、启发性问题、提示性问题、区分性问题和界定性问题等。

内训师还要掌握问题导入的技巧，比如提前要求学员在培训时带着问题来，在培训一开始便安排导入性的提问，鼓励学员在小组研讨后提出问题，布置培训后应完成的思考题，在每个培训小节后向学员提问，在培训结束前可反串学员进行提问，等等。

内训师要懂得不是课堂上所有的问题都需要回答，但是所有问题都需要回应，要以自己有无准备以及问题与主题有无关联来判断；要区别有的问题需要学员回答，有的问题只是为丰富课堂表述而设计；回答问题要运用乐从心法、尊重学员，达到教学相长。

3. 学员把控关键

在培训过程中，有的学员上课走神、睡觉，有的学员玩手机、翻微信，有的学员甚至会故意捣乱、刁难老师。面对各色各样的学员，内训师一定要去除"问题学员"的错误观念，因为如果学员没有问题又何必训练？不要把学员的问题等同于问题的学员，所以，要清晰地了解在学习状态之外，还有处在观察、评判、挑战等状态的学员，正确把握学员心态，管理和调整学员状态。

内训师可以运用沉默、停顿、重复、眼钩、手抓、话打、声音拉等控场技巧，抓现场、抓感觉、抓心态，通过提问引发思考，通过现象点评激发兴奋点，通过身边事和学习活动调动注意力，激发学员全情投入、全心参与。

4. 自我状态控制

培训过程中的控场最重要的其实是控制自我，而不是控制学员，控制好自己的心态和情绪，树立为学员服务的理念才是正确的选择。虽然内训师是"老师"，但要虚怀若谷，放低身姿，坚持教学相长，与学员相互学习、交流分享、共同进步。

9.3.5 如何调动学员的积极性

1. 以建构主义为指引

在培训过程中，如果内训师以建构主义为指引，就能从根本上调动学员的积极性。

建构主义的核心思想是以学员"学"为主，提倡小组讨论、实际演练等主动学习方式，相比以老师宣讲为主的传统教学模式，建构主义教学方法极大地激发了学员的主动学习意愿，很大程度上提升了学员的学习效果。

建构主义教学的核心内容是，一切从学员的角度出发，一切围绕学员，以学员为中心进行教学设计、课程开发和实施等一系列教学行为。建构主义教学以学员完成有意义的建构作为培训的终极目标。建构主义教学其实就是基于问题解决的教学，教学的目的就是帮助学员解决问题。①

2. 让学员参与其中

现在的学员，尤其是以 90 后为代表的新生代员工，崇尚自我，追求自由，注重参与感。调动学员积极性的有效方法就是让学员深度参与培训的各个环节，充分展现自我，让他们全身心参与其中，才能真正激发他们的学习热情。

让学员参与的方法有很多，比如培训过程多提问让学员来回答；在讲解某些问题的时候让学员来讲解；讲解疑难问题的时候可以分成几个小组，在组内充分讨论，并上台陈述；多采用游戏法、竞赛法、角色扮演法等方法。总之，要让学员不再只是被动地听，而要主动地讲；不再仅仅是观众，而要成为参与其中的演员。

3. 适度激励

在培训过程中设置一些环节，引入竞争机制，奖优罚劣，往往能很好地调动学员的学习积极性。常用的激励方式有参与激励、竞争激励、荣誉激励、目标激励等。

比如，对积极回答问题的学员要热情地给予肯定和鼓励；引导所有学员对参与者给予掌声激励；引入小组竞赛的机制，对获胜小组发放荣誉证书或小红包等作为奖励。

9.3.6 如何量身定制培训内容

内训师需要掌握培训课程系统性开发技巧，了解学员及其关注的问题，以学员现有知识为基础，解决实际问题，缩短表现差距，弥补需求缺口。同时，

---

① 关于建构主义可参考本书第十章：建构主义——点燃学员的培训热情，对建构主义做了深入细致的探讨。

设计好培训过程的交流环节和互动环节，掌握课程开发的通用模型和基本技术。

开发准备：考量学员对象及其预期学习程度；灵活运用学科、组织、学员三大取向；制订项目计划、进行课程分析、确定课程目标、设计课程内容、制作课程文件、试讲和验收、评价和修订；培训资源工具的准备。

内容设计：素材选择准备，旁征博引、信手拈来；内容大纲和知识点概要、行为指南的框定；测试、考核、学习效果评价、现场效果促动等的设计；感性引导（如活动、故事、问题、演示、游戏、研讨等）的配置。

效果预期：培训前内容讲授重点的效果深化设计；培训中现场效果的掌控设想，包括学员配合度、内容互动性、演练是否到位、研讨参与度、活动现场效果等的预设；培训后学员吸收、领悟的跟进；等等。

9.3.7　优秀内训师的修炼

从新手到高手，从优秀到卓越，内训师的职业成长是一个不断修炼的过程。唯有勤于学习、善于总结、不断练习，才有可能到达成功的彼岸。

1. 勤于学习

这是一个信息技术知识大爆炸的时代，这是一个日新月异的时代，学员的成长也是非常迅速的。要给学员一杯水，自己得有一桶水。内训师必须不断地学习，提升专业知识，扩充行业知识，拓宽知识面，提高自身素养，才有充足的底气站在讲台上。内训师要及时更新培训知识点、课程案例、教学素材以保证与时俱进。所以说，优秀的内训师是一台永不停歇的学习机，一旦开始就没有结束。

2. 善于总结

有些人用授课年头或者培训课时数作为衡量内训师是初级、高级还是资深，其实是不够科学的。有些人讲了多年的课，水平却没有多少提升，问题就在于是否善于总结提升。内训师在每次课程结束之后都应该认真地收集意见、发现问题、深入总结，针对课程内容、培训方法、互动练习等环节进行相应的改进和提升，保证每次进步一点点，你才会一直走在超越自我的大道上。

3. 不断练习

内训师是一份实践性的工作，有再多的理论知识，也不如披挂上阵，上台实操。在一次次的培训实践过程中，不断地练习，不断地摸索，才有可能持续精进，正所谓实践出真知。

名企案例 9-2："钻石讲台"——福田汽车内训师体系建设[①]

案例背景

福田汽车成立于 1996 年，是一家国有控股上市公司，现有总资产 470 亿元，员工近 4 万人。

福田汽车的员工培训工作以公司五大战略转型和五大能力的培育为核心目标，依托福田大学六大学院，形成了以管理人才、专业技术人才、营销人才、国际化人才、技能人才和校园人才六支人才队伍为核心的人才培养体系。培训工作紧紧围绕需求分析、计划方案、组织实施、效果评估及结果应用五大业务流程开展，同时构建起培训必要的课程、师资、供应商和教育经费四大资源体系，通过一整套的培训管理制度体系作为基础保障，形成了"6·5·4·1"的培训体系。

福田汽车每年在基础培训方面的需求量和课程量非常大，企业知识管理的迫切性也比较高，与此相对应的是几年前福田汽车内训师授课水平参差不齐，缺乏系统培养、正式认证的师资队伍，所以摆在企业培训工作面前的首要任务就是建立一支优秀的内训师队伍。

最佳实践

回顾福田汽车内训师队伍建设的过程，可以概括总结为三个发展阶段，下边分别用三个比喻进行说明。

[①] 本案例摘编自"钻石讲台——北汽福田内部讲师培养平台"，2015 年 12 月 25 日。

第一阶段："民间小剧场"阶段

福田汽车内训师队伍建设的第一个阶段是2010年之前，可以称为"民间小剧场"阶段，这个阶段的特点表现在公司民间的授课比较活跃，每个"周六培训日"都会有大量的讲师进行培训和分享，公司的高管也偶尔登台授课，全年累积下来总的授课数量大得惊人；但公司层面没有一支经过系统培养、正式认证的内训师队伍，总体技能偏低，所以培训的效果并不理想，学员满意度总体比较低。

第二阶段："国家大剧院"阶段

从2011年到2013年，福田汽车内训师培养进入第二阶段——"国家大剧院"阶段。这个阶段总体上呈现出了专业度高、培训项目系统、认证环节隆重等高大上的特点。培训部门从福田汽车LOGO的核心元素——钻石出发，策划和创立了"钻石讲台"内训师培养平台，作为福田汽车致力于打造具有福田汽车企业特色的内部培训师培养项目，"钻石讲台"是公司内训师的集体称号，也是公司人力资源管理倾情打造的服务员工的产品和品牌。

制定了"钻石讲台"的平台和品牌后，也策划制定了完善而系统的培养模式。在内训师培养项目中还有一些具体的操作模式，诸如"人课合一"的培养模式，课程开发和内训师培养完美结合；"1+1"的课程开发模式，即每位内训师学员需要开发两门课程，一门小组精品课程，主要是通用能力方向的，一门是内训师个人品牌课程，主要是专业方向的，项目完成之后讲师必须能讲两门课程；闭关培训的模式，培训项目时间是白天+晚上，封闭进行开发和演练；"现场+远程"相结合的辅导模式……

而且培训项目的认证条件非常高，设计出了"PDCA"的认证流程，即第一步培训过程中的日常表现过关（performance daily），考核学员参与项目过程中的出勤、作业完成情况、课程开发进度和质量等；第二步演示呈现关（demonstration），学员必须通过课堂汇报；第三关是实战检验关（check），即安排每位讲师实实在在讲授一次课程，学员满意度达标后方可过关；第四关就是认证环节（approved），讲师通过认证，获得讲师资格证书。

福田汽车内训师培养基本上可以概括为"C-circle"动力圈，包括课程开发（course）、案例沉淀（case）、讲师选拔（coach）、培养项目（class）、传播

（communication）和认证（certificate）六个基本步骤。

总体来讲，福田汽车"国家大剧院"阶段的内训师培养比较专业、系统，整个项目看上去很高大上，但是也存在很多问题和痛点：痛在学员出勤，痛在认证难度大，痛在员工参与度低，痛在成本过高，痛在内部影响力不足。

第三阶段："我要上春晚"阶段

带着这些问题和挑战，福田汽车内训师培养项目从2014年至今进入了第三阶段，抽象概括为"我要上春晚"阶段。

培训部门把培训项目按照"TOP"的模式来做，首先是引进人才培养的各种新技术（technology），如翻转课堂、混合式培训、行动学习、教练技术等培训技术方法，让技术引导项目的发展；其次是极致体验的产品思维（production），培训经理也要是产品经理，培训项目就是培训的产品；最后就是项目的运营管理（operation），我们要把产品当成品牌来经营，注重过程体验。通过"互联网+"的思维和技术，将项目重新设计，最终设计出让学员尖叫的项目，就差一个比较好的引爆点了。

2014年，福田汽车培训部门负责人看到一则消息：《中国培训》杂志将主办"我是好讲师"全国大赛，眼前顿时一亮，这不正可以作为培训项目的"引爆点"吗？通过与大赛主办方——《中国培训》杂志社联系，最终获得了福田汽车企业赛区的承办权，成为2014年第二届"我是好讲师"大赛的六大企业赛区之一。第一年组织就吸引了300多名员工的积极参与，有五人参加"我是好讲师"全国总决赛并获得"全国百强讲师称号"。

紧跟着，2015年大赛共吸引400多名选手参加，覆盖福田汽车的北京、山东、长沙、广东等多个地区的事业部参加，第一次将总部、事业部、选手有机组合在一起。

通过好讲师大赛，福田汽车实现了以赛带培、赛训结合，通过大赛带动培训，比赛各环节都设置各种培训和辅导，选手一路参赛，一路接受各种专业的培训和辅导，极大提升了参加培训的热情，开拓了公司在人才培养方面的视野和思路，看到了自身的优势，也看到了自身的不足与发展方向，形成了福田汽车特色的人才培养品牌，获得了行业认可。

总之，在"我要上春晚"阶段，福田汽车形成了一种非常好的内训师培养模式,通过"我是好讲师"大赛帮助企业发现内部人才,沉淀企业知识,完善企业的人才培训管理体系,提升讲师授课水平,有助于打造内训师平台,塑造员工服务品牌。

> **案例分析**

福田汽车内训师培养经历了"民间小剧场""国家大剧院"和"我要上春晚"三个阶段,是三种内训师培养的模式,而这三种模式在福田汽车依然并存,业务部门日常的培训还是"民间小剧场"的模式;企业大学每年也会组织几期专业的认证班,确保内训师培养的专业度;还有就是公司继续做好"我是好讲师"大赛,通过赛训结合的方式让内训师培养更加接地气,产生更大的内外部影响力。

9.4 让领导者成为内训师

如果将"培训师"和"领导者"的胜任素质做个对照,你会发现,"培训师"与"领导者"的胜任能力非常匹配。让领导者担任公司的内训师,对公司的发展具有积极的实践价值。培训师与领导者胜任素质对比如表9-3所示。

表9-3　　　　　　　　培训师与领导者胜任素质对比

培训师	领导者
善于思考、思维缜密、广识博学	足智多谋
以身作则、正直担当、值得信任	正直诚信
启迪他人梦想、善于辅导和发展他人、乐于分享自己的观点	爱护士卒
勇于面对挑战、迎接挑战、不屈从于现状	勇敢果断
严格要求学生,帮助他们养成自我约束的习惯和优秀的品格	军纪严明

9.4.1　领导者担任内训师的价值

世界大型企业联合委员会曾经做过一项调查,结果显示,被调查的企业中 90% 的领导者都会在"领导力培训项目"中担任内训师，30% 的企业领导者会在"技术/业务培训项目"中担任内训师。70% 的企业高管认为"由领导者担任内训师"对于员工发展及后备领导的培养具有显著作用，60% 的企业高管认为"由领导者担任内训师"对强化组织文化与沟通具有显著的促进作用。

从整体来看，让领导者担任内训师具有多重价值。

1. 实现公司战略

在授课过程中，领导者有机会与学员交流公司的愿景与战略部署计划，让基层管理者和一线员工充分理解组织的战略意图；同时，领导者也有机会更加真实地了解基层的业务情况以及员工工作状态。

2. 挖掘优秀人才

领导者在教学过程中，能敏锐观察到表现突出的优秀人才，一些才思敏捷的基层人员也有机会脱颖而出，从而促进公司内部的人才流动。

3. 提高领导能力

领导者在培训准备过程中，能够促使自己系统学习更多的管理知识，在培训讲授过程中，能够更好地理解分享的主题内容，提升自己的沟通表达、辅导下属以及激励他人等各方面的管理能力，取得长足进步。

4. 传递企业文化

领导者授课为公司内部提供了知识共享的机会，更好地实现企业文化、经营理念等思想的传递，有利于打破有形的组织架构与无形的团体文化所形成的信息壁垒，对于公司去除官僚主义、形成统一的企业文化具有极大的促进价值。

5. 促进业务创新

在授课过程中，领导者可以与学员探讨业务模式，研究创新格局，有利于上下形成共识，增强基层人员的参与感，推动公司变革，获取员工尽可能多的支持，促进创新成功。

6.降低培训成本

在领导力培训中，外部师资往往价格不菲。所以，使用公司内部的领导者可以极大地削减培训成本，这对公司培训部门而言非常有价值，能够取得较高的培训投资回报率。

9.4.2　释放领导者的教学潜能

在长期自上而下命令型的公司内部，要推动领导者从事教学和培训相关的工作，必须给公司来一场重要的文化变革。培训部门可以从以下六个方面入手，释放领导者的教学潜能，为公司培养一批"善为人师"的领导者。

1.增强意愿

从行为学角度分析，人们普遍存在着三个方面的动机：强化自我价值感受的需要、肯定个人知识成就的需要以及倾向于帮助他人的需要。真正的领导者非常清楚自己内在的这些需要，也知道激励和发展他人的价值。通过激发他们内在的需要，可以促使领导者增强培训他人的意愿，愿意分享自己的梦想，愿意无私地帮助他人、辅导他人。

2.树立责任

成功的领导者会通过分享亲身经历的故事，来树立自己独特的领导力观点。一旦他们愿意培养其他管理人员，就会运用掌握的各种方式方法、教练工具以及教学的相关技巧，投入大量的时间培训其他领导者。

3.促进"无边界分享"

领导者的知识分享，由于站位相对较高，对企业发展而言尤其宝贵。卓越的领导者懂得通过对话而非职位权力与他人取得共识，推动全体员工的承诺与贡献。他们可以跨越公司内部有形或无形的边界，分享最佳实践与知识，保障公司得到最快的发展。

4. 系统管理

在推动领导者担任内训师的过程中，充分了解领导者的背景、专长、职责和兴趣等信息，并将教学任务与领导者的相关信息相匹配。要确保领导者做好教学的充分准备，帮助领导者梳理和开发必要的教学资料，并让领导者在他们有信心和可掌控的层面进行教学。让领导者掌握主动教学的培训方法，推动体验式教学的应用。

5. 多维发展

领导者在教学上的成长是多维度的。一开始仅仅作为一门课程教学团队中的一员，随着对课程内容的掌握，渐渐能够独自讲授一门课程或引领一个专题学习，最后成为培训项目的负责人。另外，他所掌握的课程与专题会逐步增多、丰富和系统化，所涉足的领域及面对的学员，也会从个别的业务单元或部门逐步发展为更具差异化背景的群体。

6. 体验讲台

通过教学变革，推动领导者走上讲台，让他们和公司内部的学习与发展专家共同构建教学团队，发挥各自优势，体验担任内训师对个人和公司所带来的重要价值。

实践证明，让更多的领导者登上讲台，能够让公司在纷繁的竞争中持续成长。越来越多的中国企业开始关注，让领导者在培养他人的过程中，释放出自己的教学潜能，将公司打造成为卓越的学习型组织。

第十章
建构主义——点燃学员的培训热情

教育不是灌输,而是点燃火焰。

——苏格拉底

苏格拉底说:"教育不是灌输,而是点燃火焰。"在培训和教学过程中,有什么比点燃学员的学习热情更重要的事情呢!

建构主义正是点燃火焰的那根导火索。当你一旦接受了建构主义思想,就能真正领悟到培训之魂,获得无穷的力量。

- ◆ 建构主义——拨云见日
- ◆ 建构主义——培训之魂
- ◆ 建构主义培训体系设计
- ◆ 建构主义培训师的修炼

10.1 建构主义——拨云见日

10.1.1 建构主义，拨云见日

认识建构主义，体味建构之美，源于自己几年前一次企业内训的经历。

应公司总经理的要求，人力资源部将针对集团公司下属的两家分公司中层以上管理者组织一次关于领导力提升的专题培训。当时公司管理人员的领导力水平参差不齐：有一部分是资深经理，在公司工作时间长，管理经验丰富，工作业绩突出；还有一部分是新任经理，因工作认真、表现突出，刚刚由骨干员工升任部门经理。总体而言，公司管理人员的管理知识不够系统，管理能力有待提高，急需提高管理人员的领导力水平。

在接到总经理的培训任务后，作为人力资源部负责人的我首先想到的是寻找外部专家，对公司所有管理人员做一次高大上的领导力培训。经过认真甄选，确定了一名业界大咖，开始紧锣密鼓地准备，首先针对其中一家分公司的近50名中层以上管理人员展开培训。

培训还没开始，以分公司一位资深销售副总为代表的部分管理人员就公开"唱反调"，用这位销售副总的话讲："什么知名培训大师，他了解我们公司吗？了解我们的业务吗？还不如请我给大家做个培训呢！"

箭在弦上，不得不发。领导力培训如期进行。部分管理人员以各种借口为由请假，参训人员不足40人。培训大师采用的是传统的宣教式培训方法，内容系统经典，案例丰富实用，讲解风趣幽默。观察整个培训过程，有认真听讲、频频点头者，也不乏低头玩手机、打瞌睡者。总体来说课堂气氛比较沉闷，大家的参与性严重不足。培训现场的课堂表现如此，培训之后的效果转化就可想而知了。最后，学员满意度评价得分不到80分，参训管理人员对

这次培训颇有微词，当然，公司总经理也很不满意。

经过这次失败，痛定思痛，深入分析，我认为原因有以下两点：首先，管理人员层次不同，管理水平参差不齐，没有做到按需培训。其次，培训过程以老师"教"为主，没有关注学员的"学"，老师虽然讲得很热闹，学员只是听得很热闹，没有充分激发学员的学习热情，学员参与度不足。

于是，针对集团另一个分公司的管理层领导力培训，我大胆设计了完全不同的新方案。首先把近50名管理人员分成7个小组，将不同层级的管理人员尽量平均分配到每个小组中。打破了原来刻板的常规教室座位安排方式，每个小组围坐成一圈，分发了若干张大白纸、小便笺和各色彩笔。培训第一轮从问题开始：你认为作为公司管理者，应该具备哪些领导力要素？要求每个小组充分讨论，将本组答案写在大白纸上，上台宣讲。培训过程中引入评分竞争机制，每组讲解完毕后，各组根据讲解质量给予打分，另外最先讲解的组将获得加分项。令人意想不到的是，培训过程异常火爆，大家的参与度极高，发言积极，表现热情，争先恐后。培训第二轮是管理沟通案例，说明案例背景，由各组分别推举代表进行现场角色模拟演练。培训过程进入又一轮高潮，现场唇枪舌剑，针锋相对，欢声笑语，引人深思。培训最后一轮为总结陈述阶段，参训人员经过前两轮的深入参与、透彻思考、头脑风暴、相互激发，基于原有的知识与经验，对于领导力都有了更深层次的认知。各组的表现妙语连珠、精彩纷呈，知识的收获和精神的愉悦都写在了脸上。

作为培训师的我，在整个培训过程中充当的只是培训过程的设计者、培训现场的组织者，对每一组的陈述做适度点评，并在最后的总结陈述阶段不失时机地将领导力引入理论和系统的范畴。培训结束后，满意度评价高达99分，大家的反馈非常好，一位公司资深副总事后深有感触地跟我说："这是我参加过的印象最为深刻的一次领导力培训，形式非常好，收获非常大，以后一定要多搞！"

经过这次培训，我深受鼓舞。后来通过阅读相关文献才发现，我所做的培训过程设计与优化，在无形中运用了建构主义的思想。建构主义让我跳出了传统的培训设计思路，拨云见日，高屋建瓴。从此，我爱上了建构主义，并且沉迷其中，不能自拔。

苏格拉底说，教育不是灌输，而是点燃火焰。在培训和教学过程中，有什么比点燃学员的学习热情更重要的事情呢！

10.1.2　学习金字塔理论

学习金字塔是一种现代学习方式的理论，最早由美国著名学者、学习专家爱德加·戴尔于1946年首先发现并提出。它用数字的形式形象地显示了采用不同的学习方式学习，学习者在两周以后还能记住内容的多少，证实了不同的学习方式，学习者的学习吸收率是完全不同的，如图10-1所示。

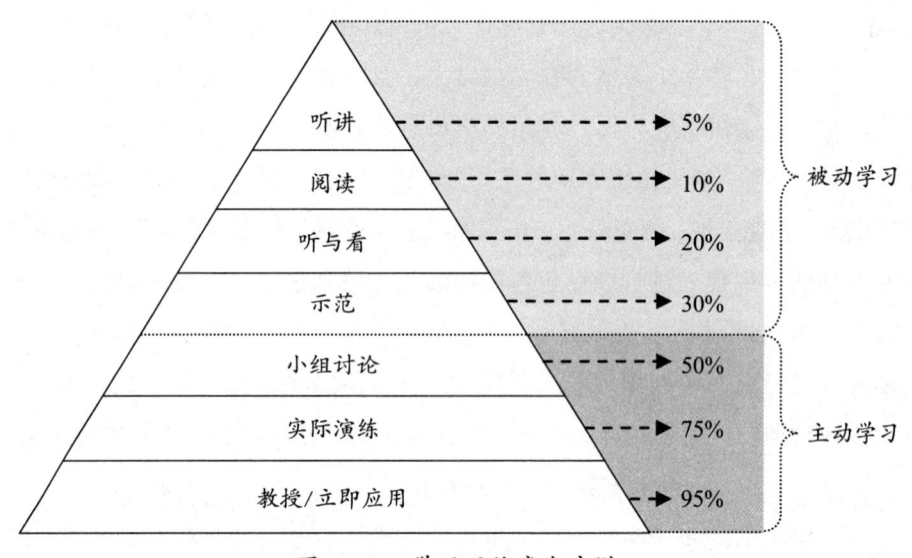

图 10-1　学习吸收率金字塔

（1）听讲：处于塔尖的位置，是我们最熟悉、最常用的方式，也就是老师在上面说，学员在下面听，而学习效果却是最低的，两周以后学习的内容只能留下5%。

（2）阅读：学员通过自主阅读的方式学习，学到的内容两周后可以保留10%。

（3）听与看：老师通过播放声音、图片等多媒体资料，学员通过"听声音""看图片"的方式学习，学到的内容两周后可以保留20%。

（4）示范：老师通过"示范"的方式展示学习内容，学员通过观摩的方式学习，学到的内容两周后可以记住 30%。

（5）小组讨论：老师组织学员对学习的内容进行小组讨论，小组成员在相互讨论中学习、理解，两周后可以记住 50% 的内容。

（6）实际演练：老师辅导学员在"做中学"，或在实际工作中实习来学习，两周后记住的内容可以达到 75%。

（7）教授 / 立即应用：处于金字塔的基座位置，学员通过把知识"教授"给别人，或者在实际工作中"马上应用"来学习，两周后可以记住的内容竟然达到 95%！

爱德加·戴尔提出，学习效果在 30% 以下的几种传统方式，都是个人学习或被动学习；而学习效果在 50% 以上的，都是团队学习、主动学习和参与式学习。

建构主义的核心思想是以学员"学"为主，提倡小组讨论、实际演练等主动学习方式，与学习金字塔理论不谋而合，相比以老师宣讲为主的传统教学模式，建构主义教学方法极大地激发了学员的主动学习意愿，很大程度上提升了学员的学习效果。

10.1.3 成人学习理论

企业培训的对象是企业员工，企业员工是拥有一定生活经验和工作经验的成人，因此，了解成人学习与儿童学习方式的差异，调动成人学习的积极性至关重要。

美国管理学家汤姆·W. 戈特（Tom. W. Goad）博士在其著作《第一次做培训者》中，总结了关于成人学习的 16 条原理，这些原理经过实践证明确实能有效促进培训工作取得成功。这些原理的主要内容包括：

（1）通过做而学。通过动手将学到的新东西运用到实际，从某种程度上能提高学员的学习积极性。亲自动手达成的结果能给学员留下深刻的感性认识。

（2）运用实例。相对于枯燥的理论知识学习，贴近学员实际工作、生动有趣的例子，能够引起学员的高度重视，从而提高他们的学习兴趣。

（3）通过比较来学习。参加培训的学员，之前大都有丰富的阅历和背景，在学习的过程中，将现在所学的知识与以前了解的知识进行联系和比较，从而加深或改变之前的部分知识构架。

（4）舒适的环境。培训环境的好坏在一定程度上决定着培训的效果，尽量在一个相对舒适、安静、宽敞的空间内进行培训，避免在交通不便、受到干扰、空间局限、不能自由走动的环境中培训。

（5）多样的形式。结合学员的特点采取灵活的培训方式，往往能够取得更好的培训效果。

（6）消除恐惧心理。有些企业会将培训与考试成绩、奖金及晋升等相联系，会增加学员的恐惧心理。而企业培训应该更多地关注培训过程，更好地实现培训目标。

（7）做培训的促进者。与儿童培训不同，成人培训中培训师的角色更像一个教练，学习的过程不只是教授知识，更重要的是过程中的引导。

（8）明确学习目标。在培训开始时就告知学员学习的目标，在培训的过程中随时监测学员是否偏离了学习目标，并及时纠正。

（9）反复实践。让学员在培训期间反复运用所学知识及技能，最大限度地转化成实际工作的一项技能。

（10）启发式学习。对于理论知识，引导学员说出答案比单纯告知答案的效果更好。只有这样才能发挥学员的主观能动性，更加深刻地掌握知识。

（11）信息反馈。对于学员取得的进步给予正向、及时的鼓励，让学员随时都能感觉到被关注，从而提高学习的动力。

（12）循序渐进。在学员之前的认知基础上构建和加强对新知识的理解与运用。

（13）培训活动。充分考虑每个环节的培训活动是否与培训目标一致，让学员积极参与到培训活动中，保证培训效果。

（14）初始印象。学员对培训的初始印象，会在很大程度上影响培训的效果。所以培训准备要充分，培训师仪态要职业，培训内容要专业。

（15）要有激情。培训师的激情很重要，能够带动和感染学员，激发学员积极投入到培训过程中。

（16）重复记忆。根据记忆的特点，同样的内容要多次重复才能达到良好的记忆效果。

与成人学习理论有共通之处，建构主义的教学思想同样强调学员在"做中学"，否认学员是一张白纸，承认学员是在原有的经验和知识的基础上构建新的知识，倡导引导式学习，注重充分发挥学员的主观能动性。所以说，建构主义思想符合成人学习理论，尤其适合用于企业员工培训。

10.2 建构主义——培训之魂

10.2.1 行为主义、认知主义和建构主义

人们对教育方法的认识是一个发展变化的过程，概括起来，经历了以下三种不同的认识阶段：行为主义、认知主义和建构主义。

1. 行为主义

20世纪上半叶，行为主义在教学领域占据着统治地位，行为主义认为知识积累的关键因素是"刺激—反应"的实验模式，学习就是通过不断的强化刺激，建立刺激与反应之间的联结。

行为主义基于客观主义，认为世界是真实的，存在于学习者外部。教学的目标是将世界的结构与学习者的结构相匹配。学习动力来自外部强化。学习由教师控制和负责，学习的程序是固定的，知识的获得是快捷的。

比如，海洋馆里驯兽师训练海豚跃起钻圈、水上舞蹈，使用的就是行为主义理论，海豚每次完成动作就给予美味小鱼奖励，不断地强化刺激—反应的联结，时间长了，海豚就成为表演明星了。

再比如，早期刚进工厂的学徒，都是由老师傅采用"师带徒"的方式教授操作技能。师傅一般都会非常严厉，徒弟稍有疏忽，操作失误，就会招来师傅的严厉批评。通过不断的强化"刺激—反应"，徒弟学得会非常快，将操作技巧和操作禁忌深深地印在脑海中，形成条件反射般的隐性记忆。可以说，对于简单、重复性、动作技能方面的学习，行为主义理论是非常有效的。

2. 认知主义

认知主义也是基于客观主义的，认为世界是客观真实的，存在于学习者之外。

认知主义者以计算机处理信息的方法与人类进行类比，从信息的输入、存储、加工、提取和输出等环节来解释学习，认为教学的目标就在于帮助学习者获得所教授的信息，而教师的责任就是将知识填满学生这个容器。显然，认知主义将学习者视为信息处理者，忽视了学习者在学习过程中的主观能动性。

德国心理学家克勒曾做过著名的黑猩猩实验，饲养员专门在一个上午不给猩猩吃任何东西，午间过后，饲养员把它领到一个房间，房间的天花板上吊着一串香蕉，猩猩即便站立起来也够不到。猩猩一见香蕉便又蹿又跳，可怎么也够不着。这时候，饲养员在房间里放入一个大木箱、一根短木棒。猩猩犹豫了一下，它沮丧地蹲在地上。就在它万般无奈的时候，突然，它直奔箱子，把箱子拖到香蕉的下面，然后又拿着那根短木棒，很敏捷地爬到箱子上，轻轻一跳，香蕉就到手了。几天之后，饲养员把香蕉挂得更高，短棒换成了一个小木箱。猩猩一开始仍然沿袭上次得到的经验，但因为香蕉太高了，无论如何也是够不着的。它茫然地坐在箱子上，有些不知所措。突然，它像明白了什么似的拖着小箱子来到大箱子跟前，稍微一用力，便将小箱子扔在了大箱子上面，然后迅速爬了上去，解决了难题。

猩猩与海豚简单的刺激—反应不同，在遇到问题时，会坐下来观察整个问题情境，后来突然显出了领悟的样子，并随即采取行动，这个过程是对以往经验的信息加工的过程。

中国目前的灌输式教育体系基本上是基于认知主义的，老师认为学生的大脑是由一个个格子组成的知识存储区，而学生就是一部小型计算机系统。老师输入各个学科、各个模块的知识，学生存储了这些知识，并会自动处理、加工。但实际的情形是，应试教育体系培养出的所谓人才缺少了创作的才能、创新的热情和解决问题的实际能力。

3. 建构主义

建构主义承认外部世界是客观存在的，但是如何理解世界以及赋予它什么样的意义则是由个人来决定的。

建构主义认为，学习不是知识由教师向学生的传递，而是学生建构自己的知识的过程。学习者不是被动的信息吸收者，相反，他要主动地建构信息的意义。

建构主义特别强调学习者在学习过程中的主观能动性，建构主义者认为，没有真实的世界，只有真实的解读。我们从不否认世界的客观存在，只是人们没有能力对其进行绝对客观的解读，每个人都有自己的解读，并且依据自己的解读去决策、行动。

人们对教育理论和学习理论的认知是一个不断深入的过程。从"行为主义—认知主义—建构主义"的发展进程中，我们可以看出，学习理论研究的焦点逐渐从学习行为转向学习意义，从对简单操作学习的研究逐渐转向复杂问题的解决研究，教学关注的关键点从老师的"教"转移至学生的"学"。

10.2.2 建构主义的核心教学观

1. 建构主义教学就是要解决问题

建构主义的学习观认为，学习是学习者基于自身原有经验主动建构的过程，是以个人已经拥有的知识、经验为基础的，不是一张白纸。学习是学习者的自我建构，不是单一的、外部的装载或输入。

建构主义教学的核心内容是以学员为中心，从学员的角度进行教学设计、课程开发和教学实施等一系列教学行为。建构主义教学其实就是基于问题解决的教学，教学的目的就是帮助学习者解决问题。

2. 建构主义的学习方式

（1）强调学习者主动参与下的有意义的学习

鼓励学习者自己提出问题并解决问题，坚持学习者能够对学习结果进行自我表达，重视批判性学习，重视错误对学习的积极意义。

（2）强调基于真实情境性的探究性学习

学习者学习的关键是发生在有意义的情境之中，学习的结果是个人与特殊知识情境相关的，重视学习者的研究性学习。

（3）重视社会交往和合作基础上的学习

强调学习者之间、学习者与老师之间的对话、交往和合作，重视以团体活动为形式的学习。

3. 建构主义的师生关系

（1）建构主义的教师观

教师不只是知识的传授与灌输者，更是意义建构的促进者，正所谓"授人以鱼，不如授人以渔"。因此应用建构主义教学法，对教师的要求是很高的，不仅要具备相应的专业知识，还要充分了解学员，充分了解学员所在的企业和行业。

（2）建构主义的学生观

学生不是外部刺激的被动接受者和被灌输的对象，而是信息加工的主体、是意义的主动建构者。因此要求学员在培训过程中要积极参与，充分互动，既要充分调动内心深处的经验和智慧，展示自我，又要在团队协作过程中积极分享和贡献。

（3）建构主义的师生关系

在建构主义教学中，教师与学生是一种合作关系，教师与学生是平等互助的团队合作。教师与学生的感情交流也解除了以往紧张的敌对状态，转为温馨平和的心灵交流。

师生之间的合作与沟通增进了师生双方对彼此观点和感受的理解，提升了个人认知水平，实现了真正意义上的"教学相长"。

4. 建构主义的四大要素

建构主义者认为，学习是在一定的情境背景下，通过人际间的协作活动而实现的意义建构过程。建构主义学习理论认为"情境""协作""会话"和"意义建构"是学习环境中的四大要素。

（1）情境：在建构主义学习环境下，教学设计不仅要考虑教学目标分析，还要考虑有利于学生建构意义的情境创设问题，并把情境创设看作教学设计的重要内容之一。

（2）协作：协作发生在学习过程的整个过程中。协作对学习资料的收集与分析、假设的提出与验证、学习成果的评价直至意义的最终建构都有重要作用。

（3）会话：学习小组成员之间必须通过会话商讨如何完成规定的学习任务或计划。实际上协作学习过程也就是会话过程，在这个过程中，每个学习者的思维成果为整个学习群体所共享，因此会话是达到意义建构的重要手段之一。

（4）意义建构：这是整个学习过程的最终目标。所要建构的意义是指事物的性质、规律以及事物之间的内在联系。在学习过程中帮助学生建构意义就是要帮助学生对事物的性质、规律以及与其他事物之间的内在联系达到深刻的理解，这种理解在大脑中的长期存储形式就是对所学内容的认知结构。

10.3 建构主义培训体系设计

了解了建构主义的相关概念，如何基于建构主义思想组织企业培训呢？建构主义培训设计包括教学思想的确定，培训目标的制订，学员特征分析，培训内容特征分析，学习资源设计，学习工具设计，学习情境设计，学习策略设计，总结与强化练习，以及最后的形成性评价，总结性评价等方面。

10.3.1 建构主义培训设计流程图

建构主义培训设计流程图如图 10-2 所示。

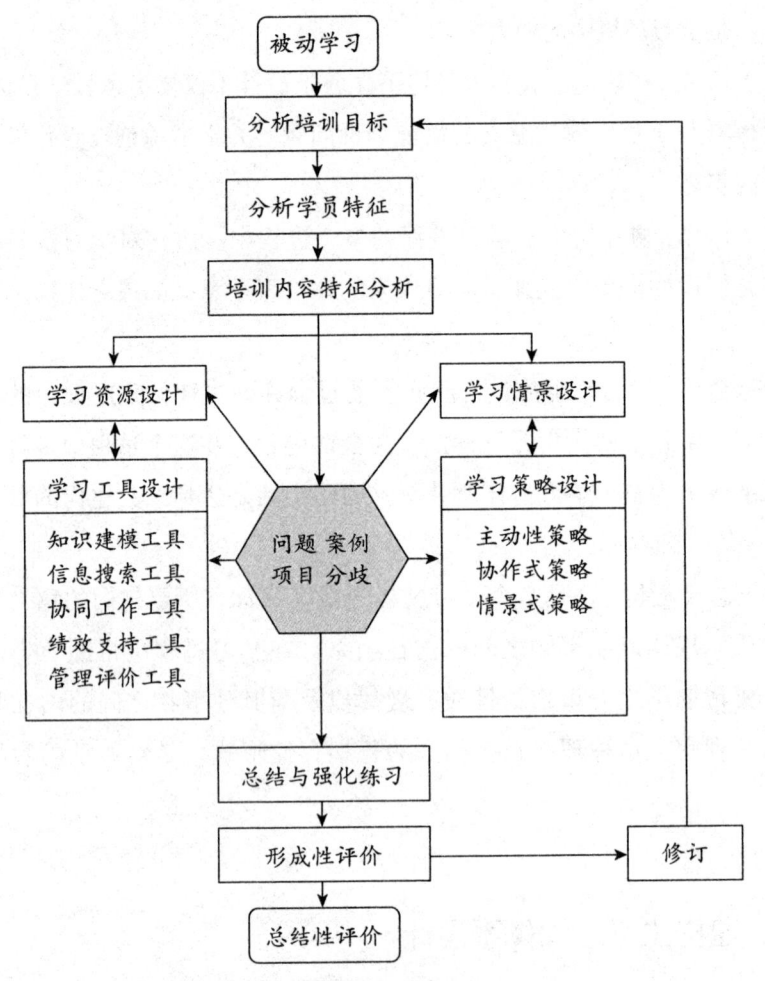

```
            ┌──────────┐
            │ 被动学习 │
            └────┬─────┘
                 ↓
          ┌────────────┐
          │ 分析培训目标 │←──────────────┐
          └─────┬──────┘                │
                ↓                       │
          ┌────────────┐                │
          │ 分析学员特征 │                │
          └─────┬──────┘                │
                ↓                       │
          ┌──────────────┐              │
          │ 培训内容特征分析 │            │
          └──┬────────┬──┘              │
   ┌─────────┘        └─────────┐       │
   ↓                            ↓       │
┌──────────┐              ┌──────────┐  │
│ 学习资源设计 │           │ 学习情景设计 │  │
└─────┬────┘              └─────┬────┘  │
      ↕                          ↕      │
┌──────────┐   ┌──────┐   ┌──────────┐  │
│ 学习工具设计 │  │问题 案例│ │ 学习策略设计 │  │
│ 知识建模工具 │←→│项目 分歧│←→│ 主动性策略 │  │
│ 信息搜索工具 │  └──────┘  │ 协作式策略 │  │
│ 协同工作工具 │            │ 情景式策略 │  │
│ 绩效支持工具 │            └──────────┘  │
│ 管理评价工具 │                          │
└──────────┘                             │
                ↓                        │
          ┌────────────┐                 │
          │ 总结与强化练习 │               │
          └─────┬──────┘                 │
                ↓                        │
          ┌──────────┐       ┌──────┐    │
          │ 形成性评价 │─────→│ 修订 │────┘
          └─────┬────┘       └──────┘
                ↓
          ┌──────────┐
          │ 总结性评价 │
          └──────────┘
```

图 10-2 建构主义培训设计流程图

10.3.2 建构主义培训目标分析

建构主义的培训目标是什么呢？其实就是企业员工存在的问题。建构主义培训是基于问题解决的培训，只有找对问题才能解决问题，达成培训目标。

1. 收集问题

我们说企业存在各种各样的问题，实际上是企业的各级人员存在各种各样的问题，可能是知识方面的、态度方面的或者技能方面的。

如何准确地找到问题？如果明确企业希望的目标状况，也清楚企业目前

的现实状况，两者的差距就是问题所在。即

$$问题 = 目标状况 - 现实状况$$

围绕培训对象的知识掌握状况、工作态度状况、专业技能状况，我们可以收集各方面存在的差距，并做初步的归类、整理工作。

2. 聚焦问题

根据前期收集的问题列表，首先要分析其有效性，并不是所有的问题都可以通过培训的手段解决。例如，行业发展趋势、国家经济政策、企业宏观战略等问题，单靠一次简单的培训是不可能解决的。而员工存在知识掌握不足、工作态度不积极、专业技能有待提高等方面的问题，是可以采取培训的手段予以解决的。

确认了培训问题的有效性，我们还要进一步聚焦问题，在问题列表中进行再次筛选，聚焦其中最主要的问题，比如企业人员中普遍存在的问题，或者是企业目前急待解决的问题，作为当前的主要培训任务。

3. 分析学习者特征

建构主义把培训的中心从培训师转向了学员，认为学员才是决定能学到什么的关键因素。所以，在开始培训之前，首先要分析学习者特征。通过分析，设计适合学习者能力和知识水平的问题，提供适合的帮助和指导，设计适合学生个性的情境问题和学习资源，从而取得良好的教学效果。

学习者特征分析主要包括知识基础、认知能力以及兴趣、动机、情感、意志和性格等方面的特征。

4. 明确培训目标

明确经过培训需要完成的培训任务是什么，解决具体问题，最终让参训人员达成有意义的建构。

（1）培训目标要具体，避免大而空。

（2）培训目标要量化，例如：通过培训将客户满意度从 70% 提升至 90%。

（3）明确相应的衡量标准，例如：客户满意度的各项指标是什么。

10.3.3 建构主义培训体系设计

建构主义培训体系设计包括学习情境设计、学习资源设计和学习环境设计。

1. 学习情境设计

学习情境指的是为学生提供一个完整、真实的问题背景,使学生产生学习的需要,促进学员之间的合作学习,加强互动、交流,驱动学习者自主学习从而达到主动建构知识的目的。

学习情境的设计步骤如下:

(1)提出问题(包括项目、问题、案例、分歧等)

这是整个建构主义学习环境设计的中心,它为学习者提供了明确的目标和任务。任务不同所采用的策略、所提供的资源不同,认知工具也不尽相同。

(2)提供信息资源

提供与问题解决有关的各种信息资源,包括文本、图形、声音、视频和动画,以及通过从网上获取的各种有关资源。学员自主学习、意义建构是在大量信息的基础之上进行的,所以必须在学习情境中嵌入大量的信息。

(3)提供认知工具和会话协作工具

认知工具和会话协作工具是指可视化的智能信息处理软件,可用于帮助和促进认知过程。常用的认知工具有:问题/任务表征工具、静态动态知识建模工具、绩效支持工具、信息收集工具、协同工作工具、管理与评价工具等。

2. 学习资源设计

学习资源是指所有用来帮助教与学的资源,即支撑教学过程的各类软件资源和硬件系统。学习资源可分为学习材料和教学环境两大类。

学习材料的设计,主要分 CAI 课件和网络课件的设计。对于 CAI 课件的设计主要考虑四个方面因素:课件内容组织、控制结构、教学信息和界面。而网络课件的设计是一门新兴技术,如教学内容的组织,网络课件一般采用自主学习策略，在学习过程中需嵌入大量信息资源，有用资源的查寻及组织是设计者需要解决的难题。

教学环境是指用于教学的各种媒体及配套软件。比如给培训者发的材料都是单面的，而且都留有适当的空间做笔记，让他们可以记录他们认为有用的、和知识点相关的材料。用作培训的房间必须足够大，不能让设备和人显得拥挤，为了使讨论时各组不产生干扰，在安排位置的时候要有一定的差距。培训师要在培训前把教室布置好，避免培训者产生情绪波动。

10.4 建构主义培训师的修炼

一位学习者一旦接触过建构主义思想，传统的灌输式培训课程就没法再听了；而一位培训师一旦接受了建构主义思想，他将真正领悟到培训之魂，获得无穷的力量。

从传统培训师转化为建构主义培训师，是一次教育思想的升华，是一系列教学方法的飞跃。建构主义培训师被称为"学习的促进者""苏格拉底式提问者"，是学习者主动学习、自主建构的推动者，而不是传统意义上的"知识传授者和灌输者"。成长为一名真正的建构主义培训师，需要从以下一些方面加强修炼。

10.4.1 从主演到导演

在传统培训教学中，主要是靠培训师事先的安排、控制来达到教学目的。培训师在教学中占据着绝对的统治地位，培训师是整个教学过程的"主演"，培训师在"表演"独角戏，学员只是观众，在台下观看老师的演出。而建构主义培训师以"导"代"教"，培训师化身为"导演"，退居幕后，设计演出过程，布置演出场景，适度控制演出进程，而学员化身为"演员"，全程参与体验，完成意义建构。

建构主义培训师的"导演"角色体现在以下几个方面：

1. 学习环境的设计者

建构主义培训师对学习环境的设计主要体现在两个方面。一方面，为学习者提供信息资源，如文字材料、书籍、音像资料、多媒体课件以及互联网上的信息等，帮助学习者有效地建构知识；另一方面，设计教学情境，设计适合学习者自由探索和自主学习的场所。

例如，在一次针对公司高管的战略培训中，建构主义培训师根据"经营意识与战略决策"的学习任务，采用沙盘模拟几家公司的经营过程，设定好公司的内部情况和公司的外部环境，将参训人员分成几个组，制定公司战略，组织人力资源、研发、生产产品，开辟国内、国际市场，模拟运营公司。在建构主义培训师设计好的教学情境中，参训人员围绕"战略"问题展开学习和讨论。

2. 意义建构的促进者

虽然说学员的知识建构是主动的、自由的，但仍然不能缺少建构主义培训师的全程引导。

在学习之初，学员不一定能够很快进入意义建构的情境，培训师有义务引导学员进入学习情境，在学员的自主建构过程中实施"监控性"引导，使学员能够始终围绕学习主题进行意义建构。

例如，在上面"经营意识与战略决策"的学习过程中，培训师在关键阶段的知识讲解和技能引导也是非常重要的，起到理论联系实践的作用，强化学员的学习效果。另外，培训师在学习过程中，还要充当外部顾问，解答学员的各种问题和疑惑。在这样的学习过程中，建构主义培训师正是一名意义建构的促进者。

3. 学习共同体的协作者

建构主义学习理论特别强调协作学习，学员与培训师组成学习共同体，围绕学习主题一起讨论和交流，对问题提出自己的看法，并对别人的观点做出分析和评论。通过这样的讨论，整个学习群体共同完成对所学知识的意义建构。

4. 隐形的教学管理者

为了保障教学活动的顺利开展，培训师在培训过程中有进行教学管理的权利，但是，建构主义培训师更注重教学管理的技巧性，管理于无形之中，让学员乐于接受。

总之，在建构主义教学情境中，培训师不再是知识的施予者、强权的管理者，而是一个向导、促进者、协商者、合作探究者和激励者；学员不再是知识被动的接受者、无条件的顺从者，而是学习的主动建构者、探究者、协商者和对话者。

10.4.2　情境教学设计师

简单地说，教学情境就是教学环境，包括硬环境和软环境。硬环境主要是物理环境，包括教学场景内的设施情况，例如，在上面"经营意识与战略决策"的培训中，教室内的课桌按小组数摆放成鱼骨形，每个小组围坐一桌，方便组内研讨、组间交流，也方便培训师辅导。

软环境主要是指课堂文化，其实就是一套游戏规则。

例如，在上面"经营意识与战略决策"的学习过程中，培训师在开头要明确说明模拟实战的竞赛规则，即经过五年的实战运营，以第五年公司的股东权益回报作为小组间胜败的标准，激发学员主动地参与到学与教的活动中来，充分调动学员的学习状态，保证了培训过程始终围绕培训主题展开学习，不会偏离建构的主题。

另外，课堂文化氛围是否宽松，是否鼓励学员冒险，并支持他们勇于承担责任，也是促进学员学习与发展的关键。

10.4.3　沟通与交流

课堂情境、问题讨论、学习共同体研究等各个培训环节都需要具备良好的人际交往和沟通交流的能力。对于建构主义培训师的沟通能力，除了跟传统教育模式中一样强调清晰、流畅、有逻辑地表达知识的能力以外，还提出了一些新的能力要求。

1. 倾听的能力

建构主义思想认为，任何阶段、任何发展水平的学员都是带着自己的观念进入培训课堂来学习的，因此，培训师的首要任务是倾听学员的观念，在倾听的基础上创造条件，帮助学员建构更精彩的观念，这才是教学的价值所在。

要能够做到倾听，首先必须进行关注，在关注的基础上才能做到主动倾听。所谓主动倾听是真诚地、积极地去理解对话者，是与他人交往所需要的重要技能。

有效地倾听意味着你要总结对方所说的话，并加以辨别，正确地表达你的观点。这种关注和倾听能力是建构主义学习环境下培训师的基本能力要求。

2. 表达的能力

表达清晰是培训师应有的重要能力，除此之外，建构主义还强调培训师对同一问题以多种不同方式进行表达的能力，这种能力是针对不同背景情况、不同个性特征的学员提出的。

10.4.4 提问与反思

1. 提问的技巧

在建构主义教学过程中，提问是促使学员认知失衡，以达到意义建构的重要手段。不恰当地提问，会妨碍学员的意义建构，打断学员的思维过程，甚至会产生抵触情绪。建构主义要求培训师能够根据学员的思维现状，适当地提出能够对学员当前的思维语言形成挑战性的思考问题。

2. 反思的能力

建构主义培训师的反思能力是指在培训活动中，不断地对自我及教学进行积极、主动的计划、检查、评价、反馈、控制和调节的能力。反思能力是建构主义培训师不断改善教学质量、获得教学专业知识、改善教学策略、提高教学技能、实现专业发展的核心能力。

而对于建构主义教学过程中的学员来说，反思和学会反思既是目标也是手段。在学习中反思是学员主动建构和高层次思维的重要体现，而发展反思能力同时也是学员思维发展的重要目标。

名企案例 10-1：建构主义在用友[①]

案例背景

用友（集团）成立于 1988 年，是亚太地区大型的企业管理软件、企业互联网服务和企业金融服务提供商，是中国大型的 ERP、CRM、人力资源管理、商业分析、内审、小微企业管理软件和财政、汽车、烟草等行业应用解决方案提供商。

用友大学是用友集团全资创办的用友直属教育机构，创立于 2008 年，其前身是用友学院。用友大学以"上接战略、下接绩效"为核心指导思想，运用建构主义教育思想，组织各种行动学习项目，与公司的战略愿景、业务策略、流程制度、文化训导紧密结合，极大地支持了公司的业务目标。

最佳实践

建构主义可以说是用友大学的共同信仰，这个信仰背后蕴含着巨大的能量，成为用友大学壮大自己、发展联盟的共同纲领。

一、应用建构主义指导精品课开发

用友大学每年都会根据公司的战略需求开发一系列精品课程。在建构主义的指导下，精品课程的开发非常强调课程情境设计，注重学员的参与性，引导学员在学习过程中去建构。

比如，用友大学开发过一门名为"策略销售"的精品课，采用沙盘模拟的形式，将学员分为几个相互竞争的销售团队，模拟一个大项目的竞争，每个销售团队通过沙盘模拟的形式制定销售策略，每一组的销售策略都可以输

[①] 本案例摘编自《上接战略，下接绩效，培训就该这样搞》，田俊国，北京联合出版公司，2013 年 1 月第 1 版。

入专用的分析软件进行行为有效性分析评价。每个阶段结束时，展示各组的销售策略，进行集中分析点评。

一张沙盘，一套PPT，一个策略分析工具，整个培训过程以案例贯穿始终，用场景模拟对抗，抛出问题引导讨论，学员深度参与，乐在其中，培训师如同导游，跟着享受。因为课程的情境非常接近真实的竞争，学员非常投入，收获非常大，好评如潮。

二、应用建构主义实施高管培训

用友集团每年都有后备总经理班，就是从基层经理中选拔优秀的人员培养成为后备总经理。对这些具有丰富管理业务知识和一定管理经验的高级人才如何实施培训呢？用友大学应用建构主义教育思想，采用案例研讨式学习，培训效果非常好。

教学情境的设计是这样的：在教室后面架上摄像头，几位集团部门领导坐在后排观察，把二十多个学员分为四组，全程录像，录制学员课程表现的视频可能会作为领导选派决策的依据。

接下来分别抛出几个具体的管理案例大家讨论并汇报，比如，一个销售合同签订过程中销售和服务出现矛盾，作为总经理如何决断；手下的资深销售总监因提拔问题不在状态，作为总经理如何与之沟通；另外还有执行力的问题、销售策略制定的问题；等等。

为期三天的培训没有给学员讲任何知识，PPT加起来不足20页，但培训的效果却出奇的好。因为这样的培训相当于把一个新任总经理将要面对的极具挑战性的场景提前让大家体验了一下，极大地激发了学员的主观能动性，点燃了学员的学习热情，这正是建构主义的巨大能量和超凡魅力。

案例分析

学习的目的就是寻求改变，无论课堂演绎得多么精彩，老师讲得多么眉飞色舞，学员笑得多么前仰后合，最后检验培训效果的只有一样：学员的改变。

建构主义促进学员有效改变的主张与传统的教学有很大不同，建构主义认为：世界是感知的世界，知识是基于经验的建构，每个人都用自己的认知做决策，积极而持久的变化是自内而外的，学习过程伴随着意义协商。按照建构主义的核心主张，不仅老师，学生的角色也要重新定义，传统的课程、传统的课堂也要有颠覆性的变化，课程效果的评估也将彻底改变。

虽然建构主义的教育思想早在20世纪中叶就已经提出来了，但在中国并没有被普遍接受，推行建构主义存在一定的难度，建构主义在中国任重道远。而用友大学坚定地选择了建构主义教育思想，作为指导企业培训的核心思想和不变的信仰，在理论上积极探索，在实践中全面应用。无论是精品课程开发，还是高管沙龙、文化研讨、团队学习，以及日常的专业轮训，都以建构主义为指导思想，坚定不移地实施建构主义教学策略和学习方法，取得了实实在在的培训效果，建立了良好的培训口碑。在中国企业培训界，用友大学也以其前沿理论、实操方法、独到见解以及创新思维独树一帜，成功树立了专业、系统、创新的品牌形象，对建构主义在我国培训和教学界的深入研究、快速发展和有效传播起到了重要作用。

第十一章
行动学习——培训落地的知行合一

知是行的主意,行是知的功夫。
知是行之始,行是知之成。

——王阳明

知行合一,是明朝思想家王守仁提出来的心学思想,是阳明心学的核心。他认为,人们认识事物的道理与在现实中运用此道理,是密不可分的一回事。

行动学习体现的正是知行合一的思想,知是行的主意,行是知的功夫。知是行之始,行是知之成。

- ◆ 世界500强的共同选择
- ◆ 行动学习实现知行合一
- ◆ 行动学习六个实施步骤
- ◆ 行动学习九大促动技术
- ◆ 行动学习的常用工具箱

11.1 世界 500 强的共同选择

行动学习的本质是结合企业实际情况解决问题，主张依靠企业基层员工的集体智慧提出解决问题的方案，鼓励员工把日常的抱怨转化为解决问题的具体行动，并且提倡把行动学习作为实行其他先进管理技术的基础。

近年来，行动学习在全球范围内受到了众多企业的青睐，通用、波音、西门子等全球 500 强企业都先后引入行动学习，用于员工培训和组织变革，并且取得了实质性的成果。

11.1.1 GE，领导力创新增长项目

GE 是国外企业中早期运用行动学习的企业之一。前 CEO 杰克·韦尔奇大力推行行动学习，并且在克劳顿管理学院设立研究中心专门研究行动学习如何开展。行动学习是 GE 公司"建立全球思想、快速转变组织"的主要策略。杰克·韦尔奇曾说，GE 利用行动学习进行培训，使学员成为公司最高管理层的内部咨询师。GE 不仅将行动学习作为组织变革模式的工具，同时也利用行动学习开展了一系列领导力培训项目和后 MBA 项目。可以说行动学习是 GE 组织学习的基本元素，已经渗透到公司的各个管理过程之中。

行动学习给 GE 带来了丰厚的回报，国际性业务占有率从之前的 18% 发展为后来的 40%。而且，行动学习也成为 GE 实施其他先进管理战略的基础，为日后应用其他管理项目提供了有力保障，通过将行动学习融入组织的 DNA 中成功实现了有效培养领导人才的目的。

11.1.2 波音公司，全球领导力项目

波音公司（Boeing）是全球最大的航空航天业公司，其客户分布在全球150个国家和地区。早在1999年波音公司创办了培训全球领导人的学习项目（global leadership program，GLP），培训对象主要面向公司的高级经理，目标是使公司的高级经理能立足全球视角进行思考和行动，并与其高级经理层面的接班人计划相联系。波音公司的GLP采用的正是行动学习的模式。

波音的行动学习分为三个阶段，分别为导入阶段、深入他国阶段和报告阶段。第一阶段花三天时间在美国本土学习各类介绍和资料，理解国家和公司的愿景。第二阶段花三周时间选择在相应的、具有重要战略价值的国家度过。在选定的国家会见企业领导者，倾听该国专家的建议和意见，深入企业生产现场，并与相关的企业领导进行交流与会谈，探索和理解该国的历史、文化习俗及其价值，沉浸于该国的文化和民俗之中，评价企业在国家和区域内的现状、问题和动态的竞争能力以及评估企业在国家与区域中生存的机会。大约十天后，对公司当前发展非常重要的某一议题将被介绍给参加学习的高管们，并要求高管们组成团队为公司决策者提供建议和方案。最后两天返回美国对方案进行评估，并准备向公司执行委员会汇报。

波音公司开展行动学习的目的是培训企业的高级管理人员，管理人员通过接受董事会提出的企业存在的真实问题，组建学习团队，提出小组建议，最后通过综合评估方案来对行动学习团队提出的建议做出评价。行动学习不仅实现了波音公司绩效的提高，也实现了公司内部管理人员能力的提升。

11.1.3 行动学习打造中粮全产业链

2005年，中粮集团提出"全产业链"的发展战略。这是一个浩大的工程，不仅涉及整个商业模式、组织架构、管控模式的调整，甚至人的思维方式、企业文化都将面临巨大的转变，要让这样的一艘巨型航母转身，难度巨大。中粮集团领导人认为，中粮集团的全产业链转化，关键在于思想引领，落实到方法就是把培训作为推动整个企业转型的最好切入点，以此形成中粮行动学习的大背景。

行动学习是人类解决问题的一个基本逻辑。团队成员一起反思，分析问题产生的根源，制订解决方案和行动计划，然后实施，这一过程遵循的就是这个基本规律。基于这一逻辑，中粮集团采用"结构化会议"的方式，即将培训和会议结合在一起，分几个阶段进行：热身阶段、导入阶段、研讨阶段、促动阶段、总结阶段。

在热身阶段过后的导入阶段，导入的内容可谓多种多样，可以是理论理念、领导讲话、方法工具、经验教训等。研讨阶段整个团队必须在一起，研讨是行动学习的催化剂，通过凝聚大家的智慧和共识来提升认识水平，领导则对研讨起催化作用。研讨中，大家需要根据现象找出组织需要解决的问题，准确认识问题，在经历改变思维模式、创新收获的阶段后，要有一个反思整合，并且提交下一步的行动计划。

中粮的行动学习即使做不到专业深入，但至少可以做到普遍。从2005年至今，中粮所有转型关头的培训和工作方法，从愿景、战略、流程、领导力、管理语言、核心竞争力到品牌管理、渠道管理等，从最高层到工厂都是如此，非常彻底。

中粮集团行动学习最大的成果有两个方面，一是造就了氛围；二是开阔了视野，提升了能力，更专业一些的就是质疑反思、系统思考。团队参与的目的是避免领导的"一言堂"或者避免某个人或某个部门的利益主导整个组织的规划。

中粮集团通过行动学习成功实现了由机会型的贸易公司转型成为战略清晰的产业化经营公司，并更进一步转型成为"全产业链"的发展战略型企业，顺利完成企业升级，实现企业快速发展。

11.2 行动学习实现知行合一

11.2.1 知行合一

知行合一，是明朝思想家王守仁提出来的心学思想，是阳明心学的核心。先有致良知，而后有知行合一。知是指科学知识，行是指人的实践，知与行的合一，既不是以知来吞并行，认为知便是行，也不是以行来吞并知，认为行便是知。人们认识事物的道理与在现实中运用此道理，是密不可分的一回事。不仅要认识，尤其应当实践，只有把"知"和"行"统一起来，才能称得上"善"。致良知，知行合一。

行动学习是一套完善的方法体系，参与者以小组的方式采取行动来解决问题，小组成员在解决实际问题的过程中实现学习和发展。行动学习把工作课题或实际问题的解决过程作为学习的方式，在行动中学习，在学习中行动。

行动学习体现的正是知行合一的思想，知是行的主意，行是知的功夫。知是行之始，行是知之成。

11.2.2 平等、分享、参与、共识

随着移动"互联+"时代的到来，人们的生活形态发生了重大变化，深刻影响到人们的思维方式以及行为模式。互联网时代推崇互联网精神，即平等、分享、参与、共识。

（1）平等。新技术尤其是移动互联网技术的发展，使得信息的传播快捷方便，信息的获取轻而易举。企业与客户之间、管理人员与员工之间，以及员工相互间的信息不对称状况被根本改变，专业壁垒被打破，所谓的权威不复存在。组织内的沟通、协作需要以平等互助为基础，构建轻松、开放的环境，相互分享，共同成长。

（2）分享。目前，80、90后已成为企业的骨干力量，他们拥有年轻的活力，前沿的技术，崇尚平等、开放的互联网精神，关注个体感受，注重自我实现。只有在开放、平等的工作环境中，才能让他们全身心参与其中，才能真正激发他们的工作激情，发挥无限的创造热情，带动企业创新发展。

（3）参与。互联网时代讲的是快速、高效的协作。协作意味着聚焦大家关注的共同问题，描绘共同愿景，尊重个体差异，聆听每个人的想法，并达成共识。这种共识是众人大脑智慧的集合，容易获得众人的支持，有利于打破部门边界，让组织更加灵活、敏捷和高效。团队成员间达成共识对高效执行变得比任何时候更重要。

（4）共识。行动学习的理念和方法恰恰可以帮助企业做到这些。行动学

习注重搭建轻松、开放的环境，通过一定的会议规则和方法最大限度地保证参与者在行动会议中打开心扉、畅所欲言、共享信息，达成团队共识，并在执行行动中充分参与，在解决问题的过程中共同学习和提升。

可以说，行动学习是十分符合互联网时代精神的个人学习和组织提升方法，通过行动学习，参与者在解决组织面临的各类复杂的、严峻挑战性问题的过程中，不仅能够系统提升自身的学习能力、系统思维能力、创新能力，而且可以从培训中沉淀出一批实用的管理工具，促进业务的改善。

11.2.3 行动学习公式

行动学习的力量来源于小组成员对已有知识和经验的相互质疑，以及在行动基础上的深刻反思。行动学习可以用一个简单明了、全面深刻的公式阐释如下：

$$AL=P+Q+R+I$$

- AL（action learning），指行动学习；
- P（programmed knowledge），指结构化知识；
- Q（questioning insights），指洞见性问题；
- R（critical reflection），指深刻反思；
- I（implementation），指执行应用。

1. P：结构化知识

结构化知识是指已经成形的思路和方法，是一个人的心智模式。心智模式往往决定了一个人如何认识世界，决定了一个人看待事物、解决问题的方法和角度。心智模式决定思维模式，思维模式决定行为模式。所以，如果希望从根本上改变一个人的行为，首先必须改变他的心智模式。行动学习基于问题解决，通过对惯有的心智模式进行深刻质疑和反思，打破原有的心智模式，重建更高层面的心智模式，到达另外一个P，从而实现个人和组织的能力提升。

2. Q：洞见性问题

解决问题的前提是提出具有洞见性的问题。能提出具有洞见性的问题并不是那么容易做到的，很多时候我们还没有搞清楚问题到底是什么，就开始匆匆忙忙着手解决问题，结果往往旧问题还没有解决，新问题又出现了。通常提出来的都是现象，而困扰我们的往往是隐藏于冰山下的真实问题。这些问题可能我们自己都没有意识到，只有不断讨论、洞察、聚焦，才会浮出水面。

3. R：深刻反思

只有对自我心智模式进行深刻反思，才能促进行为的改变。

小组成员在解决问题的过程中，按照一定的框架和程序，对自己及其他成员的经验进行质疑，并在行动的基础上不断反思，才能对问题的本质达到更深入的认识，提出富有创造性的解决方案。质疑与反思是行动学习产生创造力的来源。

4. I：执行应用

在质疑、探寻、反思形成新的认知后，一定要在具体情境中实施应用。行动学习成果必须通过行动的过程才能得到验证，也只有通过行动才能对组织产生实质性的影响。小组成员只有在行动的过程中，才能进一步反思以加深对问题的认识。执行应用是行动学习非常重要的组成部分。

11.3 行动学习六个实施步骤

行动学习究竟该如何开展呢？不同的问题对应不同的行动学习方法，不同的学习方法对应多种不同的实施步骤。但不论哪一种行动学习方法，基本都包括以下六个最基本的步骤：聚焦问题、组建小组、分析问题、制订方案、行动实施、总结推广。

而质疑反思始终贯穿于行动学习过程的始末，行动学习过程中的每一个步骤都离不开质疑反思。

- 在聚焦问题阶段，企业需要反思自身存在的问题；
- 在组建小组阶段，企业需要反思员工对行动学习目标实现的重要程度；

- 在分析问题阶段，企业需要反思问题背后的根本原因，并反思自身的现状来制订企业可以达成的目标；
- 在制订方案阶段，企业需要反思计划的现实性，并反思决策背后涉及的风险和收益情况；
- 在行动实施阶段，企业需要对方案实施的阶段性成果进行反思，并为下一阶段的实施工作积累经验；
- 在总结推广阶段，企业不仅要向员工展示行动学习的成果，更要反思实施阶段的经验和教训。

行动学习的基本步骤如图11-1所示。

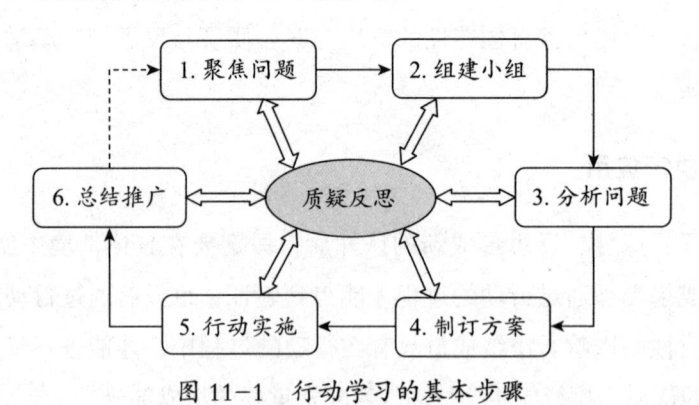

图11-1　行动学习的基本步骤

11.3.1　聚焦问题

在开展行动学习之前，首先必须明确要解决的问题是什么。问题分为两类，一类是希望弥补不足，以达到一般标准；另一类是追求卓越，以达到最佳标准。无论是哪类问题，都需要企业达成共识。

企业遇到的问题与教科书里提出的问题是不同的，教科书里提出的问题一般是"良构问题"，问题是明确的，有边界的，很多时候是虚构的理论问题，已经有明确的答案。而企业面对的问题一般来说是"病构问题"，虽然我们能够感觉到有问题存在，但是对于问题到底是什么，却很难一下子说清楚，问题是真实的，迫切需要解决，而问题的答案是什么也是不确定的，目前还没有清晰明确的解决方案。

我们经常说提出问题比解决问题更加重要，这在企业的学习过程中是非常贴切的。如果一个企业不能清晰定义并聚焦自己所要解决的问题，行动学习也就无从谈起。

11.3.2 组建小组

根据提出的问题，下一步面临如何组建学习小组。行动学习小组的成员应该具备解决问题所需要的各个层面的知识，这就要求我们根据需要解决的问题，判断谁具备相关知识和业务背景，然后组建由这些人构成的学习小组。

挑选行动学习小组的成员主要考虑三个方面：首先，根据行动学习的目标，确定与目标相关性最大的部门，从中挑选最接近行动学习目标的人。注意：避免把同一部门的主管和员工分到一起，尽量将不同部门的经理和员工分成一组，这样有助于以不同的视角全面地看待小组的任务和问题。其次，考虑相关领域的专业技术人员。最后挑选有潜力的建议实施者，可以通过部门负责人推荐。学习小组的成员人数以 4~8 人最为合适。

行动学习小组的成员角色主要有以下几类：发起人、召集人、促动师、小组成员、问题所有人、陈述者、外部专家。行动学习小组内不同角色的主要作用、来源及基本要求如表 11-1 所示。

表 11-1　　　　　　　　行动学习小组的成员角色

角色名称	主要作用	来 源	基本要求
发起人	在企业内发起和推动行动学习	企业的高层领导，很多情况下是最高领导	深刻认识行动学习的意义和价值，具有推动企业变革的决心
召集人	具体管理和监督行动学习过程，为行动学习提供资源	一般由发起人委派，发起人也可以作为召集人	认识行动学习的价值，具有良好的沟通和协调能力，有一定的调配资源的能力
促动师	行动学习的设计和过程把握	可以来自内部，也可以外聘	具备促动技巧，良好的沟通和协调能力，做事认真，有热情，有稳定的心理素质
小组成员	解决问题的主体，并致力于自身的学习与发展	企业内部为主，有时候也从外部引进少量小组成员	对问题有基本的认识，关注问题的解决，有学习的承诺，专业背景体现互补性

续表

角色名称	主要作用	来　源	基本要求
问题所有人	为行动学习提供问题的人或部门	企业内部	了解并能表述自己的问题，有解决问题的愿望和将方案付诸实施的影响力
陈述者	行动学习过程中，陈述问题的小组成员	可以是问题所有人，也可以是受问题所有人委托的人	认识问题并能清楚地表述问题，对问题的解决有热情
外部专家	阶段性为行动学习小组提供专业支持的人	一般来自外部的咨询公司、科研院所、政府主管部门、行业协会	对所请教的问题有很深的理论功底或了解最新的发展动态和信息

管理笔记 11-1：促动师的角色定位

促动师是行动学习中非常重要的角色，是行动学习成功实施的关键。他负责行动学习的整体设计和过程把握，是行动学习的设计专家，是行动学习的灵魂人物。

促动师在行动学习过程中要引导大家群策群力，在研讨时遵守规范和流程，并根据现场反应做到随需应变。

促动师的三大角色定位：

1. 中立的主持人

行动学习过程由一系列行动会议、培训和活动组成。传统的会议和培训普遍低效甚至无效。促动师的主要职责是营造平等、开放、互动、参与的氛围，使参与者视彼此为学习伙伴。促动师需要掌握一系列专业的流程技术，即"促动技术"，通过灵活应用一连串促动技术，完成行动学习过程。促动师就是行动会议、培训和活动的主持人，很多时候也像一位裁判，设置和掌控行动学习过程的规则。因为促动师的存在和参与，保证了行动学习的高效性。

2. Party 的主人

除了中立的主持人，促动师还必须是 Party 的主人，像 Party 的主人一样关注、关心每一位参与者，让所有的行动学习成员参与进来。心理学家指出，人对自己参与选择的东西会更加偏爱，让所有人参与进来，才能保障行动学习的高效。参与的力量是无穷的。

3. 团队教练

行动学习最重要的是达成组织绩效目标,促动师不是为了开会而开会,也不是为了流程而流程,促动师的流程是为目的服务的。促动师需要通过中立的流程激发参与者的参与意识和内在智慧,引导大家开放探讨,达成共识,实现组织目标。所以说,促动师更深层次的角色是团队教练。

促动师在促动的过程中,要理解和执行三个原则:

(1)不提供个人的想法,而是向大家提供系统的会谈过程和专业的促动工具。

(2)不赞同或否定某个观点,而是保证每位参与者能参与和发表意见,保证每位参与者的声音都能够被其他人听到。

(3)不对结果做出决策,而是支持参与者明确自己的努力目标,并制订出相应的行动计划。

11.3.3 分析问题

针对聚焦的问题,行动学习小组需要做深入的分析,分析问题的过程可以分为摆现象、找原因、逻辑化等几个细节步骤。

1. 摆现象

摆现象是指列举企业中关于聚焦问题的所有现象,并最终列出主要的或生死攸关的现象,并且这些现象是大家都认可的。

2. 找原因

可以采用头脑风暴的方式,列出所能想到的导致问题的所有原因,然后通过比照逐渐排除影响不大的原因。对一些有分歧的原因,进一步追溯相关事实。必要时,大家要分头收集进一步的数据,最终在主要原因方面达成共识。

3. 逻辑化

逻辑化是指列出找到的现象和原因,进行逻辑化,由表及里,发现企业目前存在的、隐藏在表面现象之下的深层问题，并对问题做层层剖析，发现问题的方方面面。

11.3.4 制订方案

制订方案的重点是营造一个安全放松的氛围，鼓励大家将所能想到的点子、办法都拿出来。制订方案的环节可以进一步划分为三个细节：观察反思、转换心智模式、制订行动计划。

1. 观察反思

"观察"有两个方面的含义，一是"反观"，在头脑中审视自己做过的事，尽可能客观地描述过去的做法、思路和效果；二是观察别人的经历、做法。观察别人的行为是重要的学习途径。

"反思"更多地集中在人的心智模式，多问问自己，现有的心智模式正确吗？面对未来挑战，什么是更好的心智模式？

2. 转换心智模式

无论你是否意识到，每个人的想法和行动来源于特定的心智模式。真正的改变意味着原有心智模式的转换，它不是一个连续变化，而是一种突变、一种顿悟。这种深层的心智模式转变让当事人能够以全新视角关注、接受、理解事物，从而形成更具效能的思路与对策。行动学习制造了一种可控的"混乱状态"，一旦对话开始，无人能够预测到对话会怎样发展，有哪些思想会被激发出来。也正因如此，才更可能产生出人意料的发现和灵感。

3. 制订行动计划

在新的心智模式指导下，学习小组会形成和选择行动方案。在这一阶段，促动师将引导大家讨论方案的可行性，思考一个好的行动方案需要具备的条件是什么？这些条件的重要程度如何？另外，将原始方案合并或整合成几个典型方案，将不符合条件的方案去除，或将其中好的因素整合到其他符合条件的方案中，并做可能的风险评估。

11.3.5 行动实施

行动学习小组形成最终的问题解决方案，经领导批准，就可以进入执行阶段了。行动学习最关键的地方并不是制订出具有可行性的方案，而是如何将批准的行动方案付诸实施，转变为企业的效益，实现组织的真正变革。

执行行动计划的基本程序如下：

1. 完善行动计划

明确责任人，赋予权利和资源，明确检查汇报的时间，挑选执行人员，等等。

2. 快速实施

在参加者对于行动学习的热情还没有消退之前，应该尽快召开行动实施会议，全面考虑建议的可行性，评估行动计划的整体影响。

3. 应急措施

估计行动计划实施过程中带给企业的各种影响，反复衡量行动学习的目标是否可以实现。在实施的过程中，及时解决遇到的问题，对方案进行修正。对于风险和薄弱的环节应该制订相应的应急补救方案，以保证行动学习目标的实现。

11.3.6 总结推广

行动学习尝试应用的解决方案如果获得成功，就要在企业范围内加以推广。对于发明解决方案的学习团队，要进行激励。对于没有获得成功的方案，或方案中存在不足，则返回第一步骤，进入下一个行动学习循环。

在展现行动学习成果的同时应该认真反思行动学习各个阶段的经验和教训，行动学习结束之后企业要举行一次行动学习工作总结会议，讨论下一期行动学习的主题，为企业持续性地开展行动学习打下基础。

行动学习是一个周而复始的过程，在这个过程中企业持续改进，永不休止。行动学习过程，其实就是一个"实践——认识——再实践——再认识"的过程。行动学习的优势，在于没有只停留在理论思辨上，而是结合企业需要，提出一系列具体的方法、技术和工具。

管理笔记 11-2：如何在企业中推广行动学习

行动学习作为一种管理方法，在企业中推行需要一个从认知到固化的过程。行动学习在企业中的推广可以分为三个阶段：

1. 试点阶段

在刚开始，可能大多数人还不了解行动学习是什么，对行动学习觉得新鲜和好奇，但也感觉困惑和恐惧，抱有怀疑、犹豫的态度。在此阶段可以告诉大家行动学习是什么，可以解决什么问题，能给大家带来什么好处。在这个阶段重要的是营造氛围，给大家一些了解行动学习的时间。

在此阶段，可以尝试在企业高层管理者和核心人员中间组织一次行动学习，聚焦管理人员最关心的问题，进行有序的讨论交流。当管理人员感受到会议效率的提升时，他们会加深对行动学习的信心。

在这个阶段，重要的是让高层管理者和核心人员感受到行动学习的魅力，将他们转化为行动学习的坚定支持者，这是企业下一步全面推行行动学习的关键。另外，在此阶段，要有意识地培养一批企业内部促动师，熟悉行动学习流程，掌握行动学习的促动技术，这是下一步全面推广行动学习的基础。

2. 推广阶段

有了公司管理层的支持，有了第一批企业内部促动师，就可以进入行动学习的推广阶段。可以在公司的各个部门推行行动学习，在行动学习过程中，我们要有所预见，参与者会有开始时的兴奋，跌入低谷的痛苦，会有接受事实的反思、研讨辩论的艰难，也有达成共识的快乐，有讨论行动计划的深思熟虑。在这个过程中，需要始终保持冷静，陪伴团队成员一起成长。

在这个阶段，团队成员已经基本掌握了行动学习的方法和步骤，可以自行召开小组会议，解决问题，达成共识，形成行动计划。只有每个人都掌握这些方法步骤，团队才能形成一种有效的沟通模式，团队成员能力才能不断提升，会议会变得高效，行动学习的成果会不断地转化为团队绩效成果。

3. 固化阶段

如果企业已经从心底里接受了行动学习的思想，并熟练掌握了行动学习的方法和技能，行动学习将成为一种企业文化，成为企业学习和提升的固有方法，不论是召开会议、研讨问题，还是日常管理，大家会下意识地使用行动学习的思想，自然而然地应用行动学习的方法，这时候行动学习进入固化阶段。

行动学习法一旦内化为团队的工作流程，团队将拥有非常强大、快速接纳一切新事物的心智模式与工作行为。无论导入任何新流程、新方法、新事物，团队成员都能够基于行动学习的流程，即"聚焦问题—导入知识—团队学习—行动计划"，来接纳新事物。团队讨论的过程也能快速地进入"共享信息—共识愿景—共同行动的良性循环"。

11.4 行动学习九大促动技术

除了企业一把手的重视和关注之外，促动师作为行动学习的整体设计和过程把控人员，对企业顺利推进行动学习法，并取得实质性工作成果起到非常关键的作用。促动师在行动学习过程中会运用各种不同的促动技术，保证行动学习按照一定的规则和方法依照一定的设计思路开展。

什么是促动技术呢？促动（facilitate）的本意是"让事情变得简单、容易"。促动技术是一种有效激发团队智慧、提升团队执行力、促进团队成员有效沟通的领导艺术与管理技术。

下面介绍九种常用的促动技术，方便读者应用到行动会议和日常管理过程中。

11.4.1 聚焦式会话

聚焦式会话是一种促进参与者有效共享各个层面信息的促动技术。通常由促动师主持，提出一系列问题让与会者回答，将人们从话题的表象带入他们工作和生活的深层含义里。聚焦式会话的目的在于促进人们经历一种发散与聚焦结合的"发现对话",帮助人们一起思考。

聚焦式会话是一个由四个层面组成的架构性对话:

1. 数据层面

数据层面是指那些关于事实和外部现实的问题,包括我们看到的资料和观察到的客观现实。数据层面的共享,是为了保证大家能够共享信息和确保与会者在谈论同一件事情。

2. 体验层面

体验层面是指那些能够唤起人们对接收到的信息产生反应的问题,有时是情感或感受上的反应,有时是隐藏的想象或对事实产生的联想。这一层面关注的是人的情绪、情感、记忆或联想。

3. 理解层面

理解层面是指那些挖掘出意义、价值、重要性和含义的问题。这个层面的问题是建立在数据资料以及来自体验层面的感情和联想的基础上,提炼出的关于事件的理解和价值。理解层面问题分享的目的在于引起与会者更深层次的反思。

4. 决定层面

决定层面是让人们能够对未来做出决定的问题。这个层面要讨论的是内在含义和新的发展方向。通常,与会者会在这个层面提出几种解决方案,以供抉择。

聚焦式会话法可以灵活运用于年度总结、项目进展评估、培训后的研讨、面试、员工绩效面谈、建立团队使命感、讨论组织变革等工作场景。

11.4.2　团队共创

团队共创让人们尊重并理解彼此的观点和体验,打开并拓宽自己的见识,使每个人获得对现实的不同看法。它让团队彼此倾听,汇聚各自的智慧以做出决定。

团队共创的过程分为五个执行步骤：

1. 聚焦问题

明确本次团队共识之旅需要回答的问题是什么，以及这个问题为什么那么重要。

2. 头脑风暴

促动师需要给大家一定的时间，首先各自独立进行头脑风暴，鼓励大家将所有想法都写在卡片纸上，不要顾虑是否会出错。之后从中选出最有创意且实施后效果最大的想法，数量维持在20~40个。

3. 分类排列

促动师引导参与者将交上来的卡片进行归类，为了能够帮助团队更好地记忆和思考，最终获得的列数应控制在3~7类。

4. 提取中心词

促动师引导参与者逐列去发现每列卡片共同表达的是什么，隐藏在不同想法背后的真正含义是什么，从而提取出中心词。

5. 图示化赋予意义

创造出合适的图像来反映解决问题的中心词之间的关系，确定在问题解决的过程中不同想法所起到的作用是什么。

团队共创法通过这五个简单有效的步骤，让参与者贡献自己的智慧，以找出一个更大的解决方案，使参与者从争做会议的主角变为共同的创造者。

11.4.3　世界咖啡

想象一下，如同朋友喝咖啡一样围坐在桌边交谈，认真聆听并深入思考对方讲话，充分分享及拓展每位朋友的思维。之后，每个人又移往另一张咖啡桌，结识新朋友，互相交换不同的想法。当不同的观点发生碰撞、联结时，就会迸发灵感，创新思维也会随之显现。世界咖啡是产生集体智慧的过程。

世界咖啡分为八个执行步骤：

1. 设定情境

当明确了"世界咖啡"是适合行动学习项目的促动方式，首先需要厘清情境。也就是说，促动师要明确本次"世界咖啡"的目的，确定参与者名单，并考虑好具体的时间、费用、场所等。

2. 营造友好空间

世界咖啡特别强调营造热诚环境的重要性，在人们感到舒适、安全的环境，会激发人们去充分地展示自我、发挥创意。

尽量把房间安排得舒适宜人，可能播放轻松的入场音乐；有自然灯光和室外景观的环境会使人感到很舒服；在室内摆放一些绿色植物；在墙壁上张贴一些相关的图画和海报；摆放一些新鲜的食物，甚至在会议举办过程中始终提供快餐和饮料。

3. 探索真正重要的问题

为了使谈话成功，需要寻找并界定出重要的问题。你的"世界咖啡"可能集中精力探索一个问题，也可能你想通过多方探询、多个回合的会谈来寻找答案。很多情况下，"世界咖啡"的目的就在于在会谈中发现、探讨有价值的问题，其重要程度与寻找当下对策是一样的。一个好的问题有下面一些特点：简单清晰、耐人寻味、产生能量、注重探讨、多种可能。

4. 现场深度会谈

促动师要向参会者解释世界咖啡的目的和相关流程，介绍世界咖啡的前提和礼节。与会人员清楚地知道了世界咖啡的这些常识后，他们就会表现得步调一致、合乎要求，从而有益于支持建设性的对话。

深度会谈的步骤包括：提出会谈的第一个问题，在幻灯片或墙纸上呈现；

让各组人员相互介绍；确定好桌长（桌促动师）、计时员等；铺开桌布（桌布通常是一张盖满桌面的大白纸），在会谈时鼓励大家将想法记录或涂鸦在桌布上。

5. 鼓励参与和贡献

每个小组安排坐四五个人，保证每个人都有发言的机会。鼓励大家积极参与，并发表自己的见解，会谈将进展得非常好。

6. 连接不同观点

世界咖啡的特点是，在桌子之间来回走动，和不同的人交流，贡献出你的想法，把你发现的问题的精髓与更广范围内的人们的想法联系起来。新的模式、不同的视角不断形成，会改变参与者们常规的心智模式和思维模式，放弃起初固守的立场和想法。

7. 共同倾听

世界咖啡的主持人在会谈过程中始终要鼓励参会者的聆听。提醒大家一起聆听，发现潜在于各种各样的视角之下的见解、模式和深刻的问题，这些是任何单独某个人难以企及的。另外，要鼓励每个小组的人花一些时间反思一下他们的谈话，可以问这个问题：我们谈论的中心问题是什么？

8. 分享集体智慧

世界咖啡几个环节之后，所有的小组在一起进行一次全体会谈，给大家一个共同反思的机会。例如让大家反思一下会谈过程中学到的东西、有什么意义以及讨论的结果。让每一个人都简短地分享一下他们认为有真正意义的观点、主题或核心问题。

世界咖啡对下面这些情形尤其适用：
- 分享知识、激发创新性思维、建立社群、考究现实问题的可能性；
- 深层次地考察重要的机遇和挑战；
- 让第一次参加会谈的人们能够进行真正的对话；
- 加深现有小组成员的相互关系，并对结果共同负责；

- 当小组的规模超过 12 个人时，希望每个与会的人都有机会发表他们的观点。

11.4.4　鱼缸会议

鱼缸会议是一种以组织会议形式进行的促动技术。参加鱼缸会议的某位成员被邀请进入圈中，成为成员（"鱼"），接受来自其他组织或部门成员的一切观点和建议。此时，圈中的"鱼"自始至终不能发言，只能倾听他人给予的意见和建议，这就好像是鱼缸中供人观赏的金鱼。之后，其他成员也轮流进入圈中，作为"鱼"接受伙伴们的反馈。在这种相互反馈的过程中，逐渐形成一种坦诚交流的沟通氛围，与会者能迅速找到自己的"短板"与不足，更高效地完善自己。

鱼缸会议还可打通部门与部门之间的隔阂，使公司内部的信息能自由地流动，有助于组织发展，以便在这个复杂的竞争市场上迅速、灵活、顺利地调整步伐。

鱼缸会议的过程分为五个执行步骤：

（1）明确鱼缸会议的主题。

（2）会议组织者向每位参会者发一份邀请函，讲明会议的目的、主题和规则等。

（3）根据参加会议的人数确定落座方式，在人数较多时确保每个小组配备一名促动师，以保证该小组的有效互动。

（4）明确"鱼"和"水"的角色。会议开始后，每个人逐一作为"鱼"轮流坐在圈的中间，讲述自己的优点和不足。之后，邀请其他坐在周围的人，即"水"，逐一对"鱼"做建设性的评价和意见反馈。

（5）会议结束后，可以请每个参与者把会议中得到的信息、建议和反馈内容整理出来，交给会议组织者。管理者据此对参与者提出的合理化建议给予及时反馈。

11.4.5　群策群力

群策群力可以理解为一个会议过程，不同部门的经理和员工组成小组，提出企业中存在的棘手问题，并提出建议，在最后的决策会议上把这些建议交给高级主管，再由高级主管召集所有人对这些建议展开讨论，并当场决定是否通过，最后将建议或措施交给自愿负责的人执行完成。

群策群力的过程分为以下九个执行步骤：
- 摆现象
- 找问题
- 聚焦重要问题
- 问题逻辑化
- 问题排序
- 确定目标
- 创建解决方案
- 评估解决方案
- 制订行动计划

应用群策群力可以快速、有效地解决企业中跨部门的扯皮推诿问题。比如，如何消除官僚文化，如何改善企业的运营流程，如何消除上下级的垂直边界，如何使部门间的沟通更加有效。

11.4.6 欣赏式探询

欣赏式探询是一种变革方法，它通过积极提问，搜寻个人内心和企业内部最美好的一面，强化理解能力、预测能力、正向潜能培育能力，实现个人和企业的可持续发展。

欣赏式探询至关重要的是要选择"乐观的主题"，这个主题将会贯穿成长和变革的整个过程。欣赏式探询有四个关键的流程，称为"4D循环"：

1. 发现（discovery）

发现我们过去和现在的成功因素。把利益相关者集中起来，请大家分享"我们的优势、最佳实践"，并厘清其中的逻辑关系，追根溯源，找到本质。

2. 梦想（dream）

我们到底想要做什么？我们想实现什么样的目标？梦想是让人喜悦的，充足的信心让梦想的大厦更加坚实。同时，探询梦想，让我们后续的研讨以结果为导向，方向更正确。

3. 设计（design）

设计到达梦想的道路，搜寻我们的资源，进行流程设计，制订行动计划，保障我们可以充分发挥优势，实现全新的梦想。

4. 实现（destiny）

执行设定的行动计划，过程中需要增强组织的"肯定能力"，使大家具有充分的信心，持续进行组织变革和绩效改善。

"4D"是一个循环的过程，对个体伙伴循环使用，可以极大地挖掘个人的潜力；对团队多次循环使用，会使每个环节的思考和探索更加深入有效。

11.4.7 未来探索

未来探索是一种适用于在特别复杂、高冲突及不确定性的情况下进行合作的会议方法，通过分组对话和集中对话，共同探讨过去、现在和未来，从而达成集体共识，制订切实的行动计划，并快速转化为具体的行动。

未来探索会议可以由"利益相关者"组成，如公司内部需要跨部门合作的团队、供应商、客户、消费者等，人数可以达到70人以上或更多。

未来探索的实施尽量保证在同一个房间里进行，帮助每个人看到一幅比平时更大的图画，激发大家探求共识的欲望，描绘渴望的美好未来。这个方法能够让大型团体确认共同使命，为行动负责，并承诺执行。

未来探索工作坊的流程包括五个阶段：

（1）未来探索工作坊中的人们首先会回顾历史。

（2）每个工作坊成员讲述对于主要问题他们正在做什么，他们将来想做什么。

（3）工作坊成员设想渴望的未来景象。

（4）工作坊成员确认他们的共识，主题出现在每个未来景象里。

（5）形成行动计划，以及具体的执行策略和说明。

11.4.8 开放空间

开放空间是一种引发热情与责任的团队促动方法，尤其适用于复杂的问题，或是大家想法有分歧的情况。

开放空间的实施包括以下九个步骤：

（1）请参与者先围成一个圆，在圆心处放上彩笔和一些 A3 尺寸的白纸。

（2）和所有人说明"开放空间"会议的流程、规则。

（3）请参与者自主提出想要讨论的议题，并到圆心外用彩笔写在白纸上。

（4）请议题的主人各自带着自己的议题，在会议室中指定的区域张贴，并各自守在自己的议题处，等待其他参与者来贡献智慧。

（5）请参与者移动双脚，到自己喜欢的地方去参与讨论。

（6）设置新闻墙，在指定的时间，由指定的小组对议题的讨论成果进行汇报。

（7）请参与者给各个议题下的各种想法与建议投票，选出自己认可的想法。

（8）将所有议题按照优先顺序排列。

（9）锁定焦点议题，找到行动方案。

11.4.9 私人董事会

私人董事会为企业家群体建立了一种有效的"共修"模式，在共同的学习中，直面各自深层次的问题，相互促进，共同成长，非常适合企业家学习。

私人董事会的实施过程分为以下七个执行步骤：

1. 聚焦问题

促动师邀请每个参与者思考并聚焦提出一个问题——今天你希望讨论的是什么？什么是正在困扰你的真实问题？

2. 选择问题

促动师请参会者投票，选出一个大家都感兴趣的问题。

3. 问题描述

促动师请"问题所有者"向与会者详细阐述自己的问题。

4. 提问厘清

参会者向"问题所有者"提问，帮助"问题所有者"明确真正的问题。"问题所有者"也只能就问题做出回答，回答需要简单明了。有洞察力的问题会让"问题所有者"反思，不断向内看，找出问题的根源。

5. 给予建议

结束提问环节，开始启动建议环节。促动师鼓励参会者基于自己的经验教训，坦诚地向"问题所有者"提供可操作的建议。

6. 个人总结

在建议结束后，促动师会请"问题所有者"进行个人总结，说明自己今天的收获与反思，在所提出的问题上，自己可以做出哪些改进，具体的行动步骤和时间，等等。

7. 小组反馈

参会者轮流表达自己的收获和感悟等，往往能再次引发与会者的思考。

11.5 行动学习的常用工具箱

对于一名促动师来说，熟练掌握一系列行动学习的工具和方法，是必备的基本技能。通过熟练运用这些工具，可以使行动学习过程顺畅、高效。下面对行动学习的一些常用工具做一个简单的介绍。

11.5.1　六顶思考帽

六顶思考帽方法是一种水平思维框架，小组成员交替运用不同的视角来看待问题、分析问题，从而得到对问题全面而完整的认识，是一种对人们习惯纵向思考问题的有益补充。当需要提供建设性的意见或需要对某项决策进行系统评估的时候，可以使用六顶思考帽。

1. 白帽子

白色思考帽的直接目的在于搜寻和展示信息，它的另一种表述是："请只给我事实，不要给我论点。"

2. 红帽子

红色是情感的色彩，是对面临的问题的主观感受，不要做解释和评判，仅仅是未经理性分析的直觉感受。

3. 绿帽子

绿色意味着生机盎然，意味着创意思考。它有着创造性思考的功能，从新的角度提出问题、分析问题，得到新的启迪，找到解决问题的新方案。

4. 黑帽子

黑色意味着谨慎小心，分析可能会出现的风险和潜在的困难。

5. 黄帽子

黄色意味着积极正向，评价一个建议的价值和优点，对别人的意见给予完善和补充。

6. 蓝帽子

蓝色意味着理性，它明确讨论的目标，制定讨论的规则，维持小组纪律，控制研讨的进程。

11.5.2 重要紧迫矩阵

重要紧迫矩阵是一种对不同问题进行优先级排序的方法，通过比较问题的重要性和紧迫性，将问题放入矩阵不同的位置，能直观地将问题进行分类。

当面临一大堆活动，需要决定先做哪一项时，可以使用此方法。

重要紧迫矩阵的执行步骤：

（1）将准备执行的活动列一张清单。

（2）画出重要紧迫性矩阵图。

（3）根据重要性和紧迫性程度，在矩阵中为每个活动定位。

（4）利用重要和紧迫矩阵，进行排序。

（5）依照排序确定最终要实施的活动列表。

重要紧迫矩阵如图11-2所示。

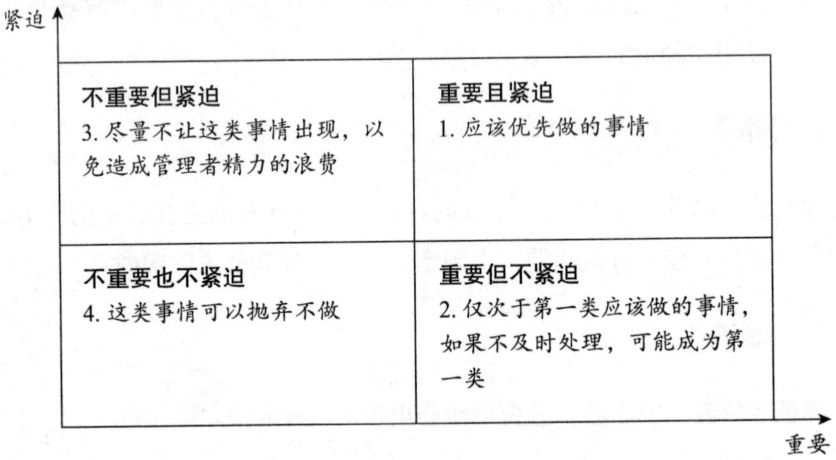

```
紧迫
 ↑
 | 不重要但紧迫        | 重要且紧迫
 | 3.尽量不让这类事情出现，以  | 1.应该优先做的事情
 | 免造成管理者精力的浪费    |
 |--------------------|--------------------
 | 不重要也不紧迫       | 重要但不紧迫
 | 4.这类事情可以抛弃不做   | 2.仅次于第一类应该做的事情，
 |                    | 如果不及时处理，可能成为第
 |                    | 一类
                                            → 重要
```

图11-2 重要紧迫矩阵

11.5.3 鱼骨刺图

鱼骨刺图是一种对复杂原因进行分析的有效工具。当一个问题有许多因素，需要进行逻辑梳理，以对问题进行归类时使用。鱼骨刺图的方法步骤如下：

（1）查找要解决的问题，把问题写在鱼骨的头上。

（2）共同讨论问题出现的可能原因，尽可能多地找出问题。

（3）把相同的问题分组，在鱼骨上标出。

（4）拿出任何一个问题，找出产生问题的各种原因，将原因绘制在鱼刺上。

例如，人力资源部召集会议，研讨近期公司员工流失率增高的问题。经过分析研究，绘制出如图11-3所示的鱼骨刺图。

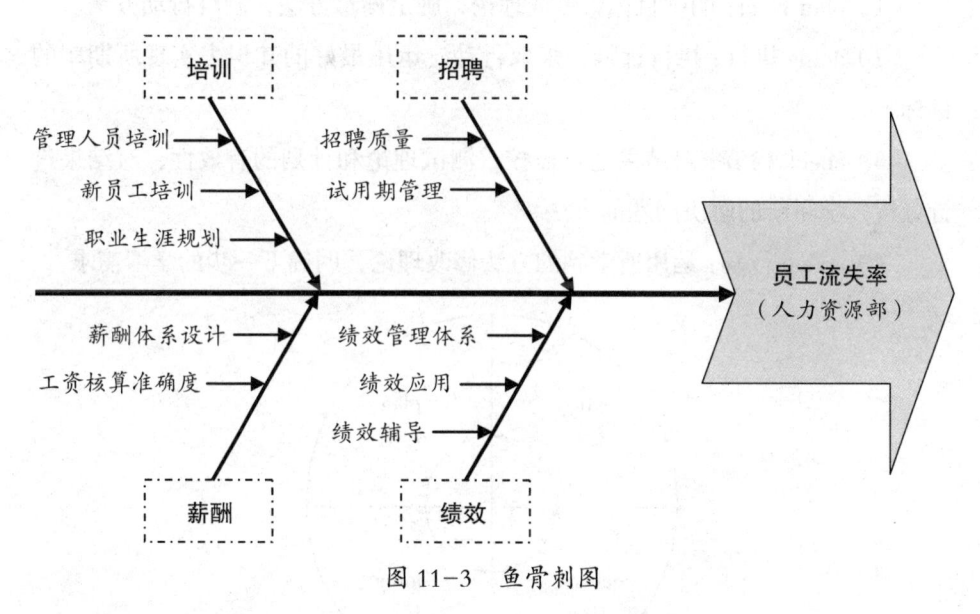

图 11-3 鱼骨刺图

11.5.4 5W2H1R

5W2H1R是一个制订行动方案的基本框架，帮助我们全面考虑行动方案的各方面要素，保证行动方案的可操作性，实现行动学习的最终目标。

what	我们要完成的是一件什么任务
why	为什么这任务对我们这样重要
when	我们需要什么时候完成它
where	我们需要在哪里完成它
who	这项任务将由谁来负责完成
how	我们应该采取哪些措施来完成它
how much	完成这项任务需要什么资源
result	我们完成这项任务将取得什么成果

11.5.5 PDCA 循环

PDCA 是一种质量管理工具,在策划并执行一个比较复杂的持续性的工作任务时使用。

PDCA 的循环步骤分为计划、执行、检查、行动:

(1) plan 计划:明确目标,形成理论,确定衡量方法,制订行动方案。

(2) doing 执行:执行计划,采取行动,运用最好的知识去实现所期望的目标。

(3) check 检查:对结果进行监控,测试理论和计划的有效性,对结果进行分析,学习新的解决问题的方法。

(4) action 行动:运用所学到的方法修改理论,明确下一步的学习需求。

图 11-4 PDCA 循环图

11.5.6 WBS 工作结构分解

工作分解图用于系统地细分一个大目标,直到确定专门的子任务。复杂的任务经过分解成为比较简单的任务,从而便于工作的分配和对工作执行过程的监督。

WBS 工作结构分解的方法步骤如下:

(1) 确定要完成的目标。

(2) 确定要达到目标的主要手段。

(3) 列出达到每个子目标必须采取的主要行动。

（4）对于每项主要行动，列出必须完成的任务。

（5）对于比较重或者相对复杂的任务，确定其子任务。

例如，人力资源部接到建设某课程体系的任务，对此项任务进行逐项分解，生成如图11-5所示的WBS工作结构分解图。

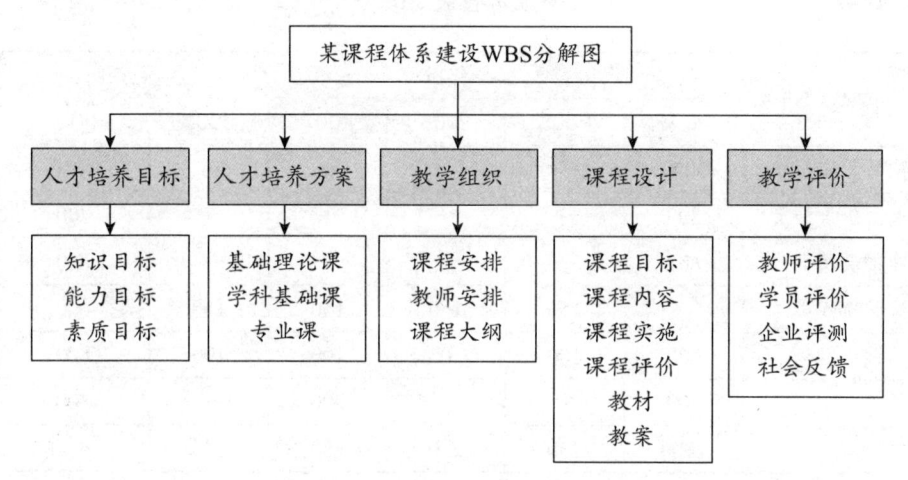

```
                    某课程体系建设WBS分解图
    ┌──────────┬──────────┬──────────┬──────────┬──────────┐
  人才培养目标  人才培养方案  教学组织    课程设计    教学评价
  知识目标    基础理论课   课程安排   课程目标    教师评价
  能力目标    学科基础课   教师安排   课程内容    学员评价
  素质目标    专业课      课程大纲   课程实施    企业评测
                                    课程评价    社会反馈
                                    教材
                                    教案
```

图 11-5　WBS 工作结构分解图

11.5.7　成本收益矩阵

成本收益矩阵是一种比较分析工具，比较行动过程的成本和行动结果的收益。它是用货币的方式来评估行动学习过程可行性的一种方法。

成本收益矩阵的方法步骤：

（1）确定实施成本收益分析的时间段。

（2）界定能产生成本或带来收益的所有可能的因素。

（3）把因素分成能带来成本的因素以及能带来货币收益的因素。成本因素中，不仅要找到显性成本，还要找到隐性成本，如维护、额外培训等。

（4）评估每个因素并估计成本或收益的货币值。

（5）汇总所有的成本和所有的收益，并做成本收益分析。

例如，某公司购买生产设备，2004年至2008年的成本合计为2900元，收益合计为16400元，则

收益率＝收益值/总成本＝16400/2900 ≈ 5.7∶1

每年平均收益=（总收益-总成本）/5=（16400-2900）/5=2700

所以得出结论，从成本收益率的角度看，可以购买此生产设备。

购买此项生产设备的成本收益矩阵如表11-2所示。

表11-2　　　　　　　　　　　成本收益矩阵

成本（S）	年份					总计
	2004	2005	2006	2007	2008	
购买设备	1000	—	—	—	—	1000
减去折价贴换	200	—	—	—	—	200
净购买成本	800	—	—	—	—	800
维护协议	—	150	150	150	150	600
培训	400	100	100	100	100	800
软件	500	—	—	200	—	700
总成本	1700	250	250	450	250	2900

收益（S）	年份					总计
	2004	2005	2006	2007	2008	
节约人工	2000	2700	2700	2700	2700	12800
减少消耗	400	800	800	800	800	3600
总收益	2400	3500	3500	3500	3500	16400

名企案例11-1：行动学习助力腾讯"飞龙计划"[①]

案例背景

腾讯成立于1998年11月，是目前中国最大的互联网综合服务提供商之一，也是中国服务用户最多的互联网企业之一。腾讯的发展深刻地影响和改变了数以亿计网民的沟通方式和生活习惯。

2007年8月，腾讯学院正式成立，为企业内部员工的学习与发展搭建平

---

① 本案例摘编自百度文库"行动学习在腾讯"，2011年6月4日。

台，致力于成为互联网行业最受尊敬的企业大学。近年来，腾讯学院开始推出"潜龙""飞龙""育龙"系列，不断培养内部不同层级的储备干部。

最佳实践

"飞龙计划"是腾讯后备中层管理人员的领导力培养项目，"飞龙计划"应用的正是行动学习的模式。在这里，总结一下腾讯学院推行行动学习的一些做法和经验。

如果按实施目的来分，腾讯的行动学习主要有两种：一是基于绩效和问题解决的行动学习，二是基于人才发展的行动学习。腾讯学院所实践的行动学习，基本上是后者，目的在通过行动学习，更好地发展高潜人才。"飞龙计划"每年会甄选出几十名待重点发展的人才，进行为期6~8个月非脱产的学习计划。该计划包括了评鉴中心、高管对话、标杆学习、辅导实践、课堂培训、读书等，而行动学习，正是"飞龙计划"中的重头戏。

如何让行动学习成功？"飞龙计划"培训团队采用了腾讯公司在研发中特别提倡的"敏捷迭代"的原则，逐步优化、提高。几年实践下来，腾讯学院总结出，要想让行动学习更有效，下面的这四个关键词非常重要：

一、选题

就项目成功的因素而言，选题甚至能占一半。合适的选题，既能让参与者有兴趣和热情地投入，也能引起公司高层的重视，获取更多的支持。

那么，选什么样的题目合适呢？有人形象地比喻道：老板们晚上睡觉时经常考虑的问题。这句话有两层含义：

第一，应该是高层关注的、关乎公司战略方向的问题；

第二，它最好又不是老板们日常管理中要决策、处理的紧急事务。

腾讯命题的三个渠道：

一是邀请各个事业部执行副总裁提供，基本包含各事业部的业务类别；

二是邀请公司战略发展部提供，涉及公司经营战略层面的话题；

三是由腾讯学院提供相关命题库的信息。

经过第一次筛选后，申报给公司的人力资源管理委员会，再由CEO及总裁等高层进行二次筛选，最终确定每一期的具体命题，数目为5~6个。这样的收集、筛选流程，有效地保障了命题的针对性和可实施性，既贴近了公司业务，又能牵引学员更加关注公司管理和个人自身的不足。

在行动学习中经常会用到的选题，主要包括对公司内某个产品或者某项业务与竞争对手的比较分析，公司某项管理话题的现状分析与提升对策，公司某特定业务的消费者行为研究，等等。

题目的范畴大小也需确保合适。为保证在学习周期里能做完，要避免以下情况：题目简单，小组个别成员就能独立完成；题目太大，需要一年以上的周期完成；做这个项目需要的知识和需动用的资源，超过了小组成员的能力；等等。

二、分组

这是影响项目进展的另一大重要因素。首先，要考虑待分组人员不同的学习风格、经验背景、性格。通常要保证每个组里都有思路活跃、有激情的人，这样，在项目遇到挫折或者大家都很忙的时候，其重要性尤为凸显。

学员来自公司各个部门，此前并不熟悉，如何在短时间内促使学员互相了解，使学习团队达成默契，是在分组阶段需要考虑的。鉴于按学员事业部归类、按学员工作区域归类等不同分组尝试及其各自的利弊，最终确定，有意地打乱不同事业部、不同区域的学员序列再来组建学习团队，是较好的方式。

其次，要考虑小组成员的工作地点，从沟通效率来看，同一城市工作的人分配在同个小组，效果会好些。对于每组人数，一般4~5人为一组比较合适。

三、高层

跟很多学习项目一样，行动学习成功与否，参与者重视与否，都和高层的重视程度有关。在腾讯，行动学习一开始就很受公司高管的重视。

首先，题目的确定，都是高管直接参与并提出意见。

其次，每个项目都会请一名公司高管做主持人，在项目实施的全过程中，他们至少会参与3次的讨论和挑战。

最后，在每期行动学习的结业汇报环节，以公司CEO、总裁为首的高管团队，大多会拿出半天时间全心投入到项目评审中。这也是学员最兴奋、最期待、最有收获的环节。

四、三个项目角色

在腾讯学院四年多的项目实践中，积累了一些自己的独特做法。比如，设置不同的项目角色：助教、主持人、顾问。

助教是协助支持各个小组研讨的学习助理，由学院和组织发展部门的同事担任，每个小组设置一名。助教的职责很明确，就是为了帮助强化组员交流的有效性，引导组员进行有效的自我反馈和评估，对输出报告初步把关。

主持人由公司的执行副总裁担任，每个小组选择一位；职责是对于项目目标的协助梳理，学习过程中关键点进行指导，以及各类资源的支持。

顾问则会分别邀请腾讯学院的常务副院长、外部合作咨询顾问担任内外部的学习指导顾问，提供学习研讨的各类工具和方法论。这些综合角色的设置，从多个角度吸引了公司内外部的资源支持，丰富了"行动学习教练"的角色外延，有效地保障了项目的积极推进。

案例分析

"飞龙计划"的行动学习周期，从主题立项到结业汇报，一般历时7~8个月。其中，有4个时间节点是项目推进的关键里程碑，称之为"1+3"："1"是指小组立项，各个学习小组选择命题，并输出具体的项目立项报告；"3"是指小组全程有3次的项目进度汇报。

腾讯学院会依次邀请公司优秀中层代表、执行副总裁代表、高层代表担任项目的评审，对各个小组的项目进度报告提供专业的评估建议。这些关键的里程碑，可以有效地帮助组织方监控、推动项目整体进程，同时，也积极促成公司中高层资源的关注和支持，最大限度地激发各个小组的学习热情和主动性，保障高质量的、及时的项目输出。

第十二章
移动互联时代的"微"培训

这是最好的时代,这是最坏的时代……

——狄更斯《双城记》

这是最好的时代,这是最坏的时代。

在移动互联网时代,如果你还紧抱传统思维不愿撒手,那面临的就不仅仅是过得好不好的问题,而是会不会被时代抛弃的问题。

移动互联网既给所有行业带来全新的机会,同时也带来全新的挑战,企业培训也不能例外。

◆ 移动互联来敲门
◆ 移动互联 + 培训
◆ 微课实践的研究
◆ 微信培训的兴起

12.1 移动互联来敲门

12.1.1 移动互联时代

据中国互联网络信息中心（CNNIC）第 37 次调查报告显示，截至 2015 年 12 月，中国网民规模达到 6.88 亿，互联网普及率达到 50.3%，中国居民上网人数已过半。其中，2015 年新增网民 3951 万人，增长率为 6.1%，较 2014 年提升 1.1 个百分点，网民规模增速有所提升。

报告同时显示，网民的上网设备正在向手机端集中，手机成为拉动网民规模增长的主要因素。截至 2015 年 12 月，我国手机网民规模达 6.20 亿，有 90.1% 的网民通过手机上网。移动互联网塑造了全新的社会生活形态，"互联网 +" 行动计划不断助力企业发展，互联网对于整体社会的影响已进入新的阶段。

移动互联网正在使整个社会发生变化。以前读报纸、看电视，现在是看手机，接收信息的习惯改变了；以前去电影院、逛公园，现在是用 QQ、微信，社交习惯改变了；以前刷银行卡，现在微信支付，支付习惯改变了。毋庸置疑，人们的消费习惯在改变，思维习惯在改变，行为方式也在改变。面对移动互联网大潮，颠覆不断发生，各行各业都不同程度地受到移动互联网的影响。

2013 年 9 月 3 日，诺基亚董事会主席约玛·奥利拉在记者招待会上说的最后一句话是："我们并没有做错什么，但不知为什么，我们输了。"说完，连同他在内的几十名高管不禁落泪。诺基亚并没有做错什么，只是世界变化太快。如果你的思维跟不上这个时代，你就会被淘汰。

海尔的张瑞敏振聋发聩地喊出："没有成功的企业，只有时代的企业！"他告诫全体海尔人，传统的思维方式必须改变，传统企业唯一的选择就是移动互联网化。在移动互联网时代,如果你还紧抱传统思维不愿放手,那面临的就不仅仅是生活得好不好的问题,而是会不会被时代抛弃的问题。

英国作家狄更斯在其名作《双城记》中写道:"这是最好的时代,这是最坏的时代。"如果我们能够挑战自我,不断创新,移动互联网对我们来讲就是最好的时代;如果我们不能挑战自我,落后于这个时代,移动互联网对于我们来说就是最坏的时代。

12.1.2 移动互联思维

从互联网向移动互联网迁徙是客观规律,从互联网思维向移动互联网思维挺进是趋势,更需要睿智。我们需要顺势而为,用移动互联网思维重新梳理公司的战略、文化、组织,重新审视僵化的企业文化和传统的矩阵式组织结构,重新定义产品和服务,彻底、全面地转向以用户为中心的组织。

移动互联思维到底是指什么样的思维呢?

1. 碎片化思维

"碎片化"是移动互联网的本质特征。移动互联网加剧了人们的五个碎片化趋势:时间碎片化、地点碎片化、需求碎片化、沟通碎片化、交友碎片化。碎片化思维就是将各种整体信息分割成信息碎片,利用用户碎片时间提供各种用户需要的信息,满足用户需求,甚至引导用户需求。

2. 移动化思维

"移动化"是移动互联网的模式之源。移动互联网时代,便捷的移动终端让我们轻松实现随时随地快速接入互联网,方便、快捷地实时浏览信息、沟通交流、上网学习、移动购物甚至网上办公等。所有在互联网时代不能动的东西未来都要动起来,以适应移动化需求。

3. 个性化思维

"个性化"是移动互联网的时代标签。人们越来越追求个性化,借助社交网络,消费者可以通过各种渠道,包括实体店、网店、移动商店、社交商店和私人商店，完成私人定制和订单，个性化时代正在到来。企业要适应个性化趋势，开放自己的产品和能力，让更多的人参与其中，让客户主导成为主流。

4. 粉丝化思维

"粉丝化"是移动互联网的参与思维。小米的雷军语出惊人："互联网思维就像我党的群众路线，用互联网方式低成本地聚集大量的人，让他们来参与，相信群众，依赖群众，从群众中来，到群众中去。"群众就是移动互联网时代的粉丝。工业经济时代是"得渠道者得天下"，而移动互联网时代则是"得粉丝者得天下"。

5. 平台化思维

"平台化"是移动互联网的组织形态。平台化思维就是在移动互联网产业链里打通中下游，整合各方资源，实现整体效益最大化的思维，是开放、共享、共赢的思维。

6. 极致化思维

"极致化"是移动互联网的立意之本。极致是移动互联网思维的核心特征，也是企业成功的关键要素。极致就是要打造完美体验，让产品毫无瑕疵，让客户百无挑剔。极致思维，就是要把产品和服务做到极致。移动互联网时代，只有第一，没有第二。

7. 体验化思维

"体验化"是移动互联网的营销基础。打造让用户尖叫的体验是口碑相传的出发点，体验更注重与消费者的互动，关注消费者的感官、情感、思考、行动、关联等各个方面，从而满足消费者的消费体验。

8. 开放化思维

"开放化"是移动互联网的经营核心。移动互联时代是信息大爆发的时代，彻底消除了信息不对称，开放是移动互联网时代的重要特征。运用互联网思维的企业都具有开放性，不仅对内部员工开放，更重要的是对外开放，只有开放才能吸引更多的合作伙伴和人才，共同做大做强。

12.2 移动互联+培训

12.2.1 移动互联时代的培训挑战

移动互联网既给所有行业带来全新的机会，同时也带来了全新的挑战，企业培训也不例外。

1. 移动互联对课程开发的挑战

移动互联时代，企业的产品更新换代比以往任何时候更快、更频繁，迫切要求企业员工快速转换思维模式，快速更新知识体系和工作技能。显然，企业的员工培训体系也必须同步更新，这必然给培训课程的开发带来挑战。以往企业开发一门新课程用时较长，一些精品课的开发时间可能达到2~3个月，一门课程开发完成后，在企业内甚至可以讲好几年。在移动互联时代，培训内容和课程开发必须做到与时俱进、快速迭代，否则其适用性就会大打折扣，无法跟上企业发展的速度，无法适应企业人员的培训需求。

2. 移动互联对培训师的挑战

移动互联时代是信息大爆发的时代，彻底消除了信息不对称，开放是移动互联网时代的重要特征。过去那些依靠信息不对称获取利益的行业将受到严重影响，而培训恰恰是这样的行业。

过去的时代，可以称之为"前喻时代"，培训师具有知识、经验和资源优势，比学员懂得多、知识广，学员要向老师学习，老师具有不可撼动的权威性。而移动互联时代，学员用手机百度便可快速获取所需要的信息，甚至比老师、前辈获得更快、更早、更好，社会由此进入了长辈反过来向晚辈学习的"后喻时代"。在这样的情况下，如何继续保持培训师的权威性，如何保持培训课程对学员的吸引力，这一切对传统的培训模式形成了难以抗拒的冲击。

3. 移动互联对学员专注力的挑战

随着智能手机的普及，人们几乎化身为"低头一族"，手机丰富的资质信息，方便的实时聊天，各种五花八门的 APP 应用，对人们具有无可比拟的吸引力。现在的学员一到培训教室，最关心的是 wi-fi 密码多少、充电插口在哪儿。培训师在上面授课，学员在下面看微信、刷朋友圈，玩手机成了新常态。学员更多关注的是培训课程是否满足了自我需求，如何立足成就学员，让学习变得便捷、简单、快乐，这也是移动互联时代企业培训面临的共同挑战。

4. 移动互联对培训地位的挑战

在移动互联时代，一些企业管理者片面地认为，员工获取信息、知识与经验的渠道丰富了，再耗时费力集中培训已可有可无。部分培训管理者缺乏证明员工培训对企业绩效提升的有效证据，而一些所谓"培训无用论"的反向证据链的案例倒时有所闻，这种观念具有一定普遍性、典型性，这也是移动互联时代企业培训遇到的困境和挑战。

5. 移动互联对培训组织的挑战

过去的时代，企业培训的组织工作注重的是讲师级别、学员人数、培训纪律等，而移动互联时代注重的是培训师运用数字化多媒体的水平和技巧，是否能有效激发学员的投入度，培训组织者能否帮助学员建立一个社群并持续互动等方面。

面对移动互联时代给企业培训带来的一系列挑战，作为企业管理者以及培训管理和组织人员，唯有主动自觉地推动培训转型才是应对挑战的根本出路。

12.2.2　移动互联时代的培训转型

随着移动互联思维的深入，要求企业培训管理人员用移动互联的思维武装自己的头脑。而移动互联技术的广泛应用，使很多移动互联形式的培训成为可能。应用移动互联网的思维以及移动互联网的技术，建立学习型组织将更为容易，通过开展培训为企业培养人才将更为高效。

在移动互联网时代，企业培训管理要在以下几个方面进行积极转型。

1. 培训理念转型

"参与感"与"粉丝化"是互联网思维的核心，因此，移动互联网时代的培训绝不是简单地将线下培训线上化，而是要转变培训理念。学员是培训部门的客户，如何让学员愿意学、容易学是企业培训管理者需要思考的问题。让学员参与到培训体系设计、运作过程中来，学员可以自主选择自己喜欢的讲师、喜欢的课题，主动提出自己的学习要求，学员将成为企业培训课程体系中的重要部分。检验培训成效的不是讲得多、讲得好、讲得热闹，而是学员能记住多少、应用多少。

2. 培训形式转型

在移动互联网时代，通过信息技术实现正式学习与非正式学习的结合、线上培训与线下培训的互补已经不再是难事，企业需要建立学习平台、提供学习资源，学员根据自己的需要，选择合适的时间，遵从自己的习惯选择最佳学习方式，充分利用碎片化时间，提升学习的兴趣，真正实现从"要我学习"到"我要学习"的转变。例如，可以充分利用微信公众平台、微信群/QQ群、微课培训、MOOC平台以及E-learning平台等多种形式开展符合员工实际需要的培训和学习。

3. 培训定位转型

移动互联网时代，培训的首要问题不是课程设计、讲师级别、体系搭建问题，而是定位问题。培训的核心定位就是围绕企业发展战略，咬定目标整体联动，给组织和个人注入新动力，发现流程有问题，那就优化流程；发现渠道有问题，那就调整渠道；发现岗位不匹配，那就提升人员能力。移动互联时代培训定位的战略转型是关键，要把企业发展、员工需求的理念引入培训，摒弃传统的大而全、广而杂的培训理念。

4. 培训组织转型

虚拟社群是互联网时代的一大特点，将学习与社交相联系，增强学习的娱乐性，提高员工的学习兴趣是培训组织转型的一个重要方面。虽然传统培训也有班级的概念，但是这种社交概念毕竟受空间的限制，难以实现真正意义上的社群化，员工的学习行为仍然处于封闭状态，企业很难主动对员工进行引导。而互联网时代，虚拟社群可以实现无缝对接，无论在任何地点、任何场合，都可以实现相互之间的交流、共享、互助，企业可以对社群进行主动引导，强化社群的分享、讨论功能，打造真正意义上的学习型组织。

5. 培训师资转型

传统的培训模式下，培训组织者会挑选精英人士给员工做培训，受企业人才队伍现状的限制较大，而那些精英人士还未必愿意分享。互联网体现的精神是开放、平等、协作、分享。因此，移动互联时代的企业培训师不再仅仅来自推荐、选拔和专家评审，而是来自基层一线。基层员工直接面对市场，他们扎根一线，源于业务，乐于分享知识、案例和经验，并逐步形成课程迭代所需要的素材。大家都做讲师，人人可以讲课，体验做讲师的感觉，让每个员工都成为新理念、新知识、新经验的传播者、分享者与实践者。

名企案例 12-1：大联想学院的互联网培训[①]

案例背景

作为培训和咨询机构，大联想学院的主要服务对象是联想核心合作伙伴的老板。自 2012 年下半年以来，联想合作伙伴的经营环境发生了巨大的变化，绝大多数合作伙伴的盈利也出现了 10 多年来的首次下滑。2013 年，合作伙伴的销量平均下滑了 2~3 成，利润下降更是超出预期，很多企业已经到了盈亏的生死线。

---

① 本案例摘编自《大联想学院——大学之道》，孙庆斌，2014 年 6 月。

与此同时，在这个互联网时代，联想也面临着众多互联网企业的冲击，比如阿里巴巴的电商、小米的手机、360同城帮。对此，联想必须在国际化市场上昂首挺进的同时思考自己的未来，找寻转型之路。

2012年，大联想学院认为合作伙伴在经营相对稳定的背景下，需要在管理上有所突破以实现新发展，于是开始筹备开发专门针对小微企业的系列管理课程——"正越"课程。"正越"课程涵盖了"与时俱进做老板""小微企业的生意选择和年度业务计划""小微企业的流程制定和落地""小微企业的财务管理""小微企业的组织与人力资源管理"等。

2013年，大联想学院正式选择湖南分区和辽宁分区作为试点，进行整套课程的试讲。坦率地说，课程反响不如预期。这是大联想学院自2005年节节高歌猛进后遇到的小挫折。经过深入思考和系统复盘，结论是：培训脱离了合作伙伴的核心关键需求——盈利的持续提升。对于多年来习惯了盈利不断增长的老板来说，面对盈利的大幅下降，甚至严重亏损，与经营脱离的管理课程是无法让他们静下心来学习和消化的。大联想学院必须重新聚焦客户的关键需求和痛点，才能走出窘境。

经过2013年年底的反思和复盘，开始了2014年的规划。原来的路走不通的时候，就是该拐弯的时候了。如何拐弯呢？就是不再从"我"出发了，而是把关注的焦点放在服务对象——客户身上。客户在想什么，急什么？培训能够给他们提供什么？什么是他们最迫切渴望的？思路一变，豁然开朗：联想的合作伙伴在互联网思维浪潮的冲击下已经完全迷失了方向，普遍出现了焦虑和恐慌，不知道自己的转型之路该如何走。

方向明确了，培训目标也就明确了。2014年，大联想学院的核心工作就是引领合作伙伴实现互联网转型。

最佳实践

方向和目标确定了，剩下的就是如何组织和实施。但是，这次培训和大联想学院以往的培训完全不同：过去支撑大联想学院成功的最重要因素是把某些大联想合作伙伴内部最成功、最真实的做法提炼后分享给其他合作伙伴，而这次的培训则不然。由于这次培训需要的是引导型内容，而大联想合作伙伴的内部经验在这方面几乎为零，应该如何组织这场培训呢？显然不能再用传统方式组织互联网培训，否则无法让学员信服，达不到培训效果。就像不能用独裁的方式推进民主一样，作为培训组织机构，首先要选好培训的形式——以互联网的方式做互联网培训。

作为培训部门，要从对互联网的"知"进入互联网的"行"，并用"行"来实现对学员的"教"。此次培训采取的机制主要有以下几个方面：

（1）学员粉丝化：学员的报名完全采用自愿方式，而不是强制或组织报名。学费众筹制、预约制，且预约有优惠，以确保报名人数的精准度；费用支付尽量采用互联网手段支付。

（2）粉丝互动参与化：为了增加粉丝的参与度，要引导学员在培训前进行精准互动，增加温度感和黏性。

（3）培训信息的传递互联网化：信息传递不仅通过短信或者邮件，更多地使用QQ群、微信群、微信公众账号等。

（4）培训组织互联网化：通过微信墙的实时呈现，让大家感受到互联网的便捷、高效、环保和真实，激励大家积极拥抱和应用互联网。

基于以上机制，培训团队经过共同研讨，制订了学习大会方案并进行了分工，从零开始，进行了一次互联网实践冲刺。从最终的结果来看，这次培训获得了空前成功。具体表现在以下几个方面：

（1）培训学员159人，其中包括合作伙伴117人，联想员工42人。所有相关培训信息都是通过大联想学院微信公众账号发布的；尽管是收费培训，而且需要预约，但是在4小时内预约人数就超过了100人，说明大家的参与热情非常高。

（2）培训现场所有学员的学习热情一直非常高涨，学员的满意度高达9.4分，学员参与投票率为95%，是学院培训史上非常罕见的高分。微信墙全程支持，大家提出的所有问题都可以即时看到；用微信方式完成了3个老师的满意度调研、学员年龄和从业时间调研、培训后希望参与的组别调研，并实现了即时统计和发布；学员通过微信墙发布问题和建议228条，实现了现场调研、现场分组等功能；微信墙的参与人数达到245人，其中近100人是场外加入的。

（3）期间组织粉丝定期互动7次，参与238人次，有效发言2342条，让人不由得赞叹"智慧在民间，高手在一线"。QQ群人数从358人增至747人。

这次用互联网的方式组织的互联网培训，比传统培训累多了：要有信任的"粉丝"，要有"干货"，还要花时间用心地与大家互动交流，培养和"粉丝"之间的温度。这和原来发个通知强制大家参加培训完全不同，也和纯粹用微信平台发个通知、签个到，进行一下满意度调研的互联网工具的应用有本质的不同。这源于对学员的认识不同了——他们不再是学员，而是提供内容的粉丝，提供的内容必须让他们尖叫，让他们参与，让他们做主，让他们定夺。这才是互联网培训的本质。

（4）再好的培训内容，学员若不去应用都是没用的。所以，这次培训非常注重落地应用。在培训结束的时候，请大家自愿加入了两个应用小组，一个是盈利组，包括但不限于任何能带来更多盈利的新产品、新服务、新模式、新思路、产业联盟等；另一个是粉丝经营组，包括但不限于任何能够让粉丝感动、加深客户关系的方式，传统的客户回访、客户联谊、网上的客户互动等均可。

出乎意料的是，竟然有100多人加入了以上两个小组，其中盈利组45人，粉丝经营组59人。互联网培训转型之路已经开始！在之后的两个月中，培训团队应用迭代、平台的思路，对提供思路和建议多的学员进行奖励，对建议量居中的学员，免费让其参加交流，对没有建议、只想学习的学员，则进行高收费，将多收部分用于奖励先进学员，从而激发大家的应用动力，真正激发学员创造出大量的转型亮点和案例。

案例分析

通过这样的实际操作可以看到，互联网化的本质就是基于"粉丝"特征对信息及其传播通道进行系统规划。首先，把物理信息尽量比特化、虚拟化，这是进行互联网零成本传输的前提。其次，分析"粉丝"在比特世界的活动规律，在他的场景和触点中与他交汇，这样才能自然地找到你的"粉丝"并与之形成有温度的精准互动。要自然地融入"粉丝"的渠道，用他们喜闻乐见的信息呈现方式和他们互动。至于信息类别，因为培训的核心就是信息的传输，所以"粉丝"参与互动越频繁，信息传输的力度就越大。

互联网大势势不可挡，作为企业培训部门，必须主动转型，成为互联网培训的先行者和探索者，与大家一起迎接互联网时代的到来。

12.3 微课实践的研究

"碎片化"是移动互联网的本质特征。为适应人们的时间碎片化、地点碎片化、需求碎片化、沟通碎片化、交友碎片化等各种碎片化需求，微博、微信、微电影、微视频等新的信息传播方式应运而生，并在潜移默化间改写着人们的生活和学习形态，我们已然步入了"微时代"。而在企业培训界的微潮流背景之下，微课正是微时代的一种新兴的培训模式。

12.3.1 微课模式

微课（micro-lecture），顾名思义，是指微小的课，它时间短、内容少，可以在点滴的时间碎片中学习一个知识点，解决一个问题，掌握一项技能。微课中的课，可以理解为讲课，也可以理解为课程，所以微课又称微课程。作为移动互联网思维的产物，微课程的核心目标是使学习更加人性化，更灵活地满足学习者的需求，激发自主学习的兴趣。微课具有如下的基本特点：

- 微课的形式是多样的。微课主要使用"微视频"作为培训师教授知识技能的媒体，培训师还可以根据不同培训内容和不同教学情境的需求，采用其他方式，如音频、PPT、文本等格式的媒体，不一定局限在视频格式上，强调微视频及相关资源的有机组合。
- 微课的内容简明扼要。微课的容量一般为 5~10 分钟，突出某个问题的解决过程或某个知识点的讲解过程，或是反映某个培训环节、培训主题的教学活动。
- 微课强调教学设计。微课强调培训教学设计的重要性，选取的培训内容一般要求主题突出、指向明确、相对完整。突出真实的、具体的、典型案例化的教学。
- 微课注重泛在学习。微课突出了在终身学习、泛在学习和移动学习中的价值。泛在学习指的就是"人人皆学，处处可学，时时能学"。

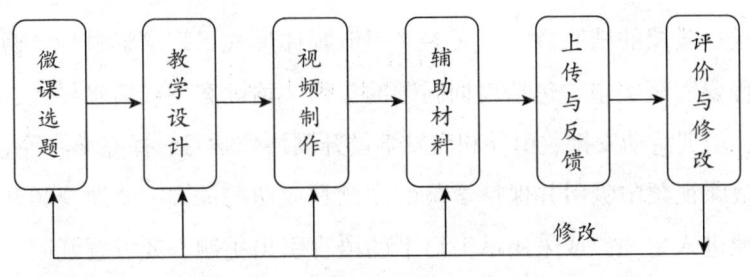

12.3.2 微课设计与制作流程

微课设计与制作流程如图 12-2 所示。

图 12-2 微课设计与制作流程

1. 微课选题

微课针对特定的主题，如核心概念、单个知识点、某个培训环节、培训活动等，培训目标明确，培训内容清晰，能够在很短的时间内讲解清楚，容易在短时间内掌握。因此，微课的选题要在众多的知识点或教学环节中提炼出重点、难点或兴趣点予以重点解答。

对于无关紧要、主题不明显或对学员没有吸引力的培训内容，没有必要作为微课进行开发，那样起不到引导自主学习的效果，还增加微课管理系统的负担和教学内容的冗余。

2. 教学设计

微课的教学设计首先要对微课的学习者特征、培训任务和学习内容进行分析，然后确定合适的培训目标，根据培训内容、培训环节、培训活动和培训方法确定合适的微课类型和组成要素，制定符合学员特征、学习内容和教学形式的培训策略，设计教学视频的情景、案例、教学过程，以及相关的网络教学支持材料和评价、反馈机制，等等。

微课主题明确，内容短小，要求在尽可能短的时间内将教学内容组织好、讲清楚，而且要生动、有趣。尽量将复杂问题简单化，避免给学员带来太大的压力。在微课视频学习完成后对学员的学习效果进行评价，有利于巩固、强化所学知识，可以在微课培训材料中提供适量的练习题，以巩固学习内容。

3. 视频制作

视频是微课的核心内容，大多采用流媒体形式呈现培训过程。微课程的培训过程要简短完整，包括培训问题的提出、培训案例或情景导入、培训内容讲解、培训活动安排、引导和启发学员开展协作学习、探究学习等。

在微课视频中吸引并保持学员的注意是成功的关键。微课视频开头应开门见山地进入主题，或采用承上启下的语言引出主题，或设置疑问、悬念等引出主题；也可以从学习者熟悉的与生活相关的现象或很感兴趣的案例引入主题，就像好的电影片头那样一开始就抓住观众的心，吸引观众继续看下去。

微课在讲解培训内容时要清晰、明确，沿着培训主题逐步展开，突出重点，去除烦冗。培训师在整个培训过程中，应有意识地采取恰当的措施保持学员对培训内容的注意力，在微课中呈现的学习内容需要突出显示，不要太多无意义的装饰，避免对主要学习内容产生干扰。

微课的收尾、总结要简洁明了，留出给学生思考、回味的空间。由于微课时间很短，学习内容少，往往都在学习者的短时记忆中，适当而简短的总结，可以使学员对学习内容加深印象，但也不是每个微课培训都需要对学习内容进行小结，留出给学员思考、回味的空间更重要，教学视频外的支持材料更适合学习总结和拓展。

4. 辅助材料

微课除教学视频外还有相关的支持材料，通常包括微课培训内容简介、培训设计的教案、多媒体培训素材和课件、培训师课后的培训反思、练习测试、学员的反馈等。但不是样样都要有，应根据培训目标、培训内容和培训活动等选择必要而又简明的支持材料，避免冗余。

5. 上传与反馈

微课视频和相关材料制作完成后，要上传到相应的网络环境中，比如企业的 E-learning 平台、微信公众平台、QQ 群或微信群里，并对学员的点评、疑问、反思、更新等做出反馈。

6. 评价与修改

微课的评价可以从教育性、技术性和应用效果三方面通盘考虑。

微课的教育性包括教学目标、教学内容组织、教学策略和教学评价等。教学目标应明确，教学主题突出，针对的学习对象明确。教学内容组织有序，教学环节承接自然，安排合理恰当，知识单元相对完整，课程说明清晰。教学内容表现方式恰当，形式新颖。视频讲解深入浅出，生动有趣，画面美观，语言亲和，节奏恰当。配套的学习资源适量，不宜太多，与教学主题紧密结合，练习和思考题富有趣味性与启发性，能吸引学员主动完成。

微课的技术性包括微课本身的技术性与艺术性和平台环境的技术性与共享性。视频制作应符合技术规范，如分辨率、码流速度等。视频、课件画面布局美观协调，文字、色彩搭配合理，符合学习者认知风格。微课的支持材料也要符合相应的技术规范，相对完整，形式尽量多样化。微课平台的技术性包括系列微课的有效组织、检索、访问、浏览、上传、评论等，并能提供学习指导、信息提示、学习者之间和师生之间的在线或离线交互以及学习者与媒体之间的交互，能够追踪记录学习者个人学习过程，提供相关主题资源的推送。

微课的应用效果受微课的教育性和技术性影响很大。微课的教育性好、技术性强，微课的应用效果一般会比较好，表现在微课的点击率、点赞率、用户评价、培训师与用户互动情况、收藏次数、分享次数、讨论热度等综合评价方面。

名企案例 12-2：携程微课，识微见远[①]

案例背景

作为中国领先的综合性旅行服务公司，携程成功整合了高科技产业与传统旅游业，向超过 2.5 亿会员提供集无线应用、酒店预订、机票预订、旅游度

---

① 本案例摘编自《培训杂志》，许桂丽，2015 年 5 月 27 日。

假、商旅管理及旅游资讯在内的全方位旅行服务，被誉为互联网和传统旅游无缝结合的典范。

携程大学旨在为公司培养和储备适应公司发展所需要的中高层管理人才。携程大学是培养公司骨干力量的摇篮，也是培训员工各项工作技能的专业场所，更是企业文化传播、深化的基地。携程大学的专业领域培训课程，一大特色是采用微课实践的形式开展。

最佳实践

身为企业学习的管理者，携程大学之所以愿意推广微课，是因为微课能够高效地直抵中心，与企业的学习要求契合度高。可以用"见微知著""研精阐微""识微见几"这三个带"微"的成语来阐述携程对"微课"的理解。

一、见微知著：携程的"微课"需求

对携程而言，最大的学习成本是经理人的时间成本，因此产生两个突出的矛盾：其一，经理人通常很难抽出完整的2~3天时间专门用来上课；其二，担心经理人反馈授课老师的课程"水多米无干货少"，感觉浪费了时间。这就要求培训管理者对学习内容与时间均进行浓缩，呈现精华。由于携程的学习大部分放在下班之后，如果超过2小时就会影响员工休息，微课因此成为携程自发的需求。

1. 短而轻的形式

携程从2007年开始推广2小时左右的微课程，并在公司内部启动了"标准化课件"项目，开发了将近50门标准化课程。这些课程中，75%都是1~2小时版本的，20%是4小时版本的，还有5%是8小时版本的——这些版本均可以分拆成3~4次更短的课程来讲授。每门课程都会包含讲师手册、学员手册、案例、video、试题等内容，在当时外部课程动辄两三天的情况下，可以把它视为携程"微课"的雏形。

如今的微课更微小、更灵活了，例如一些阐述观点的APP微课只需5分钟就能学完，针对某一话题的内容可以采用午餐会（1小时之内）的形式进行，而且在课程标准化方面的要求也相应降低，更讲究快速迭代。

2. 聚焦与浓缩的知识内涵

携程的微课都是紧密结合企业管理和业务需求而设计的，大致可分成两部分，一是最新理论或最佳实践，二是携程做法及其带来的思考讨论。

以"平衡计分卡"（BSC）的微课为例，由于携程应用BSC进行考核和绩效管理，所以，这门课就会集中分享BSC的前世今生和在携程的应用情况、利弊分析，并由讲师引导大家就BSC与其他绩效管理方式进行对比讨论。这门微课重点突出，控制在2~4小时内讲透。

用"见微知著"可概括微课程的特点：一是微课程小而短，内容聚焦、时间短；二是微课程重视精心设计，进行多样化呈现。鉴于此，内、外部讲师必须一再梳理重点，保证讲的都是"干货"，以及最核心、最能解决问题的内容。随着技术的进步，微课正变得愈加轻盈，但知识的内涵却丝毫不减。

二、研精阐微：与大课程难度相仿

研精阐微可用来阐述做微课的态度和形式——微言精义，要用最少的话表达最核心的内容。有人说，微课因为"微"的缘故，客观上降低了分享人的门槛，只要有独立的观点和基础的表达能力，就可以参与制作微课了。相反，携程对于微课分享人的能力要求更高。

1. 讲求深度与独创性

设计企业课程时，越微越见功力。在同样受欢迎的情况下，准备18分钟的微课比准备1800分钟的4天课程要投入更多的精力，大课程往往逻辑性强，涉及的知识面广，考验讲师的知识广度；而微课走的是深度与独创性。

要想体现深度和独创性，使微课透彻又吸引人，不仅相当耗费脑力，还是一件很有艺术含量的活儿。

2. 需与前沿技术结合

好的微课绝不是粗制滥造，还包含心理学和学习前沿技术的应用。未来企业学习的有效途径越来越趋向于由内部专家提供核心内容，经过学习组织者和外部专家合作，结合各种移动学习技术更高效地呈现这些内容。在微时代，全能讲师将会变得越来越没有市场，而那些专注某些领域、能够研精阐微的达人将成为微时代的主角和名角。

三、识微见几："1+N"的组合打法

携程通过微课看到，企业学习越来越向模块化发展。微课不仅可以独立为一个模块,还将通过"1+N"的组合打法(1即微课,N代表其他学习方式),成为企业学习的重要组成因素。

1. 微课+翻转课堂

携程在2014年的"教练型领导"项目导入阶段,采用微课对知识和技能部分进行呈现,例如以文字、视频等作为载体,通过微信平台、E-learning等各种移动手段进行全方位传播,使得目标学员在任何方便的时候、方便的地点都能够学习。

微课学习结束后,携程通过翻转课堂引导学员应用微课内容,例如安排学员上"吵架课"。针对微课中的内容并结合业务实际,安排吵架式的争论与探讨,让学员产生新的觉知;由讲师及时整理"增量内容",发给关联部门使用。这样,不仅内部讲师有兴趣开发微课和主持"吵架课",学员也不再单向接收,而成为学习的主人,企业学习效果也达到预期。

2. 微课+远程学习

微课对于跨国和跨地域的企业意义非凡,它能让远程员工随时与总部学习保持一致。经过精心设计的微课,可以通过微信平台、讨论群组、E-learning等方式瞬间传递到千里之外的分公司。携程把"CEO为经理人分解的公司战略""员工提问管理层的互动交流"等内容都做成微课并不断更新,放在携程大学移动手机端,供全球的携程人随时学习、了解。

案例分析

对于企业学习而言,微课有其轻盈、便利之处,一般课程也有不可替代的价值,重要的是如何进行组合和镶嵌。除了以上这些组合,"微课+"就像"互联网+"一样,充满着无限可能性,等待培训从业者不断实践、挖掘和发现。

12.4 微信培训的兴起

12.4.1 微信,是一种生活方式

2011年1月,微信由腾讯公司推出,是一款为智能终端提供即时通讯服

务的免费应用程序。2016年年初，微信每月活跃用户已达到5.49亿，用户覆盖200多个国家、超过20种语言。此外，各品牌的微信公众账号总数已经超过800万个，移动应用对接数量超过85000个，微信支付用户则达到了4亿左右，46.3%的用户使用APP时首选微信，微信好友数量在100个以上的用户占比50%以上。

微信作为一款应用软件，已全面占据了我们生活的每一个角落，呈现出巨大的社会影响力。微信，已成为一种生活方式。

微信作为一种即时通讯工具，具有很强的移动互联网特征，而这些特征恰恰可以在企业培训过程中加以利用，用于改进传统的培训方式，提升企业培训的效率和效果。微信的典型特征如表12-1所示。

表 12-1　　　　　　　　　　微信的典型特征

微信的特点	微信应用于企业培训的便利性
移动性	随时随地通过移动终端学习，不受时间、地点的限制
碎片化	利用日常生活中的碎片时间，见缝插针，进行短时间学习
交互性	在培训前后就培训主题、培训内容进行交流、探讨，即时反馈
社区化	聚集具有共同特征的员工群体，精准推送培训资源
体验性	通过开发体验性的任务系统增强用户体验，提高学习兴趣

12.4.2 微信培训的操作方法

根据微信自身的特点，结合企业培训实际，可以通过以下途径对微信加以开发利用，改进企业的培训工作。

1. 利用微信公众号开发企业培训

微信公众号具有强大的浏览、查询和推送功能，只要进行适度开发和专业维护，就可以成为一种有效的企业培训工具。

（1）合理规划微信公众号内容

微信公众号可以对用户菜单进行自定义，根据企业所属行业、管理成熟度的不同，一般可以将自定义菜单设置为知识管理、培训管理、发展动态三个一级菜单，并设置若干二级菜单。比如，知识管理菜单之下可以设置产品知识、技术能力、服务案例、专业研究等二级菜单；培训管理菜单可以下设课程查询、作业管理等二级菜单；发展动态菜单可以设置业界资讯、公司新闻等资讯类二级菜单。通过对微信公众号的进一步开发，还可实现培训签到、抽奖等功能。

每个菜单可以链接到相关网页，也可直接呈现相应的内容，供员工实时学习。对于可能涉及公司内部机密的部分知识管理内容，可通过第三方开发身份认证系统，仅对通过认证的特定用户开放。

（2）定期推送专题培训资源

结合阶段性业务重点和培训工作规划，定期编制、开发相应的专题培训课程，向关注公众号的全体员工或特定部门、特定岗位的员工进行精准推送，使员工能通过移动终端方便、快捷地学习。培训组织者可以结合培训管理的作业系统检验专题培训的效果，还可以通过推送功能进行培训需求调查、发送培训通知，让员工利用移动终端进行投票或者报名。

（3）开发公众号自动回复功能

微信公众号的自动回复功能可以为员工提供自助查询和闯关答题，对于培训工作具有非常重要的作用。

通过初始设置，将公司内部的规章制度、工作流程甚至产品图片、操作说明的语音、视频等进行简化编辑，员工在移动终端通过输入关键字即可进行自助查询，随时随地了解公司的相关制度，便于员工的自我管理。

根据培训课程内容，开发相应的习题鼓励员工进行闯关比赛，只有正确回答了一道题目，才能进入下一道题目，大大增强了趣味性；还可以不定期设置一些智力挑战、逻辑推理、脑筋急转弯之类的题目，增强员工用户的黏性。

（4）使用微信公众号分析功能

公众号管理员能够直观地了解员工参与学习的情况，以便及时调整互动推广方式和课程内容。通过专业开发，还可以将微信公众号与企业已有的移动学习平台相融合，进一步增强微信公众号的整合功能，提升学习体验。

2. 使用微信群服务于企业培训

微信群已成为人们相互交流的重要载体，因此，企业可以利用微信群来服务于员工培训工作。

（1）课后答疑

每次培训结束后，可以建立临时微信群，用于员工与培训师之间的课后交流、互动，员工如有疑问，可以随时向培训师提问，并及时获得对方的解答，实现信息在群内成员之间的共享，避免就同一问题重复提问。

此外，在每次课程结束后，还可以组织参训员工进行总结，将相关的问题或作业统一发送到微信群，由员工进行回答，谁先回答，回答得怎么样，大家都可以看到，以达到知识共享的目的。

（2）日常探讨

根据员工岗位属性建立起不同的微信群，将具有共同特征，如同一岗位序列、同一兴趣小组的员工集中到微信群中，便于在日常工作中进行交流。这对于集团型企业以及办公地点较为分散的企业来说更具有现实意义。

（3）意见搜集

培训管理人员可以就培训主题、重点内容、师资选择等事项在微信群中组织员工广泛讨论，并在培训结束后借助微信群搜集员工的反馈意见，改进培训管理工作。

3. 通过朋友圈分享培训资源

虽然网络资源异常丰富，但每个人的信息浏览量毕竟有限，因此，有必要鼓励员工将可用于培训的优秀网络资源通过朋友圈或微信群进行分享，发挥微信的社区功能，开展集体学习，提升学习成效。

利用微信开展员工培训需要员工关注培训公众号，在初期，可以在微信上通过问题抢答、贡献点子等方式进行抽奖，吸引员工关注企业的培训公众号，并通过精彩纷呈的学习内容和学员互动提高用户黏性。

总体来看，微信比较适合于以下几类培训：一是对新员工进行企业文化、规章制度、产品基本知识等层面的培训；二是针对业务人员的政策法规、业务知识、项目管理等方面的培训；三是公司大事记、发展动态之类的共享信息。

12.4.3 微信培训的局限性

与传统的培训方式相比较，利用微信开展员工培训的确存在诸多优势。但是，从实际操作来看，微信培训也存在一些局限性，需要逐步解决。

1. 流量因素是成本

在移动终端上使用微信必须使用 wi-fi 或者消耗流量，从员工角度来看，必定会优先选择 wi-fi。但目前公共 wi-fi 的覆盖点和安全性都存在不足，员工有些时候只能使用手机流量来学习，经济成本对微信培训的广泛应用造成了一定的障碍。在此前提下，培训管理人员必须对微信学习的内容及表现形式进行精心设计和策划，以便提升员工的学习体验和学习效率。

2. 培训内容有局限

有调查显示，微信用户平均每次使用时长主要集中在 3~15 分钟范围内，因此，微信上提供的培训内容必须短小、精练，文字一般不超过 300 字，视频一般不超过 10 分钟，版面尽可能以图文的形式呈现，增强吸引力。适合在微信上进行的培训课程仍应以知识、理念、价值观类传递为主，对于强调互动、实操性较强的内容，还是要采取面对面培训的方式，当然可以在微信群中发起后续交流。

3. 过程控制有难度

社会化媒体的设计初衷是社交娱乐功能，无须监控参与者的自主行为，这就使得微信培训先天不足，难以进行过程控制。而微信培训的远程化特点则加剧了这一缺陷，学员在微信培训时，可能同时打开其他社交或娱乐软件，也有可能消极对待群组中的小组讨论。对微信培训学员的过程控制可以通过培训期间监测在线时长来解决。正如 QQ、微博等社交软件的在线显示功能一样，微信也可完全效仿，具体做法包括监测学习时间、统计学员发言量和互动频率等，把上述数据进行统计并排名，通过竞赛来调动学员的积极性。

4. 商业秘密易泄露

微信培训借助公众平台，用户只需主动关注就可查看发送过的历史信息，包括企业经营状况、经营模式、企业培训资料等，或者通过企业员工的朋友圈分享也可接触到这些企业内部信息，这无疑增大了企业商业秘密保护的难度。因此，那些涉及企业经营状况、经营模式等重要信息的培训资料，可以在订阅推送时只列出提纲，在微信群中具体发布详细内容。

5. 微信网页版需加强

目前的微信网页版只有文字和图片的聊天功能，不能发送语音和视频，不能显示朋友圈，开放平台和公众平台的所有功能也不能在网页上使用。如果实现网页版和移动终端的连通，培训师和受训者会获得更多的便利与选择。

尽管还存在一些小瑕疵，但微信作为一种新型载体，无疑会为企业培训打开一条新渠道，它一方面弥补了传统培训手段的不足；另一方面，对于员工来说，当枯燥无味的培训遇上灵活有趣的微信，学习也不再像过去那样是一件苦差事。

名企案例 12-3：YG 公司的微信培训之全体验

案例背景

YG 科技公司从 2013 年开始尝试使用微信培训，现在已经初步形成了较为完善的微信培训流程。

YG 公司的微信培训以微信为载体，通过微信的三大功能——聊天、开放平台和公众平台完成了企业培训的基本流程。在培训前的准备阶段，主要使用微信的基本功能即聊天功能，把受训对象加入微信群中；然后通过在微信群中与学员的媒体互动传递培训资料，以微信公众平台的订阅推送群发培训资料；在学员互动反馈时，通过微信群开展实时讨论，通过公众平台的自动回复功能进行内容检索，通过开放平台即朋友圈的分享和收藏功能，同样可以实现培训资源共享。

最佳实践

1. 微信培训的准备工作

YG科技公司的微信培训准备工作从硬件和软件准备开始。在硬件方面，公司确保wi-fi网络环境的畅通无阻；在软件方面，要确保讲师微信手机版与网页版可以同时使用，学员可以通过手机版或网页版学习。软硬件准备完成以后，就要设置企业培训专属的微信群和公众平台，微信群用来集结受训者队伍，公众平台用以发布信息和进行内容检索。

在培训正式实施前公司需要创建专属的微信群，并生成群二维码。学员可通过"扫一扫"功能加入微信群，也可通过培训师"邀请"将学员召集至同一群中。微信群类似于QQ群，但是建立起来更为高效，可以直接添加或邀请其他好友进入，无须得到群内好友的允许。加入微信群后，学员还可以使用"摇一摇"功能使大家互粉，在短时间内建立起人际沟通圈。为使学员在正式培训中的讨论与互动更具便利性，入群后学员要修改微信群中的个人姓名，统一采用"部门 + 姓名"的命名规则。

然后公司要申请属于企业培训的微信公众平台。公众平台的审核需要企业经营执照等相关文件，审核周期为一周。公众平台分为服务号和订阅号，服务号一个月只能发送一次群发消息，订阅号每天可以发送一次群发消息，订阅推送的信息送达率高达100%。公众平台主要使用订阅号发布培训信息，由于订阅号每天可以推送的信息数量有限，因此培训师要对培训资料精心筛选。

2. 微信培训的具体实施

YG公司微信培训的实施主要通过富媒体互动进行，以微信公众平台的订阅推送群发培训资料。富媒体互动是指培训师利用微信群向学员发送文字和配图，并可结合语音，也可以从第三方网站分享图片、视频等多媒体辅助教学材料。微信群内的学员可以自由发言与培训师互动，学员之间也可以互动提问。

培训师申请微信公众平台登录后，可根据不同部门将学员分组，如市场部、销售部、人力资源部等，以便群发订阅推送时具有针对性。

在对学员进行分组之前培训师需要提前进行内容编写。微信公众平台提供语音、文字、图文消息、视频的群发功能，目前应用最广的是图文消息，可以选择单图文消息或者多图文消息，多图文消息数量最多为8条。

培训师对培训内容进行编写整理，筛选需要发送的信息并添加图片，提取总标题和分标题。总标题是此次培训的中心议题，分标题是围绕培训中心议题展开的子模块。例如总标题是"微信营销"，那么分标题可以是方法、技巧和具体案例等。由于总标题在学员的移动终端上显示得最为明显，因此培训师要尽量选择具有强烈吸引力的措辞和图片，以提高学员的参与热情。

通过微信公众平台进行消息推送，接收对象为关注了该公众平台的个人。或者培训师也可直接发到微信群和朋友圈中，这时的接收对象是微信小组，两种渠道都应采用图文信息发送的形式。

3. 微信培训的学员互动与反馈

微信培训的学员互动与反馈贯穿于整个培训过程。最常见的互动反馈是在微信群中进行，学员在接受资料时遇到没听清楚的语音或是不理解的内容，可以随时向培训师提出，同步在线的方式使得培训师能够及时回答。当然，微信群不仅可以进行互动反馈，还可以催化线上行动学习。比如，通过不同受训组间的头脑风暴和微信群内的讨论，可能会收集到很多棘手业务问题的解决方案。在这一过程中，培训师要鼓励大家畅所欲言，尽量不对方案建议进行评价。

除此之外，YG科技公司微信培训的组织者还充分利用了微信公众平台的内容检索功能。提前设置与培训项目相关的关键词，学员自行输入关键词，公众平台的自动回复响应可以满足学员的搜索需求。另外，自动回复响应功能还能帮助学员进行复习与回顾。培训师可以在自动回复中设置学员可能遇到的常见问题的关键词，学员输入问题后，系统就能自动回答。例如，学员输入"如何提升微博关注度"即可收到培训师事先准备的材料内容。

最后，学员还可通过微信朋友圈进行资源共享。如果培训师和学员在朋友圈或者第三方网站上看到有关培训主题的内容，可以分享到朋友圈中供小组成员阅读和转发。朋友圈分享可以随时进行，学员在朋友圈中看到分享的资料，可以选择微信的收藏功能，方便今后复习和查找。

案例分析

目前实施微信培训的企业主要集中在互联网和传媒行业的少数企业，他们仅把微信培训作为传统培训的补充，只是利用订阅推送发送学习资料而已，至于社会化媒体所具有的强大互动、查询与反馈功能，还远没有开发出来，微信培训的应用和完善仍然任重道远。

微信培训作为一种新兴的培训方式才刚刚起步，而微信、微博等社会化媒体也并不是为企业培训所开发的应用，因此企业在进行微信培训时不能完全摆脱传统培训和在线学习，需要与二者有机结合。但是，微信培训完全顺应了互联网时代的信息传播特点，迎合了员工学习习惯的改变，随着社会化媒体软件功能的不断开发和技术升级，微信培训必将拥有巨大的发展潜力和完善空间。

第十三章
变革转型时期的企业大学

企业大学,为公司基因变革而存在。

——GE 克劳顿学院

  企业大学是企业培训的一种先进教育模式,企业大学能够营造一种全员参与的培训氛围,是打造完备人才体系的有力手段和提升企业竞争力的有效工具,也是推进企业变革的系统工具之一。

- ◆ 变革时期的企业大学
- ◆ 企业大学的五大职能
- ◆ 企业大学的运营体系

13.1 变革时期的企业大学

13.1.1 企业大学的缘起与发展

1. 企业大学的缘起

自 1955 年,被誉为美国"企业界哈佛"的克劳顿学院——全球第一所企业大学正式成立后,企业大学在全球迅速崛起。特别是近 10 年来,其数量剧增到 4000 多所,据《财富》相关数据显示,世界 500 强企业有 80% 已建构根植于自身母体的企业大学。

20 世纪 90 年代,企业大学的发展突破了欧美区域,渗透到亚洲领域。1993 年摩托罗拉中国区大学的设立引发了跨国企业在中国建构企业大学的热潮,同时中国本土企业建构企业大学的热情也日趋高涨,海尔、联想、春兰等知名企业纷纷效仿跨国企业建立企业大学,作为内部员工职业教育和终身学习的专门机构,满足员工教育需求,并解决自身发展人才需求问题。

企业大学是企业培训的一种先进教育模式,能够营造一种全员参与的培训氛围,是打造完备人才体系的有力手段和提升企业竞争力的有效工具,也是企业打造优势人才体系的系统工具之一。

2. 企业培训的发展

企业在不同的发展阶段,有不同的战略目标和发展需要,培训作为支撑企业人力资源开发战略的基本工作,在不同的阶段有着相适应的模式和对应的组织形态,如图 13-1 所示。

第十三章 变革转型时期的企业大学

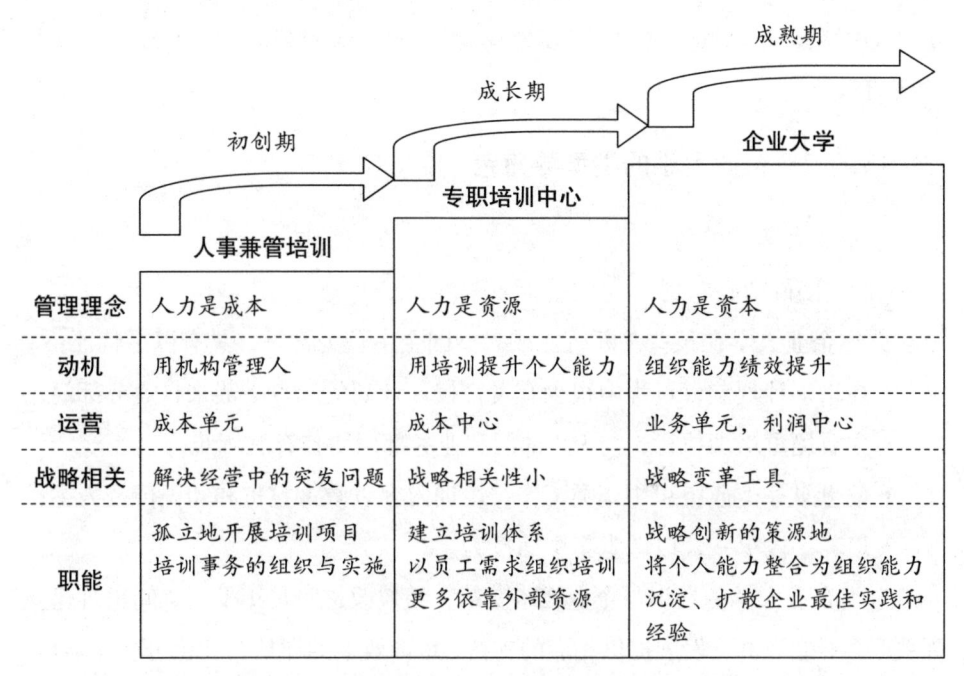

	人事兼管培训	专职培训中心	企业大学
管理理念	人力是成本	人力是资源	人力是资本
动机	用机构管理人	用培训提升个人能力	组织能力绩效提升
运营	成本单元	成本中心	业务单元，利润中心
战略相关	解决经营中的突发问题	战略相关性小	战略变革工具
职能	孤立地开展培训项目 培训事务的组织与实施	建立培训体系 以员工需求组织培训 更多依靠外部资源	战略创新的策源地 将个人能力整合为组织能力 沉淀、扩散企业最佳实践和经验

图 13-1 不同发展时期企业培训的组织形态

在初创期，企业的规模较小，培训需求比较简单，没有必要设置专职的培训岗位，往往由人事部门兼管培训。培训活动主要用于解决经营过程中的突发问题，培训更多的是事务性的工作，侧重于培训活动的组织与实施。

随着企业的发展进入成长期，企业一般会建立人力资源部门，设立专职的培训岗位，建立初步的培训体系，按照组织发展需要和员工发展需求选择培训课程。但此时培训部门更多的是企业的成本中心，与企业的战略相关性较小。

企业发展到盈利和高速成长的成熟期，完备的培训体系的建立使得企业已经具备建立企业大学的基础，当企业的快速成长需要人力资源战略支持的时候，对企业大学的需求就非常迫切了。这个时候，企业可以在培训中心的基础上，着手建立企业大学以支撑战略发展的需要。这个阶段的企业大学一般定位为内向型，以管理人员为重点培训对象，逐渐增加针对基层技能培训的项目，最终普及各个层面的企业培训。

随着企业大学的不断发展壮大，企业可以考虑建立面向社会的外向型企业大学，以本企业优势的品牌影响力、课程开发能力和专业的讲师队伍服务于外部用户，并以此发展自己的盈利模式，最终成为利润中心，达到企业与社会的双赢。

13.1.2 企业大学的类型与角色

1. 企业大学的类型

（1）"接待中心"型

此类企业大学在某些垄断行业或大型国企中较为常见，具有以下特征：

- 在培训计划制订过程中很少有发言权，计划的起点一般来自业务部门；
- 主要侧重培训执行，与 HR 部门和业务部门协作存在困难；
- 偏重事务类或组织协调类工作，培训内容以政策宣贯和知识传授为主；
- 培养手段单一，以课堂集中面授为主。

这类企业大学的培训与企业战略变革、绩效改进、员工发展之间很难建立强关联，不能为员工发展提供相应的支持，培训效果的评估与转化也存在困难。

（2）"培训中心"型

此类企业大学基本占据目前国内企业大学的发展主流，具有以下特征：

- 培训计划起点来自部门的需求，但其"战略中心"需求规划缺乏系统方法和流程；
- 培训与整个 HR 系统的构建和运作基本割裂；
- 与业务部门仅基于事件和临时需求开展合作，偏重被动响应；
- 偏重课程体系构建、课程开发和讲师建设；
- 师资体系建设较为困难，导致学习型组织的建设有困难；
- 尝试引入多种学习方式，但仍然依赖于集中面授类的培训；
- 缺乏对培训效果转化的有效跟进和监测。

这类企业大学的培训系统功能基本完整，但发展空间比较受限制。

（3）"项目中心"型

这类企业大学不再单纯关注点状培训需求，而是注重从需求获取到需求评估的全流程过程，能够从系统设计的角度规划学习项目，关注学习项目对组织战略、能力发展和人才管理的真正作用。

在这一阶段，企业大学尝试扮演以下角色：

- 体系的管理者；
- 学习方案的分析者和选择者；
- 学习活动的设计开发者；
- 学习项目的实施者；
- 学习效果的评估者。

（4）"战略中心"型

这一阶段，企业大学的核心使命不再聚焦于技术上的蜕变，而是站在运营的视角来管理和运作企业大学。它们重新定位于变革的管理者，通过学习系统化推进整个企业的学习机制和文化建设，从而促动企业发生变革，帮助企业强化识别风险、勇于创新、实施变革的基因，增强企业变革的执行力。

2.企业大学的角色

在企业发展和变革转型过程中，企业大学往往扮演着三种角色，即变革推动者、员工发展顾问和业务合作伙伴。

（1）变革推动者

功能：企业大学通常在企业面临转型或重大变革的关键时期，通过标准化的机制、流程和方法将企业战略目标分解为明确具体的岗位能力地图，分析后得出可以通过学习发展手段实现的目标，并辅之以相关的举措和行动步骤，实施相应的学习项目。

组织定位：通常隶属于董事会或总裁办公室，并向CEO汇报工作。

优势：能够获得公司高层最全面的支持和资源的优先投入，有助于帮助企业制定战略性决策和各类相关的人才发展解决方案。

劣势：自上而下的管控模式容易使学习活动流于行政命令而陷入被动，完全独立运作的管控方式也容易造成学习活动与整个HR模块的脱节。

（2）员工发展顾问

功能：通常面向员工的职业发展和能力提升，通过解读企业战略确定企业中长期人才发展要求，得出核心人员的关键能力，通过能力测评、人才盘点、人员评估等手段找到能力差距，并辅以相应的学习活动。

组织定位：通常隶属于部门，并向分管HR的副总裁汇报工作。

优势：由于与部门的天然联系，在设计学习项目过程中能够与HR体系的其他模块，如员工晋升、激励、绩效管理等紧密衔接。此外也经常获得公司高层的承诺和指导。

劣势：由于决策链拉长，某些进程可能会被阻滞或延迟；更加需要重视的是，企业大学在组织设置或人员配置过程中特别需要加强与业务部门的联系，避免企业大学由于脱离业务实际而成为"孤岛"。

（3）业务合作伙伴

功能：通常针对企业业务绩效的流程或问题，利用绩效技术模型等手段，通过评估相关需求和分析内外环境，明确需要达到的绩效改善目标，并针对影响企业绩效差距的根本原因进行分析，最终提出组织改进、流程改进、工作改进等不同层次的绩效提升措施，制订相关的学习解决方案。

组织定位：通常隶属于总裁办公室，并向 CEO 汇报工作。通常根据业务机构设置相应的部门，根据业务绩效需求开展日常沟通，其角色定位决定了它与业务部门的联系更为紧密。

优势：这类组织定位既保障了学习活动开发与企业战略的密切联系，又能够快速响应业务绩效需求，是一种比较理想的企业大学组织定位模式。

管理笔记 13-1：企业大学与培训部门的区别

正如美国著名的企业大学研究专家、企业大学主体理论的奠基人、全球知名的企业大学咨询公司 CUX 的创立者珍妮·梅斯特所说：企业大学培训与传统企业培训最大的区别在于，传统企业培训往往是一次性培训，企业大学培训是从一次性培训转向建立持续学习型组织。

企业大学与传统培训部门的区别可以从培训方向、职能定位、运作方式等九个方面对照如表 13-1 所示。

表 13-1　　　　　　　企业大学与传统培训部门的区别

	企业大学	传统培训部门
培训方向	主动探索学习需求，培训较为丰富和全面	对培训需求的回应较为被动，培训单调
职能定位	承担服务职能	进行活动创新

续表

	企业大学	传统培训部门
运作方式	独立的组织，明确的定位和使命	隶属于人力资源部门
课程体系	独立的课程研发力，贴合企业实际需要	数量不足，实际操作性差
培训对象	企业内部中高层管理人员	中基层管理人员和一般员工
承担的战略职责	保持与企业战略的直接联系，通过实践将学习成果联系战略经营	企业业务层面的提升
教学手段方式	采用网络等现代化的传媒媒介，运用现代化的教学手段	传统的课堂授课方式，比较单一
培训效果评估	培训评估体系完善且高效	关注培训的人数、时间及培训投资
教学师资	注重企业内部师资的培养并结合外部师资力量	以外聘专家为主，缺乏企业内部师资的培训计划

13.1.3　企业大学推进企业变革

2013 年是中国移动互联网时代元年，经过近几年的快速发展，中国企业开始走进移动互联时代的新常态。2016 年，这一趋势更加明显，而企业培训作为企业发展的重要支撑，也需要迎接新时代的变化。

移动互联网时代所带来的战略转型对组织和人才都提出了完全不同的要求，组织结构不改造，转型无从谈起。在如今外部环境纷繁变化的时代，越来越多的中国企业开始把传统工业思维下形成的金字塔组织尽可能拉平，让更多的团队有市场竞争的能力，直接面对市场。正如近年来海尔大力推广的"三化"转型：组织平台化、员工创客化、用户个性化，就是在把过去一个庞大的立体组织变成一个平台，让更多的点直接对接市场，形成一个真正的用户导向、自主创新的柔性平台。

在中国经济上行放缓的背景下，企业对转型战略越来越急迫，对于企业大学的变革推动者这一角色的强烈需求也越来越突出。甚至可以说，如果企业大学无法在这个重要的战略转型阶段起到变革推动的作用，在企业内部很可能会慢慢被边缘化，能够获取的资源配置和战略重视度必然会下降。

在整个经济再平衡的环境背景下，客户需求结构调整和企业内部成本结构调整，带来了企业转型的驱动，决定了企业发展的新路径以及企业人才发展的新方向。组织结构的调整，最重要的问题是人才结构，尤其是新业务的人才队伍结构，人才战略成了最重要的一项战略举措。企业大学是变革转型时期的加速器和推进器，在企业转型和创新时期，起着关键的作用。腾讯、京东、阿里、华为、用友等企业纷纷建立自己的企业大学，以积极应对这个时代的变革。

13.2 企业大学的五大职能

企业大学具备以下五大职能。

13.2.1 培养人才

企业大学的主要职能是培养员工的胜任力，提高员工的职业化，为企业培养一支高水平的职业化员工队伍。企业大学通过整合培训资源，进行系统的知识管理，创造、发展和传承企业成功基因与商业思想，提升企业学习能力，孵化培养企业内部人才，从而提升企业的市场竞争力。

名企案例 13-1：创维学院——企业大学输出的最大成果是人才

近年来，传统彩电行业一直承受着内外夹击的压力：一方面，彩电进入存量经济时代，市场需求还在不断下滑；而另一方面，互联网企业扎堆做电视，对传统彩电行业造成了冲击。

在多家上市公司出现大幅亏损、彩电行业进入寒冬的大环境之下，创维学院在"智能化""多元化""国际化"的"三化"战略之外，积极探索互联网转型。

企业竞争说到底还是人才的竞争，企业转型也是靠人才去推动的。创维认为，人才的培养与选拔不是一个部门的事，因此，创维学院从四个层面培养人才：

- 与人事管理科合作，每年选拔一批后备职业经理人；
- 与企业高层合作，每年从各培训项目中选拔关键人才；
- 与企业文化部门合作，策划感动创维、创维之星等活动，内化外部人才；
- 建立完善的领导力开发体系："巨龙、腾龙、潜龙和鲤鱼"四大项目，为企业选拔、培养大量的职业经理人和国际化人才。

创维学院的工作思路遵循美国营销专家西蒙提出来的"黄金圈法则"，即一切由内而外。创维学院一切工作的开展，包括每个培训项目的设计，都从企业自身所面临的实际情况往外梳理。从外而内，只能邯郸学步、东施效颦，效果难以保证；只有从内而外，先从根本上解决为什么的问题，然后再找解决方法和途径，形成外显的课程、方式。

在黄金圈法则之下，创维学院设立了三重培训体系设计理念：

首先，基于任务与能力模型设计的课程体系，将个人能力的提升与工作绩效的提升有机整合，实现个人和组织的同步发展；

其次，实施分层级的培训，路径清晰，目标明确，既立足于当下，又不失方向和激励；

最后，课程体系考虑到进阶的需求，系统性和针对性更强，区分高低层级管理人员培训的不同。

企业大学输出的最大成果就是人才。创维学院致力于为集团各个产业公司提供人才培养平台，打造集团层面的人才库，给予人事选拔的数据指导，并逐步梳理集团层面的人才资源。

在包含"互联网+"的创维整体战略转型中，创维学院扮演着培育战略思维和培养相关人才的双重角色，落实到具体层面为：打造内部平台，来自不同产业公司、不同职业背景的人才之间激发新的想法，不同层级宣贯战略；其次，参观标杆企业，创维学院与腾讯、阿里巴巴、华为、娃哈哈、中兴等企业也有定期交流活动；另外，开设工业4.0、互联网营销、企业战略（国际化与多元化）等外部课程。

每年选拔100名关键人才，这是创维集团对学院提出的要求。总的来说，创维学院培养出的人才，将会在全新的业务模式中发挥重要的作用，带领创维成为行业模式变革的先驱。

13.2.2 传承文化

企业文化管理是企业管理的高级阶段，企业文化的竞争是企业间最高层次的竞争。企业大学在传承企业文化方面可以发挥举足轻重的作用。企业大学要根据企业的变化不断地研究、提炼、梳理企业文化，并且强化企业文化宣传，增强员工的认同感。企业大学是企业文化传播的最好媒体，通过企业大学定制开发内化的培训课程，使员工逐步认识企业文化，接受企业文化，最终认同企业文化。

例如，企业大学的课程以企业文化为指导进行设置，员工在对课程的学习过程中会潜移默化地受到企业文化的熏陶，实现"企业化"。企业大学的内部讲师往往由高层管理者或者业务骨干担任，他们都是企业文化和价值观的忠诚拥护者与虔诚的"传道士"，这无疑将大大推进企业文化的传播与传承。

13.2.3 推动变革

企业大学是企业变革理念的来源地，也是变革的推进器。在企业大学中，员工学习知识、分享经验、探讨问题，相互启迪思想，甚至主动提出变革想法，员工便成为变革的坚定拥护者和中坚力量。如此，企业变革的阻力与难度将大大降低，企业升级转型将顺利完成。

13.2.4 整合产业链

企业大学通过向上游的供应商和下游的客户提供培训服务，将提高在产业链中的竞争力，同时向他们传递本企业的文化，渗透企业理念和文化内涵，让他们逐渐认同企业品牌，最终与上下游形成更为稳固良好的合作关系，整合产业链资源，形成竞争优势。

名企案例13-2：索诺瓦听力学院——助力企业成为行业领航者[①]

索诺瓦是有着"听力王国"美誉的瑞士公司，其产品线从助听器到人工耳蜗，再到无线聆听语训产品，能提供全面解决方案。

在我国，听力专业教育还面临诸多挑战，听力专业人员十分匮乏。一个听力受损的人，从发现听力有问题，到真正采取行动走进验配中心，需要7~10年的时间。尤其是等待的时间对听力有问题的孩子来说，会造成无法逆

---

① 来源：DEC商学院，2015。

转的遗憾，中国听力残疾人士选配听力设备的比率只有5%左右。

索诺瓦听力集团亚太区总裁林振辉说："我们希望可以用我们的专业知识与产品让更多听障人士受益。"因此，索诺瓦从教育市场、用户、专业人士、产业上下游等角度，借助在全球的领先学术资源，在中国成立了听力学院，专注于听力学术知识和实践的培训教育工作，逐步形成了今天企业大学的雏形。

索诺瓦的产品和技术始终在不断创新，课程也在不断更新，企业大学便扮演着知识传递、转接的角色，关注的是如何在学术理论与实践之间找到最佳的衔接点，通过专业的讲授传递知识给学员，并且付诸实践，让企业大学成为听力行业人才培养的重要基地之一。

听障人士的需求远远不止于技术和产品本身，而是包含产品在内的一整套专业的听力解决方案和服务。在听力行业中，听力验配师是为听障终端用户提供服务的核心人物。他们为听障人士提供专业的建议，帮助听障人士测听、验配、调试，甚至选择适合的技术。提升他们的专业知识水平和实践能力，提升他们服务的专业程度，就需要企业大学的参与。索诺瓦企业大学的课程由从美国归来的博士领导开发设计，根据中国国情针对不同人才的水平进行调整，形成梯度培训的体系，满足初入行业的新手到丰富资历的技术人员的要求，确保通过这样的课程培训提高专业程度。

企业大学的"学员"是经销商、终端用户和听力师。听力学院与业务融为一体，相得益彰。课程来源有两个，一是瑞士总部引进，结合中国人的学习习惯进行翻译、内化；二是根据本土需求进行课程研发，一本本漂亮的教材体现了其强大的专业实力。在教学形式方面，课程很多为体验式，学员的动手、参与环节很多。对于课程的结果，索诺瓦大学有一套完善的考核机制来检验。课堂授课在整个培训中所占时间并不长，后期实践十分重要。通过实践、观测和调整来检验培训的成果，整个过程会持续3~6个月。评定培训好坏的方式有两个维度，一是看是否达成绩效目标，二是看人才的胜任力。既看结果又看过程，让培训与成果紧密结合，真正实现开办企业大学的目标。

除了针对听力专业人士的培训，索诺瓦企业大学每年还会在全国各地举办上百场面对听障人士的听力康复教育讲堂或者交流会。在这些活动中，听力学专家讲解听力康复、听力技术的相关知识，一起来与听障人士、用户交流互动，解答疑问。

在索诺瓦看来，无论是对市场的培育、对专业人才的培养还是对特定市场的产品定制，都是企业发展的生态环境中不可或缺的环节，企业大学在助力企业成为行业领航者中的作用不可取代。

13.2.5 品牌推广

企业要具有一定的规模和产值才有能力、有必要建立企业大学，因此建立企业大学无疑会给企业带来更高的名誉，进一步提高企业的品牌知名度。企业大学是企业对外交流的一个重要窗口，外界可以通过它了解本企业的文化，使得企业品牌对外传播得更远、更广。

企业若想基业长青，不仅要在企业内部建立和传承企业文化，还要在企业外部推广企业品牌、扩大影响力，获得竞争优势。企业可以通过企业大学的课程，将自身积累的优秀管理实践与深刻的行业理解，甚至企业的精神与价值观传递给战略伙伴、供应商及目标客户，最大限度地提高供应商与客户的认同度，提升企业品牌的知名度与忠诚度。

13.3 企业大学的运营体系

企业大学的运营体系由课程体系、师资体系和评估体系三大体系共同支持运行，其中课程体系是核心，师资体系是基础，评估体系是保证。

13.3.1 企业大学的课程体系

企业大学的核心环节是课程体系，也是保证培训能够有效满足人才培养需要的重要资源。企业如果完全嫁接外部课程资源，将无法保证课程的系统性，无法保证企业管理的一致性，更无法保证培训的有效性。

在不同的行业和企业当中，所需要的培训项目一般是不同的。但是我们总会发现有一些主题是普遍存在的，我们把它们称为"企业大学核心课程体系"，包括：学习企业的核心价值观、文化传统，了解企业的运作环境，培养自身的核心职场能力。这就是著名的企业大学专家珍妮·梅斯特所说的"3C"。

- 企业公民（corporate citizenship）：向员工灌输企业的文化和价值观，就像公民之于国家一样，员工会对所属企业产生一种强烈的认同感和归属感。
- 环境框架（contextual framework）：让员工充分地了解和正确地评价企业，同时还要学习其他企业的最佳实践，特别是向世界一流的企业学习。
- 核心职场能力（core workplace competencies）：包括快速学习新技能和处理新信息的能力、更好地与人沟通与合作的能力、拥有创造性思维并用其解决问题的能力、技术能力、全球化经营能力和对自身职业生涯进行管理的能力。

"3C"必须融入企业大学的课程当中，并成为课程体系的核心，这是企业大学的重中之重。

企案例 13-3：GE 克劳顿学院的课程体系

在 GE 克劳顿村，培训课程一般分为三类：

第一类是专业的知识与技能。比如信息技术、财务、人事管理，这些课程的设置是为了使员工在专业技术领域更专业、更深入。

第二类是针对员工的职业生涯中某个发展阶段而开发的课程。如企业管理课程和管理开发课程，它们就是专门针对企业中层以及初级管理人员而开设的课程。

第三类是面向整个企业范围进行推广的课程，如六西格玛等管理思想和技能。

克劳顿村最显著的特色就是"讲究实战"。杰克强调 GE 要研究自身出现的实际问题，而不是来自其他公司的案例，也强调传播 GE 的实践经验和教训。其次就是"行动学习"，即将学员分组，在解决公司的实际问题中进行探究和学习。最后是"领导力发展体系"，这是 GE 克劳顿管理学院最引以为傲的项目。下面就以 GE 的领导力课程为例来简述它的课程体系。

GE 主要有三门课程旨在培养领导力，分别是为优秀的高级经理开设的 EDC（高级管理开发课程）、为中层经理开设的 BMC（商务管理课程）和为初级管理人员开设的 MDC（管理开发课程）。

第一级的 MDC 课程为期 3 周，每年会开设 8 次左右，授课方式主要为课堂面授，学员全部在克劳顿村的教室上课，每年参加这一课程的经理有 400~500 人。

而更为高级的 BMC 和 EDC 课程会有所差异，"行动学习"的概念将会全程贯穿课程始终。这就要求学员们面对现实的企业管理问题进行学习和探讨，如针对一个国家、一个企业或是公司在执行某些计划或政策方面的具体情况。第二级的 BMC 课程每年推出 3 次，每班 60 人左右，而 EDC 课程每年只有一次，有大约 50 位最具潜力的高级管理人员可以参加。这两门课程都历时 3 周，课程进度都进行了精心的安排，最终在每季度一次的公司 CEC（高级管理委员会）上，学员们要汇报自己的学习成果并提出自己的建议，这成为考核的一部分。

通过在行动中学习，学员们俨然已经成为 GE 高级领导的内部顾问，在这 3 周时间里，他们都认真地研究了全球每个国家的发展机会以及其他成功的企业是如何发展的，同时评估了 GE 的各项计划和措施实施的进度与成效。在行动中得到的收获被他们带回到企业并落实到 GE 的下一步行动当中去。他们使得企业和自身都变得越来越好，不仅是因为他们向公司提供了极好的咨询成果，还因为他们在自己与公司之间建立起了可以持续终身的友谊。

13.3.2 企业大学的师资体系

企业大学的师资配备是企业大学取得良好教育效果的基础所在。一般而言，其师资配备由外部师资和内部师资构成，两种师资相互取长补短，为企业大学发展提供必需的师资支撑。内部师资的来源主要是通过对企业内部资源开发，内部师资开发能力的大小也是评判企业大学发展水平的重要标准。国内外知名企业大学在积极融会外部师资的基础上，通过一系列积极措施加强其内部师资队伍建设，主要包括内训师的选聘与培养、内训师资质认证、内训师激励与管控等方面，实现内训师素质的不断提升。

名企案例 13-3：招银大学——内训师的五步管理法

招商银行一贯秉持"人才立行"的理念，重视教育培训，关注员工成长。

1997年，建立了环境优美、功能完备的现代化培训中心。2008年招银大学正式挂牌，标志着招商银行教育培训工作迈入体系化、集约化和国际化发展时期。

自成立以来，招银大学不断探索内部师资的专业化管理，应用内部师资"选""用""育""考""留"五步管理法，规范了内部师资职业生涯的各个环节。

1. 选：统一选拔聘任

招银大学制定了统一的选拔标准，组织全行统一选聘，并根据授课范围和授课水平的不同，按总、分行两级模式实行管理。近几年，经过分批选拔、定级考核、动态调整，已选聘内部培训师2000余名。

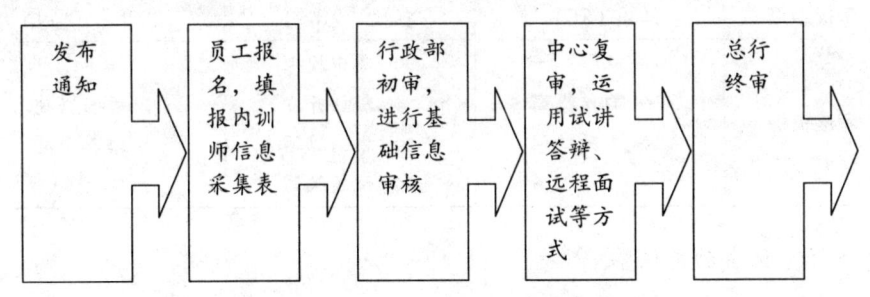

发布通知 → 员工报名，填报内训师信息采集表 → 行政部初审，进行基础信息审核 → 中心复审，运用试讲答辩、远程面试等方式 → 总行终审

图 13-2　招银大学内训师选聘流程

针对招商银行内部培训师队伍分布广、能力差别大的特点，招银大学将内训师资格分为基础教学资格和专业教学资格两类，其中基础教学资格又分为助理讲师、讲师、高级讲师、资深讲师和特级讲师五个级别，专业教学资格又分为认证讲师、测评师、催化师、绩效顾问四个级别。

2. 用：灵活高效使用

全面参与各项教学活动：所有内训师在出色完成本职工作的同时，提炼管理和业务精髓，以教案编写、教材开发、实施教学、组织学习等方式传播文化与知识，分享智慧与经验。

不断推广品牌课程师资认证模式：招银大学启动品牌课程师资认证模式，培养了多名品牌认证讲师，均具备独立授课能力，有效降低了培训成本，同时不断提高了培训效果。

3. 育：分层分级培养

针对性的培训是提升内训师教研水平的有效手段，根据助理讲师到特级讲师不同级别内训师的素质要求，匹配了《PPT设计与呈现》《TTT授课技巧》

《课程设计与开发》等品牌认证课程和电子课程，帮助内训师提高教学技能。同时，逐级培训授课讲师、课程开发师和学习咨询师，使得内训师真正成为业务伙伴，推动学习创造价值。

4. 考：严格考核激励

招银大学对内训师的考核很严格，从知识、技能和态度三个维度考核，如表13-2所示：

表13-2　　　　　　　　招银大学内训师考核维度

考核维度	知识（20%）	技能（70%）	态度（10%）
考核指标	◇ 自学提高 ◇ 专项培训	◇ 集中授课 ◇ 教材开发 ◇ 案例编写 ◇ 试题编写	◇ 参与兴趣 ◇ 培养潜质

5. 留：优劣动态调整

招银大学根据对内训师的考核结果，实行优劣动态调整的制度，考核结果不合格的予以降级，考核结果优秀的予以晋级，实现内训师的优胜劣汰，保持了内训师队伍的活力。

晋级
◇ 考核结果为"优秀"
◇ 满足晋升职级的任职资格

解聘
◇ 调动
◇ 离职
◇ 连续两次不合格
◇ 个人申请
◇ 聘任期满

续聘
◇ 聘任期满
◇ 经培训管理部门认定

降级
◇ 考核结果为"不合格"

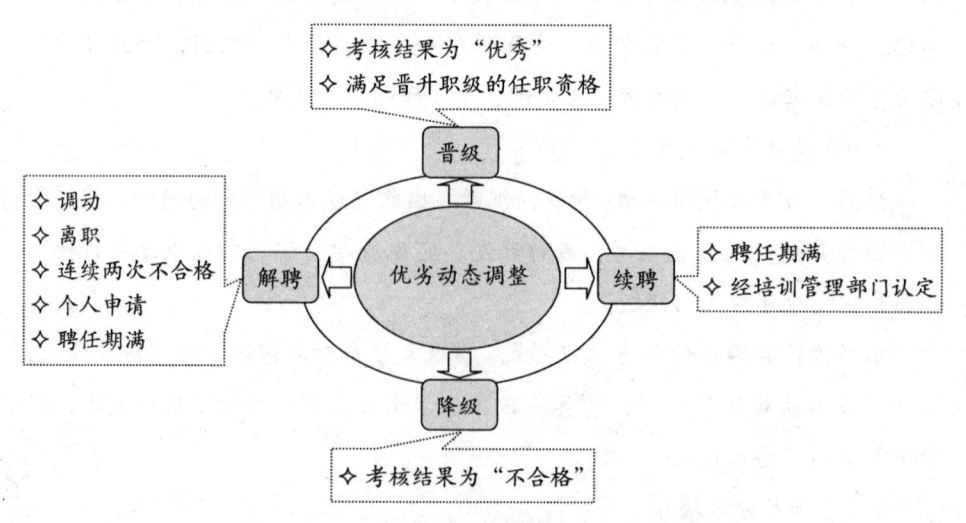

图13-3　招银大学内训师的优劣动态调整

13.3.3 企业大学的评估体系

近些年来，随着我国经济发展以及技术转型，企业大学迅猛发展。而企业大学的高速发展同时带来如何有效评估企业大学的问题。

企业大学为企业员工设计培训项目，终究还是希望看到员工在培训之后的实际效果。这涉及了培训的回报率问题，也就是培训投入的成本是否获得了预期的收益。所以对企业大学进行评估是很有必要的，它不仅能够帮助企业大学改善培训内容和培训方式以适应需求，还能够协助企业掌握员工培训的质量，以便更好地进行人力及其他资源的配置。

目前，国内外主流的企业大学评估模型主要有美国 CUX 评价标准、IQPC 评价标准和 CUMMTM 评价模型。

1. 美国 CUX 评价标准

CUX 评价标准是美国企业大学顾问公司（CUX.Inc）提出的企业大学评价标准。CUX 公司自 1999 年开始，连续多年对全球范围的企业大学进行广泛调研和评价，评选年度优秀企业大学，组织交流与学习，引导企业大学的发展。

CUX 评价标准主要包含以下七个方面的内容：

- 结合：评价企业大学和企业发展战略的结合情况；
- 合作：评价企业大学与外部教育资源（普通大学、学院等机构）的合作关系；
- E-learning：评价企业大学利用电子技术创建的学习支持环境的发展状况；
- 领导力发展：评价企业大学带给企业管理者的变化和成功；
- 市场：评价企业大学在增加企业创新市场、发展品牌技能中的作用；
- 评价：评价企业大学通过学习给企业带来的回报；
- 创建：评价企业大学是否创建为成功的学习型组织。

CUX 评价标准的优点：

- 强调了企业大学和企业战略相结合的根本点；
- 指出了企业大学与外部教育资源之间的战略伙伴关系。

CUX 评价标准的不足：
- 七个评价指标之间的关系不清晰，评价的系统性不强；
- 企业大学的一些关键要素没有体现，如课程体系、师资体系和能力模型等。

2. IQPC 评价标准

IQPC 评价标准由国际质量与生产力中心（International Quality and Productivity Center）制定，对处于不同发展时期的企业大学提出不同的评价标准。

IQPC 评价标准的内容：
- 企业大学是否对提高组织竞争力具有显著的作用和贡献；
- 企业大学是否应用混合学习模式取得好的学习效果；
- 企业大学是否创建了公司的学习文化，构建学习型组织；
- 企业大学是否将有效的教育合作伙伴整合到企业大学；
- 企业大学是否能够不断提高投资回报率。

IQPC 评价标准的优点：
- 强调企业大学应该成为学习中心，打造学习文化；
- 首次提出企业大学应该不断提高投资回报率。

IQPC 评价标准的不足：
- 评价标准过于简单和宏观，不够量化和具体；
- 没能体现企业大学的一些关键成功要素；
- 忽视了企业大学内部运营及成果输出。

3. CUMMTM 评价标准

CUMMTM（企业大学成熟度模型）评价指标由上海交大海外学院于 2011 年提出，主要从发展规划、组织管理、运行支撑和业务体系四个维度设计企业大学的成熟度指标，并基于此成熟度模型提出了企业大学的评价标准。

CUMMTM 评价标准的内容：
- 战略契合度：企业大学使命定位的清晰度，与企业的匹配度，战略定位的执行度；

- 组织协同度：企业大学架构设置与发展规划、组织管理模式的匹配度，企业大学责权设定、资源配置的完备度；
- 业务完备度：包括关键岗位界定的清晰度，人才发展规划完善度，人才绩效与能力标准的完善度；
- 运行有力度：企业大学管理与专业人员的能力匹配度，内部师资体系完备度，内部师资自主开发能力的胜任度；
- 职能拓展度：企业大学参与战略传递和推进的程度，企业大学推进企业变革发展的程度；
- 效益彰显度：关键人才胜任度，员工培训发展满意度，企业大学对组织能力提升的影响力。

CUMMTM 评价标准的优点：

- 评价标准从战略支持、组织管理、运行效益等多个方面进行评估，基本涵盖了企业大学建设的方方面面，评价标准全面、系统；
- 评价标准强调企业大学和其他横向部门的配合支持，以及在社会上进行企业品牌推广和文化传播，对企业大学的建设具有指导意义。

CUMMTM 评价标准的缺点：

- 评价指标的专属性不强，不具备企业大学的专属性，同样可以适用于对其他组织或部门的评价；
- 评估指标过多，有些指标过于细致，给实际应用带来不便。

评估体系作为企业大学的重要组成部分，却往往被企业大学所忽视。随着近年来对于评估体系的重视，国外的许多企业大学开始建立自身的评估体系。

GE 克劳顿学院建立了一套较为完整的评估体系，对整个培训过程进行全面的评价，评估重点是提高培训者的绩效。GE 克劳顿学院的评估体系共分以下四个层次：

反应：指课程结束后，通过评估表收集学员对课程的反应，然后调整课程以适应学员需求。

知识：指课前课后的考试，目的是测试学员究竟学到多少知识，了解培训内容是否符合所要传递的内容。

行为：指企业大学的双向行为调查，课前先针对学生的行为做一些评估，也请其直属主管做一个评估；培训后再做一次评估，比较前后行为的改变，从而衡量培训成果。

绩效：指每次上完课，学生都要设定行动计划并付诸行动，执行情况由上级主管鉴定，以确保培训能够提升绩效。

关于评估体系，中国的企业大学过多强调对学员的考核，而对于课程开发、讲师认证、绩效评估等方面的评估缺失，尚未建立起实际意义上的企业大学评估体系。

例如，海尔大学对学院运行效果的评估标准只有两条：一是有没有真的培养出一些人才；二是人员的能力有没有比以前提升，对他们做业务管理有无帮助，以定性评价为主，缺少定量全面评价。

海信大学培训评估的主要方法是实时评估，一方面是对教师教学的评估，另一方面是对学员的评估。最主要的是学员的评估，有各项量化指标，如考勤、上课发言次数、小组最后对他的鉴定、个人最后鉴定，这些都是在学习过程当中进行的实时评估。

与美国企业大学相比，国内企业大学"重培训、轻评价"的现象明显。尽管有些企业大学强调评价，这也仅仅限于对学院的简单考核，整体来讲，并没有建立起实际意义上的企业大学培训体系。总之，在中国，评估体系还未得到企业大学足够的重视。而美国作为企业大学发展最好的国家，评估体系也需要整体上的进一步提升。

后 记

王俊杰

2017年1月16日,北京下雪了。雪花漫天飞舞,很美。

这本书终于要结笔了,就像十月怀胎、辛苦孕育的我的又一个孩子,即将直面这个纷繁复杂、熙熙攘攘的世界。

恍惚间,思绪回到一年前,从开始着手写的紧张兴奋,到确定目录的纠结忐忑;从收集资料的庞杂繁复,到一字一句的斟酌掂量;从一稿、二稿、三稿,到一审、二审、三审……

如今手捧终稿,虽仍有诸多不尽如人意之处,终归可以合上书页,放松紧绷的神经,怡然自得间去欣赏这雪花的美。

写书的日子是孤独的日子。无数个加班的夜晚和周末,一盏孤灯相伴,对影成三人。

写书的过程是修行的过程。无数次的怀疑、否定、烦闷,最终修炼成坦然自得、拈花微笑、清风徐来。

感谢时光,给予我厚重。

感谢书籍,给予我力量。

感谢自己,没有轻言放弃!

从一名教师,到一名职业培训师,再到企业HR和企业管理人员,近二十年的职业生涯总是与"培训"有着千丝万缕的不解之缘。喜欢做老师的感觉,热爱培训这个行业,也深刻体会到培训之于企业人力资源开发和人力资源管理的意义。

写作这本书的过程是培训管理理念的再建构，是培训知识体系的再梳理，是培训解决方案的再检验。

打开这本书，请跟随我去尽情领略企业员工培训的科学之美和艺术之妙，让我们共同完成一次曼妙的培训管理之旅吧。

就在此时，耳边响起这首能量满满的《野子》。

"怎么大风越狠，我心越荡

我要握紧手中坚定，却又飘散的勇气

你看我在勇敢地微笑，你看我在勇敢地去挥手啊

我会变成巨人

踏着力气，踩着梦！"

这首歌送给走在路上的人力资源以及企业各级管理层的小伙伴们！

在这个瞬息万变的时代，只要心中有梦、脚步坚定，就会"变成巨人，踏着力气，踩着梦"！

感谢我的朋友，给予我无私的帮助和鼓励。

感谢我的家人，给予我默默的包容和支持。

这本书送给我的两个小棉袄，Rain 和 Sundy，爱你们！